中國學術思想 研究輯刊

八 編

林 慶 彰 主編

第3冊

莊子「氣」概念思維（上）

陳 靜 美 著

花木蘭文化出版社

國家圖書館出版品預行編目資料

莊子「氣」概念思維(上)／陳靜美 著 — 初版 — 台北縣永和市：
花木蘭文化出版社，2010〔民99〕
序 2+ 目 4+206 面：19×26 公分
（中國學術思想研究輯刊 八編：第 3 冊）
ISBN：978-986-254-187-6（精裝）
1.（周）莊周 2. 莊子 3. 學術思想 4. 研究考訂
121.337　　　　　　　　　　　　　　　　　　99002350

ISBN - 978-986-2541-87-6

9 789862 541876

中國學術思想研究輯刊
八 編 第三冊　　　　　　ISBN：978-986-254-187-6

莊子「氣」概念思維（上）

作　　　者	陳靜美
主　　　編	林慶彰
總 編 輯	杜潔祥
出　　　版	花木蘭文化出版社
發 行 所	花木蘭文化出版社
發 行 人	高小娟
聯 絡 地 址	台北縣永和市中正路五九五號七樓之三
	電話：02-2923-1455 ／傳眞：02-2923-1452
網　　　址	http://www.huamulan.tw 信箱 sut81518@ms59.hinet.net
印　　　刷	普羅文化出版廣告事業
封面設計	劉開工作室
初　　　版	2010 年 3 月
定　　　價	八編 35 冊（精裝）新台幣 58,000 元

莊子「氣」概念思維（上）

陳靜美　著

作者簡介

　　陳靜美，中國文化大學哲學系暨國際貿易系學士、哲學研究所碩士、哲學研究所博士。歷任台北縣立板橋國民中學教師、國立空中大學人文學系兼任副教授、永達技術學院專任副教授、正修科技大學兼任副教授。十多年來投身於高等教育之教學實踐、學術研究、學生輔導，身體力行終身學習與有教無類之生命理想。

　　學術研究之中哲部分：先後以儒家心性論、儒家教育哲學、道家思想、莊子氣論思想、皇帝內經之養生理念、儒道生命哲學等領域為主要研究方向；西哲部分：則以後現代主義、女性主義思想、心靈哲學、宗教哲學、詮釋學、新時代思潮等研究主題為用心所在。旁及於落實教學應用上之人生哲學、生死意義之探索、科技與文化、老莊與人生、中國哲學精神發展史、易經與人生、西洋哲學概論、形上學、知識論、倫理學、美學等等跨領域課程之數位化教材的研究與編纂。

　　生命中自與哲學邂逅之始，即已堅信：「對於哲學之認知，乃人類知識之開端；對於哲學之反思，乃成就自我更為躍進之先機；對於哲學之實踐，則是人之所以為人之價值意義的最高展現」。

提　　要

　　《莊子「氣」概念思維》是第一本有系統地介紹莊子「氣」概念的研究書籍；其書寫策略，乃定位在小題而大作，試圖層層探索莊子生命哲學的核心課題，以求凸顯「氣」概念之哲學思維的價值與洞見。本書依《莊子》內外雜篇的篇目排列，循序漸進地探討文本中每一「氣」概念之意涵，釐清並歸結出莊學氣化宇宙觀之理論架構與歷史定位，思想傳承與價值歸趨。綜觀本書之論理，分五章架構而成：

　　第一章前言；包含問題意識的提出，既有研究成果的綜述與檢討，以及研究方法與進路。

　　第二章莊子之前「氣」概念析論；說明「氣」概念的淵源特質，老子「氣」概念的意涵，以及由老子到莊子「氣」概念的承傳。

　　第三章莊子〈內篇〉「氣」概念的解析；闡述莊學之基本義理，莊子〈內篇〉「氣」概念的意涵，以及莊子修養工夫論的境界。

　　第四章莊學〈外雜篇〉「氣」概念的解析；探討莊學〈外雜篇〉「氣」概念的意涵，以及莊學宇宙生成論的義理架構。

　　第五章結論；解析由〈內篇〉到〈外雜篇〉「氣」概念之開展與比較，莊子「氣」概念在先秦諸子的分位，以及莊子「氣」概念之現代詮釋。

　　莊子「氣」概念，有其思想傳承，亦有其時代之開創性；依思想史上的發展來看，莊學「氣」概念的優越在其先導性，與體系之完整性。解析莊學「氣」概念之意涵，彰顯了「氣」概念架構而成之生成原理，並由修養工夫論開顯了生命人格的修養境界，在「道」「氣」不即不離之下，宇宙萬物是由「道」之化生，此道生氣成之宇宙生成論，是為修養工夫論之形上根基。莊學以氣化觀點詮釋萬物的起源與轉化，給出了萬物存在的合理解釋，其建構宇宙生化無窮的哲學理論，超脫人間是非之齊物觀與尋求生命自在之逍遙論，以及浪漫取向之文學表達形式，在在反映出莊學獨特的地位與不朽的價值。

目

次

序　言

　　《莊子「氣」概念思維》是第一本有系統地介紹莊子「氣」概念的研究書籍；其書寫策略，乃定位在小題而大作，試圖層層探索莊子生命哲學的核心課題，以求凸顯「氣」概念之哲學思維的價值與洞見。本書依《莊子》內外雜篇的篇目排列，循序漸進地探討文本中每一「氣」概念之意涵，釐清並歸結出莊學氣化宇宙觀之理論架構與歷史定位，思想傳承與價值歸趨。綜觀本書之論理，分五章架構而成：

　　第一章前言；包含問題意識的提出，既有研究成果的綜述與檢討，以及研究方法與進路。

　　第二章莊子之前「氣」概念析論；說明「氣」概念的淵源特質，老子「氣」概念的意涵，以及由老子到莊子「氣」概念的承傳。

　　第三章莊子〈內篇〉「氣」概念的解析；闡述莊學之基本義理，莊子〈內篇〉「氣」概念的意涵，以及莊子修養工夫論的境界。

　　第四章莊學〈外雜篇〉「氣」概念的解析；探討莊學〈外雜篇〉「氣」概念的意涵，以及莊學宇宙生成論的義理架構。

　　第五章結論；解析由〈內篇〉到〈外雜篇〉「氣」概念之開展與比較，莊子「氣」概念在先秦諸子的分位，以及莊子「氣」概念之現代詮釋。

　　莊子「氣」概念，有其思想傳承，亦有其時代之開創性；依思想史上的發展來看，莊學「氣」概念的優越在其先導性，與體系之完整性。解析莊學「氣」概念之意涵，彰顯了「氣」概念架構而成之生成原理，並由修養工夫論開顯了生命人格的修養境界，在「道」「氣」不即不離之下，宇宙萬物是由「道」之化生，此道生氣成之宇宙生成論，是為修養工夫論之形上根基。莊學以氣化觀點詮釋萬物的起源與轉化，給出了萬物存在的合理解釋，其建構宇宙生化無窮的哲學理論，超脫人間是非之齊物觀與尋求生命自在之逍遙論，以及浪漫取向之文學表達形式，在在反映出莊學獨特的地位與不朽的價值。

第一章　前　言

　　莊子之眞，表現在他的自然無待；莊子之善，呈顯在他的萬物一體；莊子之美，蘊含在他的藝術人生。如眾周知，莊子的逍遙境界，是何等地高妙，然而，他的「道」卻是那麼地無所不在；以至於莊子對「空氣」、「氣象」、「氣質」、「火氣」、「生氣」、「氣運」、「天氣」、「氣息」、「氣焰」、「氣宇」、……等諸如此類與一般人息息相關之經驗現象，亦蘊含其與眾不同之深刻思維與精闢洞見。何爲「氣」？這對人而言是不陌生的，但何謂「氣」概念？卻須要回到哲學層面來作理解與探討。首先，我們要問的是，「氣」是「有形」抑或是「無形」？其次，「氣」是「形而上」抑或是「形而下」？衡量中國哲學發展過程中的「氣論」演變，「氣」概念早已是哲學上的重要論題，不但未將「氣」概念納入思想體系的哲學家少，特別是宋、元、明、清的哲學家，「氣」概念更是用以說明宇宙與人生不可或缺的第一序概念。莊子；如此強調生命哲學的身體實踐家，對於「氣」概念的體會與解讀、定位與詮釋，彰顯其於中國哲學「氣論」發展史上重要且具啓發性的關鍵地位。

　　由於，時代背景的動盪不安與危機四伏，莊子有其存在處境的痛切感受，此種經歷猶如存在主義者在歷經世界大戰的普遍災難之後，所描繪之人類的「極端情境」（extreme situation），莊子對之深切而敏銳的危機感受，即是造就其避免「中于機辟，死於网罟」之應世態度的主因。只是，莊子仍有其對生命之熱誠與肯定的一面，雖然面對的是悖亂不幸的現實處境，仍然極力追求「逍遙遊」的境界，〈天下〉言：「天下之治方術者多矣」，足證當時知識份子表現其關懷世局，所提及整衰去弊的方案很多；而莊子所揭櫫「內聖外王」

之道，卻是當時知識份子共同普遍之理想與抱負。並且，莊子著書十餘萬言，亦是落實其把握人之存在意義與生命價值之努力與用心；其中，莊學思域中之「氣」思維，的確是中國哲學史上一個既根本且重要的概念。〔註1〕

其次，莊子之「氣」概念亦象徵著「哲學性之突破」。綜觀《莊子》書中許多來自古代神話的寓言故事，例如：《楚辭》、《山海經》〔註2〕等，確可明瞭莊子看待此類故事的態度已經不是那麼地神話取向，而是加以哲學性的對待處理；〔註3〕「氣」概念思想其實就是最好的例子。此因「氣」概念決不是神話上的人物或動物，亦非宗教上的崇拜對象，而是表徵宇宙本體論上的實體概念。所以，莊子之「氣」概念思維可說是已經脫離神話世界的代表，〔註4〕而此亦足以肯認莊學實已臻至「哲學性之突破」（Philosophic Breakthrough）〔註5〕境界。

再者，莊子的思想內容極其豐富，所提出或使用過之概念，無論在形上學、知識論、美學或人生哲學等方面，都有其重要影響。所以，不僅在概念的豐富性是先秦諸子難以比擬的，中國哲學史上的主要論題和基本概念，亦多是由莊子所引發的。莊子獨特的思維風格，是研究道家的重要泉源。現今社會瀰漫一股自我主義的歪風，若能回歸莊子精神，破除「以天下之美爲盡在己」之狹隘自我（〈秋水〉之河伯型心態），並企圖找回「終身役役」（〈齊

〔註1〕 胡道靜先生嘗言：「氣論實質上是中國的自然哲學，也就是哲學與自然科學思想交叉的理論。所以，捕捉住這一項哲學範疇來探索其邏輯發展，便是把握住了中國傳統文化核心問題探討的關鍵，並能進而觀察其當前與未來的趨向。」參閱李志林著《氣論與傳統思維方式》，序Ⅰ，頁1。

〔註2〕 參閱張亨著〈莊子哲學與神話思想——道家思想溯源〉，《東方文化》（香港：亞洲研究中心，21卷，1983年2月；頁132：「莊子（老子）哲學是神話思想的轉化」，及頁130：「只是原來神話中素樸的信念已被莊子施以哲學的轉化，形成新的理境，神秘的、魔術的色彩大爲減低」。

〔註3〕 莊子哲理性的論述表現在寓言、重言、卮言。參閱沈清松著〈莊子的語言哲學初考〉，《國際中國哲學研討會本書集》（台北市，台灣大學哲學系，1985）；頁99～111 沈清松以爲莊子的寓言兼得隱喻與象徵之用，重言以傳統的境域爲意義基礎，卮言符合解構主義的隨說隨掃、得意忘言之旨。

〔註4〕 莊子「氣」概念已脫離神話世界意謂，「氣」概念對神話思考完全陌生；此如同 Ernst Cassier 認爲 Thales（泰利斯）、Anaximandros（安納克西曼德）、Anaximenes（安納克西米尼斯）所提出那些不可更改的概念，對神話思考完全陌生：參閱 Ernst Cassier《Myth of State》（New Haven：Yale Univ. Press,1945），p.55.

〔註5〕 參閱余英時著《士與中國文化》，頁26～33；（M.Weber 與 T.Parsons）對於「哲學性的突破」觀念的說明。

物論〉）而不知其所歸的眞正自我，確實認知齊物平等（包容），進而逍遙無待（自由），那麼，莊學之指引不但能開闊心靈空間、豐富思想視野，臻至生命新境界，亦可眞能成爲導引現代人走出存在困境的新契機。

第一節　問題意識的提出

「氣」之無所不在與人之關係密切，代表中國哲學獨有的、多元的、普遍的重要概念，認知並把握「氣」概念，且分析論述「氣」與其他核心概念（「道」、「性」、「理」、「心」）之關係，基本上，即可藉以瞭解中國哲學之特質。

「氣」概念在莊子思想中，不僅是哲學性概念而已，而是有著完整體系架構與廣闊發展空間之思維概念。於思想內容上，莊子以氣化說明宇宙成因，自然界變化的事實，更以「氣」爲萬物之共同根基，爲人與萬物一體建立形上基礎；且以「氣」爲人身心之成素，「氣」之內涵特性爲人修養的目標與終極的境界。是以，無論是形上到形下之發展，或是物我關係，人總必須安身立命於此一氣之化的基礎之上。故而，闡述「氣」之獨有義，釐清「氣」之多元義，分析「氣」之普遍義，並充分詮釋「氣」與「道」、「性」、「理」、「心」之關係，是本書撰寫的重要目的。並且，如何於「謬悠之說，荒唐之言，無端崖之辭」（〈天下〉）之生命情調中，尋求莊子的立言旨趣，在「寓言十九，重言十七，卮言日出」（〈寓言〉）之文本精神中，架構莊子的「氣」概念思維，當是撰寫本書之重要考驗與難題。

此外，關於莊子「氣」概念思維，大陸學者之論點，有將歸於唯物主義的世界觀，融入主流體系中而予以唯物論的包裝與改造；亦有將之視爲客觀或主觀唯心主義之體系，摒棄於主流價值之外，甚至打入反動思想的行列。〔註6〕故而，爲避免因預設立場所導致之偏見，亦爲眞實還原莊子「氣」概念的意涵，本書定調於跳脫心物二元的枷鎖框架，以《莊子》文本爲主，自氣義本質切入，眞正走入莊書思想中，詮釋並重構莊子「氣」概念精髓，此爲筆者撰寫本書之態度與方法。

至於，啓發本書思考進路與撰寫方向之問題意識，歸結爲以下三大因素：

其一，生命的歸趨與安頓，一直是莊學的核心問題，亦是莊子終其一生

〔註6〕　參閱鄭世根著《莊子氣化論》，頁 16～18、27 註 3 所引：大陸黃山文化書院編《建國以來發表的莊子研究本書輯目》。

所欲關懷的重要課題，而莊學極欲解決的種種問題，與其所處的時代背景有著密不可分的關係。莊子約生活於戰國中期，〔註7〕此是中國古代政治社會大戰亂、大動盪的時代，〔註8〕而處此舊有制度逐漸崩潰（貴族專政轉趨沒落與井田制度漸趨崩解），新的價值規範尚未建立，政治組織與社會結構都在急速變動與轉型之「僅免刑焉」（〈人間世〉）、殺戮刑罰的悖亂世代〔註9〕中，莊子對此禮樂征伐自大夫出之戰爭不休、災難頻繁、道德泯絕，〔註10〕感觸極為深刻，故其思想重心的關懷之所在，即是〈養生主〉所言：「為善無近名，為惡無近刑，緣督以為經，可以保身，可以全生，可以養親，可以盡年」。〔註11〕

〔註7〕 司馬遷著《史記》，其中〈老莊申韓列傳〉之〈老子韓非列傳第三〉，頁 2143～2145 載莊子所處之時代曰：「與梁惠王、齊宣王同時」；並且，此飽經戰亂的時代亦約與孟子同時，〈老子韓非列傳第三〉，頁 2343 曰：「孟軻，鄒人也，受業子思之門人。道既通，游事齊宣王，宣王不能用。適梁，梁惠王不果所言」。

〔註8〕 依《孟子》〈離婁上〉：「爭地以戰，殺人盈野；爭城以戰，殺人盈城」所言，此一時期的戰爭日益頻繁。孟子還描述此時的社會實狀，〈離婁上〉：「古之為關也，將以御暴；今之為關也，將以為暴」；傳統的道德觀念黑白顛倒了，舊有的軍事設施也完全改了性質。莊子與孟子之生活態度與思維理想，有著根本的不同，但莊子對於現實社會的洞察卻與孟子相和，〈齊物論〉描述是非顛倒的社會現實：「自我觀之，仁義之端，是非之途，樊然淆亂，吾惡能知其辯」、〈人間世〉說到社會動盪不安，是非樊然淆亂，能夠避免罪禍刑罰也就不錯了：「天下有道，聖人成焉；天下無道，聖人生焉。方今之時，僅免刑焉」。

〔註9〕 於此政治影響社會，社會敗壞道德之際，莫怪乎莊子要大嘆「非遭時也」（〈山木〉）。因為君王殘暴，不恤民命，視人民為擴展野心、征戰獲利之工具，《孟子》〈梁惠王上〉曰：「仰不足以事父母，俯不足以畜妻子，樂歲終身苦，凶年不免於死亡」；亦因君主之視民如草芥，使得人民的生命朝不保夕，《莊子》〈人間世〉曰：「天下有道，聖人成焉；天下無道，聖人生焉。方今之時，僅免刑焉。福輕乎羽，莫之知載；禍重乎地，莫之知避」。

〔註10〕 《論語》〈季氏〉孔子曰：「天下有道，則禮樂征伐自天子出；天下無道，則禮樂征伐自諸侯出。自諸侯出，蓋十世希不失矣；自大夫出，五世希不失矣；陪臣執國命，三世希不失矣。天下有道，則政不在大夫；天下有道，則庶人不議」。莊子亦以寓言方式描述此戰爭之繁多與慘烈之情狀為「時相與爭地而戰，伏尸數萬」（〈則陽〉）。

〔註11〕 如何「保身」、「全生」、「養親」、「盡年」，莊子認為全在於「無用」：〈人間世〉中櫟社樹說：「予求無所可用久矣，幾死，乃今得之，為予大用。使予也而有用，且得有此大也邪」，櫟社樹之所以能長得「其大蔽數千牛」，全在於「無用」。而「無用」就是真正的「大用」：〈人間世〉亦曰：「山木自寇也，膏火自煎也。桂可食，故伐之；漆可用，故割之。人皆知有用之用，而莫知無用之用也」，人皆知有用之用，然而，有用之物為人所用則不能自我保全，人莫知無用之用，然而，無用之物無人青睞則可全生保身，這就是無用之大用。且無用用，也就是「不傷」：〈應帝王〉曰：「至人之用心若鏡，不將不迎，

所謂「保身」、「全生」、「養親」與「盡年」，即是莊子所曉諭之安身立命與明哲保身之道。然而，莊子所嚮往之最終的安身立命與明哲保身，還是在於臻至精神上的自在無待。莊子對惠子說：「今子有大樹，患其無用，何不樹之於無何有之鄉，廣漠之野，彷徨乎無為其側，逍遙乎寢臥其下。不夭斤斧，物無害者，無所可用，安所困苦哉」（〈逍遙遊〉），彷徨逍遙之目的，就在於不夭於斤斧，雖無所可用也自得其樂。尚有〈山木〉記弟子問於莊子曰：「昨日山中之木，以不材得終其天年；今主人之雁，以不材死，先生將何處？」莊子笑曰：「周將處於材與不材之間。材與不材之間，似之而非也，故未免夫累。若夫乘道德而浮游則不然。無譽無訾，一龍一蛇，與時俱化，而無肯專為；一上一下，以和為量，浮游夫萬物之祖，物物而不物於物，則胡可得而累邪」；此是描述逍遙極樂之境，且追求逍遙極樂之境乃是為了避免萬物之累。於〈山木〉接著又說：「若夫萬物之情，人倫之傳則不然。合則離，成則毀；廉則挫，尊則議，有為則方，賢則謀，不肖則欺，胡可得而必乎哉！悲夫！弟子志之，其唯道德之鄉乎」；則是說明現實世界充滿矛盾危險，使人進退維谷，無所適從，「悲夫」更代表莊學對於不幸世代的真切感受，是以，莊子所追求「乘道德而浮游」的境界，乃是為了保身全生、免於受害，而此亦著實透露出無可奈何之意。莊子生命境界所表現之精神自由，是為莊子哲學的主要特色，而此特色亦與其保身全生的核心問題，關係緊密；莊子如此凸出又鮮明地提出如何實現精神自由，確實有其重要的時代意義與理論價值。

當然，值此征伐殺戮、禮壞樂崩之世代，因著貴族生命腐敗墮落所帶出之周文疲弊、百家爭鳴，與物量氛圍籠罩之人性扭曲、背離自我，莊子努力感受反省與用心關懷實踐之所在，就是自外在制度轉向內在人心去重建價值秩序以安頓人心與貞定生命，針對當時的學術環境，莊學亦曾指出此乃「內聖外王之道，闇而不明，鬱而不發，天下之人各為其所欲焉以自為方」且「道術將為天下裂」（〈天下〉）的荒謬世代，因著「天下大亂，賢聖不明，道德不一。天下多得一察焉以自好」（〈天下〉）的脫序自益，由是而有是非爭勝〈齊物論〉：「道隱於小成，言隱於榮華。故有儒墨之是非，以是其所非而非其所是。欲是其所非而非其所是，則莫若以明」），且此世代顯學的思想觀念，更是莊學所要詆訾之

應而不藏，故能勝物而不傷」，而此「勝物」是虛，「不傷」是實，莊子認為無所用其心，不為外物而動情，就可保持主動，即「勝物」，而「勝物」的實質乃在於不為物傷。依此可知，莊子強調混亂世代中的安身立命之道。

對象（此乃〈胠篋〉云：「故絕聖棄知，大盜乃止：摘玉毀珠，小盜不起：焚符破璽，而民朴鄙：掊斗折衡，而民不爭：殫殘天下之聖法，而民始可與論議：擢亂六律，鑠絕竽瑟，塞瞽曠之耳，而天下始人含其聰矣：滅文章，散五采，膠離朱之目，而天下始人含其明矣。毀絕鉤繩而棄規矩，攦工倕之指，而天下始人有其巧矣。故曰『大巧若拙』。削曾史之行，鉗楊墨之口，攘棄仁義，而天下之德始玄同矣」）。其實，莊子極欲批評與反對的，並非是儒家的德性內涵，他只是想要消解流於刻板僵化之道德教條，因爲，《史記》謂莊子「善屬書離辭，指事類情，用剽剝儒墨」，而其所以要「剽剝儒墨」，主要乃是基於順任自然之立場，認爲儒墨學說桎梏人心、有心有爲，戕害生命、斲喪本眞，所以，莊子要毀仁義、抨儒墨。由於，莊子所處之政治社會與學術環境之背景，物欲橫流、價值失落，爲消解生命存在之困頓與落實生命理想之再現，莊子開發「氣」概念思想，提出修養工夫理論，藉由心齋坐忘、離形去知等工夫修養，使困頓失喪之心靈獲得最終自然之安頓。

其二，縱觀莊學思想相當重視宇宙〔註12〕的無限（無窮）性問題，這亦是其立論之特點。宇宙的無限性，包含空間的無限與時間的無限。關於空間的無限，〈齊物論〉曰：「六合之外，聖人存而不論；六合之內，聖人論而不議」，六合即天地四方，而此表明莊子認爲在有限的天地之外，尚有無邊無際的浩瀚宇宙，這也顯示了莊子宇宙無窮（空間）的概念。〈則陽〉篇記載戴晉人問魏惠王：「君以意在四方上下有窮乎？」魏惠王曰：「無窮」，此亦明確提出空間是有窮還是無窮的問題，並且，充分肯定了空間的無限性。至於，時間的無限，〈齊物論〉曰：「有始也者，有未始有始也者，有未始有夫未始有始也者」，世界如果有一個開端，那麼，就有這個開端的開端，有這個開端的開端，那麼，就應有

〔註12〕 莊子之仰觀俯察體認出宇宙無限的重要概念，而時間與空間的無窮就是宇宙的無窮，〈庚桑楚〉嘗謂宇宙之定義爲：「有實而無乎處者，宇也：有長而無本剽者，宙也」：宇是上下四方之空間，空間實有而無定位，表明空間是無限的，宙是古往今來之時間，時間不斷流逝而無本末之終極，表明時間是無限的。基本上，〈庚桑楚〉對宇宙無本末、無定處的定義在歷史上流行不廣：《世說新語》〈排調〉注引：「《尸子》曰：『天地四方曰宇，往古來今曰宙』」，此定義較爲簡明通俗，亦爲《文子》（〈自然〉：「老子曰：往古來今謂之宙，四方上下謂之宇」）與《淮南子》（〈齊俗〉：「往古來今謂之宙，四方上下謂之宇」）之本。《莊子》文本凡有「宇宙」一詞四例：〈齊物論〉：「旁日月，挾宇宙」、〈知北遊〉：「外不觀乎宇宙，內不知乎太初」、〈列禦寇〉：「迷惑於宇宙，形累不知太初」及〈讓王〉：「天之高也，地之下也」：由此可知，莊學十分重視宇宙概念。

這個開端的開端的開端，如此追溯，必然無窮。〈則陽〉云：「吾觀之本，其往無窮；吾觀之末，其來無止」，「往無窮」是過去時間之無限，「來無止」是未來時間之無限。〈知北遊〉亦云：「無古無今，無始無終」，也是意謂時間無限的概念。由於，時空無限的概念，在先秦時代尚未普及，〔註13〕因而，關於莊學宇宙無限的思想值得重視。〔註14〕既然，莊書拈出宇宙無限的眞諦，那麼，形構宇宙的物質基礎——「氣」，正是最具啓發與深遠影響之概念所在。

其三，莊子「氣」概念之所以引發筆者予以特別關注與用心的投入，乃是基於欲進一步掘發並透視《莊子》書中所帶出之寓言、重言及巵言的絃外之音，還有，被用來作爲重點例證之某些隱喻的眞正意涵；像是「氣」到底是什麼，〔註15〕還有「乘天地之正，而御六氣之辯，以遊無窮者」（〈逍遙遊〉）如何可能，〔註16〕「大浸稽天而不溺，大旱金石流土山焦而不熱」（〈逍遙遊〉）之藐姑射山的神人應如何詮解，〔註17〕〈至樂〉之「種有幾」，〈達生〉之「佝僂者承蜩」

〔註13〕老子雖有「無極」一詞，〈二十八章〉：「知其白，守其黑，爲天下式。爲天下式，常德不忒，復歸於無極（「無極」，帛書《老子》作「朴」）」，無極也有無窮之義。但是，〈五十二章〉又說：「天下有始，以爲天下母」，而此又否定了宇宙的無限性。除老子而外，荀子亦嘗論及無窮，〈儒效〉：「至高謂之天，至下謂之地」，與〈禮論〉：「天者高之極也，地者下之極也，無窮者廣之極，聖人者到之極」：天是最高，地是最下，無窮即最廣，然而，荀子還沒有宇宙無窮的概念。

〔註14〕莊子學派相當重視世界的無限性問題，文本中經常出現關於「無窮」的論述：「以游無窮」（〈逍遙遊〉）、「以應無窮」（〈齊物論〉）、「順始無窮」（〈人間世〉）、「體盡無窮」（〈應帝王〉）、「量無窮」及「四方無窮」（〈秋水〉）、「游心於無窮」及「其往無窮」（〈則陽〉），此外，尚有「無涯」、「無極」、「無古今」、「無終始」等等豐富的表達；此是莊子學派有別於其他學派的特點。

〔註15〕依據〈至樂〉：「察其始而本無生，非徒無生也，而本無形；非徒無形也，而本無氣。雜乎芒芴之間，變而有氣，氣變而有形，形變而有生」、〈秋水〉：「自以比形於天地而受氣於陰陽」，與〈知北遊〉：「人之生，氣之聚也。聚則爲生，散則爲死。……故曰：『通天下一氣耳。』」。有謂「氣」是「構成萬物的基始」（語出崔大華：《莊學研究》，頁106）；有謂「氣」是「物質世界的最初狀態，人就是從這種狀態演變出來的」（語出劉笑敢：《莊子哲學及其演變》，頁24～26）。

〔註16〕「乘天地之正，而御六氣之辯，以遊無窮者」，究是莊子個人心靈之嚮往，抑或是經受古代宗教之影響。楊儒賓先生就持莊子頗受原始宗教，但又超越原始宗教而另成獨特之心靈境界的見解：〈昇天變形與不懼水火——論莊子思想中與原始宗教相關的三個主題〉，《漢學研究》1989年6月，頁251，楊儒賓先生說道：「莊子後來雖然已超出了原始宗教的樊籬，但當他要使用形象語言表達他『逍遙、無待』的理念時，登天遊霧，橈挑無極的神人景象，自然而然地就隨之湧上」。

〔註17〕藐姑射山之神人如何詮解的問題，歷來亦有莊子個人心靈之嚮往、經受古代

與「梓慶削木爲鐻」其深義爲何。因此,筆者大膽地假設,莊書一切學說立論的基點,就是〈知北遊〉所言之「通天下一氣耳」,也就是「氣」概念思維所背負與承載,且欲闡釋一切現象與現象背後的眞實。正因莊書是如此地重視「氣」概念,所以,「氣的觀念與整個莊子哲學是不可分的」,〔註18〕以是之故,「氣」概念的的確確具有一貫思維而爲莊學之內在脈絡。

對於學識深博,意境高遠的莊子,如何契合其「天地與我並生,萬物與我爲一」之究竟,恐怕是研究莊書之學者,汲汲營於理解莊學的精義之外,不得不反省自躬的莊嚴問題吧!莊子留給後世以豐富的文化遺產——《莊子》一書,古今中外鑽研者不計其數,甚是宏觀;於眾多研究著作之中,筆者深深爲「莊子的『氣論』對中國氣思想的發展史影響深遠」這句話,烙印下永不磨滅的深刻印象。這是國內少數揭示莊子「氣」概念之意義與影響的鄭世根先生,在其書序中所記述的一段話:「哲學史上所謂『氣論家』與莊子的關係是明顯的。……不少人都知道談「氣」不能不談莊子,但卻缺乏對莊子的「氣」概念的專題性的討論」。〔註19〕甚至,筆者以爲談「氣」不能不談莊子的原因,是由於莊子所展現之蓬勃旺盛的生命力,此生命力通透入莊學的每一精采處,尤其,自一個角度、一種理論、一種思潮或一種學派,足能代表莊子生命之意義與價值的思維。然而,眞正觸動筆者去研究「氣」概念思維之動機意義,並非是出於對知識探求的興趣,而是基於憧憬與嚮往深度智慧的生命理境〔註20〕所驅使。而莊子之生命理境乃建築於其肯定「天地自然」,〔註21〕亦強調「萬物一氣」〔註22〕之「天地與我並生,而萬物與

宗教之影響、以神山思想的角度來說明（參閱顧頡剛著〈莊子和楚辭中崑崙和蓬萊兩個神話系統的融合〉,《中華文化論叢》,頁 184）及自氣功現象來解讀（張榮明著《中國古代氣功與先秦哲學》,頁 214）各種不同之說法。

〔註18〕 此亦是劉孝敢先生的看法,參閱劉笑敢:《莊子哲學及其演變》。

〔註19〕 語出鄭世根著《莊子氣化論》,序言。

〔註20〕 李志林先生說道:「一個文化系統就是一個價值系統。文化之所以能持續發展,其價值系統就必定有一定的合理性;而價值系統包括智慧和知識這兩個方面。就人類科學文化和哲學思維的發展來看,智慧與知識截然不同。……一兩千年以前先哲們的理論:體系和方法,作爲一種智慧,卻是後人不可超越的。它們作爲人類認識的結晶,作爲對宇宙人生的某種洞見,那便是與人性的自由發展有著內在聯繫的思想火花,具有永久的魅力。這也許就是爲什麼中國人總是不斷地回顧孔子、老子,而西方人總是不斷地回顧柏拉圖、亞里斯多德的緣故吧」。參閱《氣論與傳統思維方式》,頁 10～11。

〔註21〕 〈養生主〉:「庖丁解牛」、〈達生〉:「梓慶削木爲鐻」、〈知北遊〉:「大馬之捶

我爲一」〔註23〕的終極境界上。

第二節　既有研究成果的綜述與檢討

　　關於莊子「氣」概念思維，茲以下述七位代表性人物爲例，舉其研究觀點，作爲本書參考之檢討與依據。

一、「以『氣』爲物質，以『理』爲形式」

　　馮友蘭先生於《中國哲學史》一書中（講到張載哲學時）指出，「氣」之聚散攻取，皆順是理而不妄。如此說法，是意指「氣」之外，尚須有理。若是借用希臘哲學中之語詞而言，「氣」如同「物質」（matter），「理」則類於「形式」（form），物質入於形式即爲具體的個物。〔註24〕馮友蘭先生之新理學體系，一方面以「氣」爲主要概念，另一方面卻將「氣」視爲由理、太極所派生與支配；其對理氣之探討，最後導向至形而上學。

　　此外，馮先生創新理學體系，嘗於回憶錄中說：「程朱理學說『氣』有清濁之分。『新理學』認爲，不能這樣說。如果這樣說，『氣』就是一種具體的東西，而不是一切理所以實現的總的物質基礎。所以『氣』是不可言說的」，〔註25〕故而，《新原道》亦言「氣」是「不可思議，不可言說底」，「不能以名名之」，「只是一切事物所有以存在者，而其本身，則只是一可能底存在」。

鈞者，年八十矣，而不失豪芒」；凡此皆以技化「天」，「天」乃「自然」之意。因而，亦有以莊子哲學爲美學者（參閱方東美著《中國人生哲學》，頁52；徐復觀著《中國藝術精神》，頁 57；沈清松著《現代哲學論衡》，頁 208；李澤厚著《中國古代思想史論》，頁 170；鄭世根著《莊子氣化論》，頁 192～193、205；F.C.Northrop,《The Meeting of East and West》（N.Y.：Macmillan,1946）；A.C.Graham,《Chuang Tzu：The Inner Chapters》（London：George Allen & Unwin,1981），p.20。

〔註22〕 所謂「萬物一氣」之「一」，即意謂宇宙萬物皆源於「一氣」，也即是〈大宗師〉：「遊乎天地之一氣」與〈知北遊〉：「通天下一氣」，即「萬物一也」之意。

〔註23〕 語出〈齊物論〉：「天下莫大於秋毫之末，而大山爲小；莫壽乎殤子，而彭祖爲夭。天地與我並生，而萬物與我爲一」。「天下」意指空間的齊一性，「莫壽」意指時間的齊一性；莊子意欲自小大與壽夭來打破概念上的相對性，強調時空的齊一性。並突破時間、空間與語言之相對性，達至「萬物皆一也」（〈德充符〉）與「人與天一也」（〈山木〉）之「物我一體」之境。

〔註24〕 參閱馮友蘭：《中國哲學史》，下冊，頁856。

〔註25〕 語出馮友蘭：《中國哲學史》，頁 369。

二、「即氣言化」之「氣化論」

依據鄭世根先生於《莊子氣化論》一書中所言：「莊子的『氣』論確實是種世界觀，這個世界是由『氣』而『化』，並且『化』的基礎在於『物化』，職是之故，筆者稱之為『氣化論』。這無疑是在中國哲學史上對人與宇宙萬物的非常突出的詮釋架構，無論是道家還是儒家的系統，都不能不或多或少受到這種『氣化論』的影響。……「氣」不但能夠成為新的普遍概念是超離唯物與唯心的極端爭論的，而且提供給中國哲學的最高理想一種說明根據和邏輯基礎」。〔註26〕同時，鄭先生亦認為「自然」此一觀念，在莊子哲學中扮演著非常重要的角色與地位：「據莊子的說法，針對『氣』的運動性的說明也以自然來應付，『氣』運動的開始、維持以及規矩都以『自然』來答覆。因此，莊子的『氣化』本體論就在於『自然論』上面建立『一氣說』」。〔註27〕

三、「氣論為解說一切的本根論」

張岱年先生於三○年代曾指出：「在中國哲學中，注重物質，以物的範疇解說一切之本根論，乃是氣論。中國哲學中所謂氣，可以說是最細微最流動的物質，……西洋哲學中之原子論，謂一切氣皆由微小固體而成；中國哲學中之氣論，則謂一切固體皆是氣之凝結。亦可謂適成一種對照」。〔註28〕並且，張先生亦以「氣」的運動變化，而肯定「氣」是連續性的存在（肯定「氣」與虛空的統一，此為「氣」概念與西方物質概念的不同之處）。

四、「氣」是構成宇宙萬物的物質元素；以「氣」概念破除生命現象的迷信

劉笑敢先生於《莊子哲學及其演變》一書中指出：〔註29〕無論是孟子（〈公孫丑上〉：「氣，體之充也」）、莊子（〈大宗師〉：「方且與造物者為人，而游乎天地之一氣」）或管子（〈心術下〉：「氣者，身之充也」）所言之「氣」，通常都是指構成宇宙萬物的物質元素，而且，不論是宇宙萬物〔註30〕、生命現

〔註26〕語出鄭世根：《莊子氣化論》，序言。
〔註27〕語出鄭世根：《莊子氣化論》，頁 72。
〔註28〕語出張岱年：《中國哲學大綱》，頁 39。
〔註29〕以下所引，整理參考自劉笑敢：《莊子哲學及其演變》，頁 135～137。
〔註30〕依據〈大宗師〉：「方且與造物者為人，而游乎天地之一氣」。

象〔註31〕與精神活動，〔註32〕都離不開「氣」，「氣」是宇宙萬物存在變化的根據，也是構成物質世界的本質元素。此外，劉先生亦提及，莊子之所以將「氣」概念導入其思想體系中的原因，是基於道生萬物的過程中須有一個過渡狀態、物質世界須有體現萬物的根基與須有貫穿一切運動變化過程中使事物互相轉化的概念，是以，莊子之「氣」概念於焉產生。同時，也只有「氣」概念，符合可以有形也可以無形，可以運動也可以凝聚，可以上達於道也可以下通於物等特質。

其次，劉笑敢先生於其自序中論及：「莊子哲學還受到了當時的一些自然科學知識的影響。……他的宏大的哲學胸懷有著一定的自然科學知識的基礎。他用陰陽之氣的失調或凌亂，來解釋人的生理變化，也顯然是採納和改造了傳統的醫學理論。他用氣之聚散來解釋生命的發生與消亡也正確地把生命現象放到了物質世界的演化過程之中，打破了關於生命現象的迷信」。〔註33〕

五、「道——氣——物（人）」的宇宙發生模式

依據張立文主編之《氣》，對道家「氣」論之闡釋曰：「道家論氣，賦予氣以『沖氣』、『陰陽之氣』的涵義，構造了『道——氣——物（人）』的宇宙發生模式，並以『物（人）——氣——道』為人體道、達道的途徑」，〔註34〕而此「道——氣——人（物）——氣——道」的循環運動模式，顯示了道家氣論思想與儒家思想的不同特色。儒家論「氣」，重「物氣」、「精氣」與「浩然之氣」（心性之氣），而道家強調自然的「沖氣」與「陰陽之氣」。此外，有些儒者傾向於將「氣」規定為宇宙萬物的本原，道家則一貫以「道」為宇宙萬物的本原，「氣」乃為道生萬物過程中的中間環節；而此基本觀點，亦規定了道家哲學「氣」概念的發展方向。

依此，張立文先生提出莊子對生命的看法為「道——氣——人（物）——氣——道」之世上萬物莫不如此的循環運動模式。而且，依〈則陽〉：「天地者，形之大者也；陰陽者，氣之大者也；道者為之公」，「氣」乃從屬於「道」，

〔註31〕依據〈至樂〉：「察其始而本無生，非徒無生也而本無形，非徒無形也而本無氣。雜乎芒芴之間，變而有氣，氣變而有形，形變而有生，今又變而之死，是相與為春秋冬夏四時行也」。

〔註32〕依據〈應帝王〉：「汝遊心於淡，合氣於漠，順物自然而無容私焉，而天下治矣」。

〔註33〕語出劉笑敢：《莊子哲學及其演變》，自序頁4。

〔註34〕語出張立文等：《氣》，頁32；以下論述，參閱頁36～37。

所以，無論從「道」生人物，或人物回歸於「道」的歷程來看，「氣」都是「道」與人物的聯繫環節，而「道」是「氣」與人物的本體。

六、「中國哲學的『氣』概念是自身能動的物質（非西方惰性被動的物質）」

李存山先生以為仁學的倫理政治中心主義影響『氣』論的天人觀，決定中國傳統哲學『天人合一』的大趨勢；李先生進一步解釋其論點為：「『氣』與『仁』是中國傳統哲學的初始概念，也是貫穿中國傳統哲學始終、決定其基本發展方向的主要範疇。中國封建文化之所以具有入世的而非出世的、倫理的而非宗教的、君權的而非神權的特點，從思維方式上說，是被氣論與仁學相互作用或氣論服務於仁學的機制所決定的」。〔註35〕

其次，李先生亦指出，「氣（陰陽）──五行──萬物」，是中國哲學氣論物質觀的基本輪廓；以「陰陽消息」為宇宙運動的總規律，以農業社會（「土」）為宇宙的中心，把物質（陰陽、五行）與時間空間視為不可分的統一體，此為中國哲學特有的有機自然觀。不但如此，「氣」概念不僅是哲學概念，而且滲透到中國古代各門具體科學，特別是天文學、醫藥學等學科，是在歷史脈絡中具有其深遠影響的重要概念。

再者，李先生認為西方哲學之物質觀，雖以原子論為其主要代表，但是，西方哲學並非僅有原子論；在西方，與原子論相補充、相抗衡的還有另外幾種非原子論。〔註36〕重要的是：「西方哲學之所以促成了近現代自然科學的發

〔註35〕 語出李存山：《中國氣論探源與發微》，緒論頁2。
〔註36〕 李存山先生所指與西方哲學相補充與相抗衡之幾種非原子論，包含亞里斯多德之四因說、笛卡兒之物質觀、萊布尼茲之單子論；而李先生亦試圖將此非原子論之思想與中國氣論作一比較，分述如下：亞里斯多德之四因說與中國氣論，相同之處是亞氏以「一」為萬物本原，為連續事物可被無限地分割（亞氏不認為無限分割會使存在成為非存在），是多，此與中國古代本末一原思想相通，而相異之處是亞氏視基本之物質元素為沒有形式，只具潛能之純物質（已非具體事物），但中國哲學之「氣」概念雖然希微不形，然亦表現出張載所言健順、動止、浩然、湛然之存在形式（而為具體事物），且亞氏主張需有第一動者推動物質運動之思想，深深影響牛頓、笛卡而、萊布尼茲等近代科學家，而中國氣論思想並不認為物質運動須由外力推動，即使如程朱將理概念置於氣之上，理亦只不過是對氣運動進行約束節制，而不完全取消氣本身的能動性（《朱子語類》卷九十四朱熹嘗言：「理搭在陰陽上，如人跨馬相似」，人只是馭馬，馬非全然被動）。笛卡兒之心物二元論主張上帝之外，世界上存

展，不僅得益於原子論，而且得益於原子論與非原子論的互補和抗衡。而中國傳統哲學之所以沒有在本土促成自然科學向近現代形態轉化，除了因爲氣論自然觀受制於仁學社會觀的糾纏和束縛之外，還因爲在中國古代只有強大的氣論，而沒有足夠強大的原子論與其相補充、相抗衡」。〔註37〕

七、「陰陽二氣離合」說 （「氣分陰陽」說）

李志林先生說道：「『陰陽二氣離合』的思想，是由道家提出和發展的。在道家學派那裡，氣一開始就是與陰陽觀念揉合在一起，是二而一的東西」。〔註38〕

於《氣論與傳統思維方式》一書前言中，李志林先生說明其研究「氣」論思維的動機是，基於糾正「中國哲學是重人生而輕自然」〔註39〕、「中國傳統自然觀不發達」〔註40〕之錯誤論點。李先生以爲，明代之前中國古代科學之所以能夠領先世界的原因，就是因爲早已對自然觀形態做單一化理解所致，因此，「氣」論與原子論是中西自然觀的兩枝奇葩。〔註41〕爲了還原中國

在著能思想的實體與物質實體（不能思維）兩種相互獨立的實體，此不同於中國氣論之「形具而神生」，亦不同於西方原子論之最精細的原子即靈魂之說（否認有獨立於物質之外的思維實體，中國氣論與西方原子論立場一致；物質具有連續性，則笛卡兒與中國氣論之觀點相通）；而笛卡兒之物質觀（物質與空間不相差異，反對於物質之外另設虛空觀點）可歸結爲廣袤（即具有長寬高三向量之空間屬性）即物質，否認虛空，肯定物質無限可分，此與中國氣論之「虛空即氣」、「其細無內，其大無外」、「通天下一氣」的觀點是相通的。萊布尼茲之單子論認爲虛空中充滿了極細微之物質（即以太），物質的遠距離相互作用必以細微物質爲中介而傳遞的思想，與中國氣論思想是相通的；而萊氏通過上帝保證世界的統一，此與中國氣論視世界的統一爲一氣之流行，物質之普遍關係與相互作用是運動所引起之觀點，正相對反。

〔註37〕 語出李存山：《中國氣論探源與發微》，頁 329。
〔註38〕 語出李志林：《氣論與傳統思維方式》，頁 37。李先生以爲《老子》〈四十二章〉：「道生一，一生二，二生三，三生萬物。萬物負陰而抱陽，沖氣以爲和」：所謂「二」是指陰陽之氣（依〈五十五章〉：「和之至也，知和曰常」，有陰陽二氣相合之意）：所謂「三」是指「沖氣」，陰陽二氣的統一。在老子看來「反者道之動」，正因爲萬物包含陰陽之對立，並在「沖氣」中得到統一，因而生生不息。雖然，老子並未進一步闡明陰陽二氣間的具體關係，但強調「和」，基本上就已具備「陰陽離合說」之氣論形態。
〔註39〕 參閱馮友蘭：《中國哲學史》，頁 10。
〔註40〕 金岳霖：〈中國哲學〉，載於《哲學研究》1985 年第 9 期。
〔註41〕 「氣」論與原子論雖各有其特殊形態，然而，兩者於基本問題上亦有共同之處：其一是對於思維與存在的關係，兩者皆主張存在第一性，世界是由最基

人早先即已充分發展之樸素辯證法的「氣」論自然觀，李先生運用歷史與邏輯相統一的方法論原則，以歷史上「氣」論的發展爲主線，依據察類、明故、求理之認識邏輯的辯證演進，將先秦以迄十八世紀中國「氣」論的理論發展，概括爲先秦（察類，對「氣」論型態之分類）、漢至唐宋（求故，對氣化源泉之探求）與宋至明清（明理，對氣化規律之闡明）三大階段，試圖揭示「氣」論思維發展的規律性，並闡發傳統「氣」論的理論智慧及其對思維方式的變革與現代科學的意義。

關於先秦時期對「氣」論形態（類）之考察，李志林先生並不認爲，先秦「氣」概念可概括爲單一的精氣說，而應是一個多種形態的並存、遞進、嬗變的發展過程，即「陰陽二氣對待」說——「六氣五行」說——「精氣」說——「陰陽二氣離合」說。其中，老莊「氣」概念是屬於「陰陽二氣離合」說，此說把握了陰陽的矛盾運動，因已包含漢至明清之際樸素辯證法之「氣」論的萌芽與胎動，故爲先秦「氣」論中較爲完備的形態。〔註42〕

值得重視的是，李先生舉出，「氣」論於思維方式上所顯出之積極的理論智慧，表現於三方面：（1）「整體關聯」，即對事物之間相互聯繫的認識，而此是通過陰陽五行妙合與天人交互作用之運思模式所體現出來的。（2）「體用不二」，即對事物運動原因、本體與作用相互關係的認識，自魏晉而後，無論儒釋道都一致堅持此一觀點。（3）「矛盾和諧」，即涉及到對事物發展法則與規律性的認識，此思維方式首先確立於先秦儒道，並廣泛應用於中國古代自然觀、科學觀、

本的物質構成的，「氣」與原子都是獨立於人的意識之外的客觀存在。其二是在宇宙觀點上，兩者皆認爲宇宙是物質性的、無限的、運動變化的，世界的統一性在於物質性，且於本體與宇宙之間存在不以人之主觀意志爲轉移的客觀規律。其三是對運動的看法上，兩者皆以爲運動是物質的基本屬性，運動與物質是不可分的；因此，研究注目的焦點，不應僅鎖定在西方原子論的成就，而應同等正視中國「氣論」思想之眞正價値之所在。參閱李志林：《氣論與傳統思維方式》，頁8。

〔註42〕李志林先生對「氣」概念的界定，是使用氣論而不用氣一元論來概括中國古代關於氣的學說；此因氣論的含義較廣，可以涵蓋「陰陽二氣對待」說、「六氣」說、「精氣」說、「陰陽二氣離合」說、「實體矛盾」說、氣一元論、元氣論等各種有關氣的學說。其次也是因爲，在中國古代氣論出現較早（大約在西周即已出現），二千多年來，一脈相傳，延綿不絕（而元氣論則在戰國末和西漢初之《呂氏春秋》、《春秋繁露》、《論衡》中才出現；且形成於戰國中期的「精氣」說，因仍有承先啓後的問題；因此，無論元氣論或「精氣」說，皆無法代表先秦數百年乃至上千年之氣論的發展形態）。參閱《氣論與傳統思維方式》，頁17～18。

歷史觀、倫理觀、認識論、邏輯、文學、美學、藝術之中。〔註43〕

　　依據以上之探討與解析，可依以理解莊子之「氣」概念，是構成宇宙萬物的原始材質，是最細微流動之物質，且是連續性的存在。並且，「氣」亦是宇宙萬物生成變化的依據，整個世界是由『氣』而『化』的，且「氣化」思想的理論根據就在於「自然」。故而，唯有「氣」概念，是可以符合有形也可以無形，可以運動也可以凝聚，可以上達於道，也可以下通於物等性質之獨特概念。而規定道家哲學「氣」概念發展方向之基本觀點，則是「道」為宇宙萬物的本體，「氣」乃為道生萬物過程中的環節，且老莊「氣」概念揉合了陰陽的矛盾運動。此外，「氣」概念不僅是哲學概念，其滲透至中國古代各門具體科學，特別是天文學、醫藥學等學科，是在歷史脈絡中具有其深遠影響的重要概念。

　　至於，對於上述之研究觀點，筆者亦分別論述檢討之所見如下：

　　馮友蘭先生以「氣」為質，以「理」為式的見解，應是基於物質在時空之內，而為具體事物的原質，形式不在時空之內，而為非具體事物的原質之考量；而此思維的確符應中國哲學以一切具體事物為形而下之「氣」，以一切非具體事物為形而上之「理」的思考模式。此外，具體事物的物質，可以有成毀變化，非具體事物的形式，是無變化且永存的思考，亦是相應於中國哲學以「氣」有絪縕聚散變化，而「理」為永恆長存的認知觀點。不過，須要點明的是，馮先生言「氣」與西方所說的「物質」相當，〔註44〕這是指謂一般意義的「氣」。說「氣」是「物質」，是表示「氣」是客觀存在的概念，如同「物質」；「氣」自身無形質，也可以有形質，但很細微。然而，「氣」之存在形式與「物質」之存在形式到底有所差異，西方哲學之「物質」，傾向固體概念思考，固體所具有之慣性，往往需要外力來使其變化，產生機械運動；但是，中國哲學之「氣」概念，自身即具有聚散、絪縕、振盪等運動形式，充塞於天地之間，運行於宇宙萬物。此由中西哲學對於「氣」與「物質」概念認知之同異，可知中西哲學之共通性與特殊性；而由「氣」與「物質」概

〔註43〕以上論述，參閱李志林：《氣論與傳統思維方式》，頁1～7。

〔註44〕透過中西哲學比較之考察，西方哲學所說的「物質」，具有擴延性（廣褒性）、慣性（惰性）與不可入性。然而，中國哲學所謂之「物質」，除擴延性之外，「氣」概念之特性，仍有其可入性（「氣」無所不在，貫通宇宙萬物）、滲透性（多樣性地滲透至事物之中，使自身變為陰氣或陽氣，也使天變為天氣，使地變為地氣）、包容性（兼納物質現象與精神現象，充塞宇宙萬物）。

念認知之差異性，即可明瞭中西哲學的特殊性，此特殊性正是中國哲學特質之所在，亦是中國哲學精采與價值之所在。馮先生視「氣」爲物質基礎，卻也定義「氣」是不能具體存在之物，此與亞里斯多德所說之原始質料意義相當，〔註45〕但是，新理學對於中國哲學之「氣」概念的重新規定，可說是中國現代史上質料的新發現，然此發現並未能取代中國氣論原有之意義。

而劉孝敢先生是少數大陸方面，對於莊子進行系統研究並詳細考察內外雜篇之先後問題且頗獲好評的學者。他對莊子「氣」概念的探討，雖著墨不多，卻有其一定的啓發性，例如針對莊子將「氣」概念導入其思想體系的探討，以及表明「氣」之聚散是不因人的意志而改變、所謂得失生死亦只不過是自然而然的變化，與一切都是「氣」的運動而無所謂差別對立。不過，劉先生以「氣」的聚散是解釋人的生死與世界的變化之觀點，是莊子思想中的唯物主義成分，則是無法令人苟同之說。因爲，思想即爲思想，是爲針砭時代問題或提出個人解決之道而發的，著實無所謂主觀與客觀之分，或唯心或唯物之別。況且，依莊子所處年代，何有唯物之思維與唯心之傾向。學者之比附，或是基於一己之揣摩，〔註46〕或是學思背景之所出。〔註47〕然而，值得一提的是，劉笑敢先生

〔註45〕亞里斯多德視基本之物質元素（原始質料）爲沒有形式，只具潛能之純物質，且非具體事物；參閱之後李存山先生部份關於亞里斯多德的說明。

〔註46〕以唯心主義或唯物主義作爲判斷哲學體系之基本屬性的標準。

〔註47〕劉笑敢基於列寧所概括之主觀唯心主義的基本哲學路線——否定個人感覺之外的「自在客體」，來分析莊子思想。莊子認爲在世界之先就有一個「自本自根」、「生天生地」的「道」，「道」不以人的感覺爲轉移，卻支配著人生即萬物的一切。「道」就是莊子哲學中獨立於個人感覺之外的「自在客體」。莊子認爲人生是氣聚則生、氣散則亡的客觀過程，好生惡死並不能改變人的命運，這是其肯定生命過程的實在性；莊子以爲人吃肉食、鹿食青草、人寢避濕、泥鰍居泥都是萬物的本能，也是人的主觀願望無法改變的事實，這是其不否認萬事萬物的實在性；莊子強調思想的虛靜、精神的自由，乃至物我的兩忘，這亦是追求與宇宙之初的玄冥狀態融爲一體的至人境界。凡此種種論點，在在顯示出對於主觀精神作用的一種誇張：若果通過莊子所言的神祕精神修養可以擺脫現實的苦惱，得到超脫現實的精神自由，亦即，如果現實存在可以依照主觀願望而改變，那又何必再尋求精神超脫呢？因而，劉先生對莊子的評價是：莊子的超脫是無可奈何的逃遁，他宣揚的主觀精神的「膨脹」不過是對逃遁的一種美化，其目的僅止於自我安慰，決不是主宰現實。易言之，劉笑敢不認爲莊子是主觀唯心主義者，此因莊子哲學雖有誇大主觀精神作用的一面，但莊子並沒有否認客觀世界的獨立性和實在性；依劉先生之疏解，莊子充其量只能歸屬於主觀主義之傾向。於此，筆者較能接受劉先生所說：主觀唯心主義只是對世界本源及認識來源問題所作的一種回答，不能在其他

指出：「莊子及其後學以氣來解釋人體生理變化和疾病與中醫理論是有相通之處的。莊子及其後學講天地一氣，強調自然之天，這與中醫理論也是一致的，莊子不是醫師，但他卻善於吸收中醫理論化爲自己的哲學營養，所以他的氣化理論與中醫相通卻不等於中醫，他明確以氣的聚散運動解釋生命的出現和人的生死更是獨特的貢獻」；〔註48〕劉先生此言卻是中肯之論。

　　基本而言，李存山先生之以「氣論」與仁學是決定中國封建文化特質的兩個基因，乃因作爲儒家學說核心的仁學，具有中國傳統哲學中社會倫理政治學說之能夠抗衡宗教的重要地位，而仁學之所以能夠擔負起社會倫理政治學說中抗衡宗教的重要角色，實有賴於「氣論」思想爲其理論根據。只是，李先生亦指出，「秦以後，儒學獨尊，經學方法氾濫，氣論作爲中國封建社會的一種意識形態，一方面被繼承和發展，另一方面又受到仁學的制約和壓制，以致於中國古代思想家在兩千年中都無力或無意去衝破氣論的思想體系」〔註49〕對於中國哲學因仁學之牽制，且只一味發展氣論的結果，致使無法發展出如西方之原子論體系的說法，此歸咎應屬個人的見解與觀點。

　　至於，李志林先生以「氣」論思維爲中國傳統自然觀之凸出表徵，亦是研究中國傳統思維方式的重要學說；其對傳統「氣」概念之看法，是自科學研究之「察類」的基本方法出發，視「陰陽二氣」說是中國人思想生活中之根深蒂固的特有觀念。李先生指出一般人以爲，中國傳統文化在道德、文學、藝術、政治等方面有特出的成就，唯獨在科學上缺乏貢獻，就是因爲中國人在自然觀上落後於西方所致；其不儘苟同地以爲這非實質上的落後，而是中國人落伍的自卑心理作祟與移植西方自然觀〔註50〕的標準來裁定中國自然觀

　　　意義上使用這一概念。只是，劉笑敢先生畢竟不脫其對於自然觀（世界本質）與認識論（認識來源）一類之哲學問題的定義模式，基於莊子以世界產生於（依存於）客觀存在的「道」，且認爲最高知識是對客觀之「道」的體認（並不以爲個人的感覺或意識是認識的唯一來源），判定莊子是客觀唯心主義者，而不是主觀唯心主義者。參閱劉笑敢：《莊子哲學及其演變》，頁228～236。

〔註48〕語出劉笑敢：《莊子哲學及其演變》，頁228。
〔註49〕語出李存山：《中國氣論探源與發微》，頁307。
〔註50〕西方傳統自然觀主要是以原子論形態出現的，原子論發軔於古希臘哲學家留基伯與德謨克利特斯，近代培根（定義質量，提出分子說）繼承原子論哲學之方法論特點，伽利略與笛卡兒也自不同角度提及原子論哲學，牛頓自力學與機械哲學的角度出發，重新詮釋物質、虛空與運動等問題；若以再歐洲源遠流長二千多年的原子論思想，來作爲標準裁定中國的自然觀，是無異於緣木求魚。英國著名科學史家李約瑟說過：「不管原子論是起源於印度還是別

的偏頗結果。換句話說，會有西方優於中國的心態，是根於對中西傳統自然觀之形態的特殊性認識不清的關係。〔註51〕這個見解頗耐人尋味，亦具深刻反省與客觀洞見。

　　歷來學者對於莊子「氣」概念之詮釋，時有偏向負面意義之思考，有謂「氣」概念屬於形而下者，有以原子觀點界定「氣」概念之涵義者，〔註52〕甚或有自氣功角度來看「氣」概念之演進者。〔註53〕並且，值得關注的是，基於〈知北遊〉：「人之生，氣之聚也。聚則爲生，散則爲死」，與〈知北遊〉：「合則成體，散則爲始」，肯定「氣」有聚散，而有學者主張莊子的「氣」是有顆粒形態之物理性的存在（有顆粒就有厚度，有厚度才有聚散）。將莊子之「氣」視爲精微的物質顆粒，或最細微流動之物質〔註54〕的說法，根本是未能明辨「氣」之形上性格與物理性格所致。〔註55〕〈天下〉引惠施語云：「至

處，它從來沒有在中國生過根」（Joseph Needham "Science and Civilization in China", Vol.I, p213.（Cambridge University Press, 1962））；因而，若謂中國古代原子論自然觀不發達，這確是事實，但說中國古代自然觀不發達，這就犯了以單一化代替多元化而流於武斷的結論。因此，熟稔中國哲學特質的李約瑟博士說道：「在希臘人和印度人發展機械原子論的時候，中國人則發展了有機宇宙哲學」（語出李約瑟著《中國科學技術史》第3卷，頁337）；依此，似可推論，西方人較早充分地發展了機械原子論的自然觀，而中國人則較早充分地發展了「氣」論的自然觀。

〔註51〕梁啓超先生亦作如是想，梁先生曾很感概地認爲中國人，「把科學看得太低了、太粗了」、「太呆了、太窄了」、「就是相對的尊重科學的人，還是十個有九個不了解科學的性質。他們只知道科學研究所產生的結果的價值，而不知道科學本身的價值；他們只有數學、幾何學、化學——等等的概念，而沒有科學的概念」（參閱《科學精神與東西文化》，載於《學燈》1922年8月23日）。由於，中國人缺乏一種近代科學的觀念，缺乏科學的思維；因而，李志林先生推論出，中國傳統「氣」論所具有的弱點與缺陷，實與中國近代科學之落後有關（參閱《氣論與傳統思維方式》，頁281～293）。

〔註52〕參閱嚴靈峰：《無求備學術論集》，頁395～397：「莊子以萬物皆由『氣』而來，爲種，爲幾，爲幺，爲精，爲非皆說『氣』之微小而變化運動而已」。嚴靈峰解釋「幺」、「精」爲：「直謂小至於無內。一如德謨克里特的『原子』（atom），爲『不可分』義」。

〔註53〕參閱張榮明：《中國古代氣功與先秦哲學》，頁208～209，對於〈人間世〉之「無聽之以耳，而聽之以心；無聽之以心，而聽之以氣」之心齋修養工夫，即自氣功的角度來加以解釋曰：「只要練功者使自己的心境達到空明虛靈，道這個宇宙間道家認爲的眞理自然就會進入他的心靈。這種使心靈保持虛靜空明的方法，莊子就稱之爲心齋，究其實，就是古代氣功的一種方法」。

〔註54〕大陸學者多持類似主張，參閱李志林：《氣論與傳統思維方式》，頁294～309。

〔註55〕參閱楊儒賓主編：《中國古代思想中的氣論及身體觀》，頁125～126。

大無外，謂之大一；至小無內，謂之小一。無厚，不可積也，其大千里」，所謂「無厚」、「不可積」、「其大千里」，顯然是指「氣」的特性，如惠施之言不違背莊子義旨，則「氣」因「無厚」，就不可能產生密度的變化，自無聚散可言。就「氣」概念之宇宙生成論的形上原理意義而言，「氣」之聚散，不過是「氣」之陰陽原理的交互作用，「合則成體」，不但有人之生，更有物之成，「散則爲始」，則是「氣」之循環變化，回歸萬物初起之「一氣」渾然未分的原貌。故而，惠施之「大一」，是指宇宙的形上原理（「道」）或萬物的存在原理（「一氣」），此「道」超越時空侷限，所以是「至大無外」；而「小一」意謂萬物化成後，各有其本質與意義之殊理，此「小一」之理乃是基於「大一」之理而成，所以「至小無內」，無論何物，必有其存在之理。然因此而歸咎於思想前後之不一致性，不若進一步釐清並深刻體認，其實，莊子之言「氣」，實已脫離形而下之物質現實，而將「氣」概念形而上之，成爲宇宙的形構原理，貫通萬物的共同材質。雖然，可以認知的是，中國「氣」概念來自對於現象世界之觀察，無論是雲氣、水氣、天氣或地氣，都屬具有濃厚物理性格之物質形態，但是到了莊子，「氣」概念不再只是現象世界的自然之氣，而是用來說明宇宙萬物生成變化的形構原理。

放眼當今研莊流派，大陸學者非常強調「氣論」思想，如李存山著《中國氣論探源與發微》與李志林著《氣論與傳統思維方式》，皆採思想史的方式探討「氣」的問題。其共通點，有可能是欲以中國傳統哲學來維護「唯物論」，亦有可能是想以「氣」的物質性與運動性來說明「唯物論」的特色。只是，莊子是相當強調「整體」與「和諧」〔註56〕的思想家，唯恐「心」與「身」之分，「唯心」與「唯物」之辯，並未能眞正契合莊子極力尋求二元對立之整體和諧的用心與努力。然而，究竟莊子所尋求之整體和諧的契機爲何？其實就是「氣」概念。

總之，在檢討既有研究成果之綜述後，本篇本書基於以下四項論述，作爲探討莊子「氣」概念的基本前提：

（一）莊子其人其書

本書對於莊子其人的定位是：中國思想史上建構完整氣論思想的第一人，並爲後世氣論思想之開展與傳承，奠定堅實之根基。對於莊子其書的定

〔註56〕參閱方東美著，孫智燊譯《中國哲學之精神及其發展》，頁 183～203「Comprehensive Philosophy」。

位是：〈內七篇〉文筆精純、風格相近，且各篇主旨前後呼應、義理貫連，應爲莊子自著〔註 57〕（雖亦疑有少數後人附加之屬文，但對整體文氣文理影響不大）；〈外雜篇〉與〈內篇〉相較，筆力稍遜，內容駁雜不純，義理精淺不一，疑爲莊門弟子或後學對莊子言行之記錄與推衍莊學之論述，非出於一人，亦非成於一時。不過，〈外雜篇〉之內容對〈內篇〉思想多有發明，更有不少莊子精微言論散落其間，故於援引文本資料時，審慎取捨與「氣」概念相關之論述，重在以莊解莊，期能避免牽強附會之弊，或迫古人作過分表達之評。〔註 58〕此外，必須鄭重說明的是，〈內篇〉出自莊子手筆，故論及〈內篇〉思想則以莊子稱之；〈外雜篇〉爲莊子後學闡揚其義理之作，故論及〈外雜篇〉思想則以莊學或莊書稱之。

在研究中國古代哲人思想時，可清楚發現學說與生活的密切關聯性，此如朱子所言：「誦其詩，讀其書，不知其人可乎」，〔註 59〕可見，古代哲人獨特之生命歷程孕育其特有之哲學思想，而其哲學思想復影響其生活型態。本書之思考脈絡依序參考自莊子的生卒年代，明其時代背景與思想淵源，與當時學術氛圍對其學說所產生之影響，進而確立其理論承繼、建構與創發之所在，以及其思想學說於文化傳承中之角色與分位。依據《史記》卷六十三〈老莊申韓列傳〉相關莊子之記載，先秦道家學者常「以自隱無名爲務」與「莊子蒙人也，名周，周嘗爲蒙漆園史，與梁惠王齊宣王同時。其學無所不窺，然其要本歸於老子之言。……楚威王聞莊周賢，使使厚幣迎之，許以爲相」，推知莊子「與梁惠王齊宣王同時」、「楚威王許以爲相」，如以各家考訂之最寬年限來看，莊子生存活動的時期應於西元前三七九年至西元前二八六年。〔註 60〕依此，將莊子之生平定

〔註 57〕 參閱崔大華先生透過《莊子》各篇對莊子生平言行之記述、《莊子‧天下》對莊子思想之概述，與《荀子》對照內篇意旨所下之莊學評述等三項論據所下之判定：「《莊子‧內篇》所反映的思想，特別是人生哲學思想，是莊子思想的核心部份，是莊子本人的思想，是莊學之源」：語出《莊學研究》，頁 86～89。

〔註 58〕 附帶說明的是：本書所引用之《莊子》原典，依據郭慶藩所輯之《莊子集釋》，惟因數量甚多，故僅於引文下註明篇名，不再另外列註。

〔註 59〕 語出朱熹：《四書集注》〈孟子萬章〉下，頁 154。

〔註 60〕 由於，孟子亦曾與齊宣王、梁惠王談論仁義之道，顯然莊子與孟子是同一時代的人，然而，歷代仍有學者質疑，何以孟子距楊墨卻不及莊子，莊子剝剝儒墨卻不及孟子，甚至，莊子孟子書中對當時許多學者之思想都曾加以論斷，爲何彼此間連名字都未曾提及呢？筆者本諸經驗法則並依據當時客觀的環境條件來看，兩人當時並不相知，且兩人之說並未大行於世，加上交通不便訊息不暢，

位爲戰國時代與儒家孟子同時之道家宗師，莊子於思想上縱的傳承老子道論，並將老子哲學性的「氣」概念加以發揚，建構體系完整的氣論思想，因而，「道」「氣」並舉可謂莊子思想最重要的創發。此外，莊子思想亦橫的關連及當時的生命課題，因著春秋戰國之悖亂無序，諸子爲救時代之弊而競創新說，形成百家爭鳴千嚴競秀之局面，成就了思想史上最輝煌的盛世，其中許多與「天」、「道」、「理」、「氣」、「性」、「命」相關之哲學命題，爲各家共同關心並熱烈討論，而莊子往往能以恢弘之生命、宏肆之才氣、活潑之筆調、清晰之條理，展現其出類拔萃之闡發與論述，無論於深度或廣度，皆非一般思想家所能相提並論。尤其，莊子之「氣」概念更是引人入勝，相較依附於道德命題下，僅於修養層面發揮作用之孟子「氣」概念，莊子的「氣」概念是爲主要概念，且是貫穿其思想體系各層面，擔負關鍵地位之重要角色。

　　研究莊子或莊學，應以《莊子》書爲根本，而現存版本以晉人郭象所著三十三篇本爲依據。然而，自北宋以來，《莊子》書中的某些篇章之真僞問題，成爲研究莊子的疑竇與障礙；蘇軾提出〈讓王〉等四篇並不是莊子所作，此後，明清學者亦表示外雜篇大多不是莊子所作，但承認是莊子後學所作，近代羅根澤等人又指出外雜篇中許多內容不但不是莊子後學所作，而且不是先秦人所作。因此，爲釐清《莊子》內篇與外雜篇的作者問題及成書年代，〔註61〕有必要進行文獻的疏證與考察。首先，自漢語詞彙發展的歷史規律以及內篇與外雜篇的明顯區別〔註62〕而言，已然提供了《莊子》內篇早於外雜篇的有力證明，

　　書籍稀少流通不廣，兩人未有接觸，即便有所聽聞或因了解不深而無法相互論斷；而此並非如馮友蘭先生所言：「自孟子的觀點言之，莊子亦楊朱之徒耳。莊子視孟子，亦一孔子之徒。孟子距楊墨，乃籠統距之；莊子剽剝儒墨，亦籠統剽剝之，故孟子但舉楊朱，莊子但舉孔子」（馮友蘭：《中國哲學史》，頁279）。不過，這一切都無碍他們被後世推舉爲戰國時代儒道兩家的代表人物。

〔註61〕劉笑敢先生透過概念的使用、思想的源流、文章的體例與特殊詞彙的用法，一一考察《莊子》各篇之主要思想與成書年代。除了得出內篇爲莊子所作之結論而外，並分析出外雜篇尚可細分爲述莊派、黃老派及無君派，而以無君派（計騈拇、馬蹄、胠篋、在宥上、讓王、盜跖、漁父、說劍等篇）與內篇理路最爲疏遠。參閱劉笑敢：《莊子哲學及其演變》，頁58～101。

〔註62〕透過對於內篇與外雜篇的疏證與考察，可進一步發現內篇與外雜篇之間在概念的使用上有其區別：內篇僅出現道、德、命、精、神等詞（單詞），而外雜篇則同時出現道德、性命、精神等語詞（複合詞）。這是內篇與外雜篇的明顯界線，似乎也符合漢語詞彙發展意義下，因應社會生活的開展，由單詞逐漸演變爲複合詞的態勢。依此，可初步推斷內篇是早出的，外雜篇是晚出的。進一步依據劉笑敢先生的分析，外雜篇所同時出現道德、性命、精神等語詞，

〔註63〕因而，肯定內篇大體上為莊子所作的觀點是可信的，並且，研究莊子思想應以內篇為基本資料。其次，就《韓非子》、《呂氏春秋》與賈誼賦引用《莊子》的情況看來，證明《莊子》已廣泛流傳於戰國末年，那些以《莊子》外雜篇的許多內容是作於漢初的疑似之詞，是無稽之談的，應該肯定的是《莊子》外雜篇亦是成之於戰國末年以前。再者，《莊子》外雜篇的內容有同有異，象徵莊學之後既相一致又有分化的取向，而此亦是探尋莊學演變主要的脈絡與線索。特引徐復觀先生有關〈內篇〉與〈外雜篇〉之差異，以資參考：〔註64〕

	相 異 一	相 異 二	相 異 三	相 異 四
內 篇	無「性」字「德」即「性」	「陰陽」皆就人身上而言	暢言詩、書、禮、樂	係出莊子本人之手
外雜篇	有「性」字「性德」對舉	「陰陽」皆就天地造化而言	暢言六經	出於莊子與莊子後學之作

　　本書除卻〈讓王〉以次，至於〈列御寇〉，公認是無雜歧出等篇，又捨去不僅未見「氣」字且不曾出現陰陽思想之〈駢拇〉、〈馬蹄〉、〈胠篋〉等篇；餘則兼採徐復觀先生之說：「外篇雜篇，原即含有莊學傳注的性質」，〔註65〕

在戰國中期以前之《詩經》、《尚書》、《國語》等著作中，亦沒有出現過；可見，在戰國中期以前，約略相當於《孟子》的時代之前，尚未產生道德、性命、精神等語詞，而道德、性命、精神等語詞，在莊子之後，先在《荀子》一書中被發現，且之後的《韓非子》、《呂氏春秋》等書中也都相繼出現。這個歷史年代上的分際與概念思維上的演進歷程，清楚地顯示：外雜篇不可能是戰國中期的作品，而且，只有莊子才是戰國中期人，而內篇才是戰國中期的產物；抑且，若是肯定《莊子》書中包括莊子本人的作品，那麼，也就無從疑惑內篇基本上應是莊子所作，而外雜篇只能是各派後學所作。其他關於內外雜篇成書年代先後、內七篇相互聯繫與差異、內篇與外雜篇之相互錯雜的細部考據與分析，參閱劉笑敢：《莊子哲學及其演變》，頁3～101。

〔註63〕《莊子》內篇是不是早於外雜篇的問題，綜合學術界主要有四種不同觀點：其一：《莊子》內篇早於外雜篇，且內篇為莊子所作：自王夫之以來多數學者之主張。其二：《莊子》內篇晚於外雜篇，且外雜篇是莊子所作：此說以任繼愈為代表（參閱任繼愈主編《中國哲學發展史》〈先秦〉，頁386）。其三：《莊子》基本上是莊周的著作，對內篇與外雜篇不須加以區別（參閱陸欽著《莊周思想研究》，頁1）。其四：《莊子》內篇與外雜篇已被郭象搞亂，研究莊子應以《逍遙遊》、《齊物論》二篇為依據，打破內外雜篇之界線選擇有關資料；此說以馮友蘭為代表，只是馮先生並未指明哪些部分與《逍遙遊》、《齊物論》是相一致（參閱馮友蘭：《中國哲學史新編》，頁367）。

〔註64〕內外雜篇之異，整理自徐復觀：《中國人性論史》，頁360～366。

〔註65〕內外雜篇之同，語出《中國人性論史》，頁366。

捨繁就簡地視《莊子》通書爲莊子思想之記載與闡發。並且，筆者亦秉持王
叔岷先生所指出，研究郭本莊子應有（1）破除內、外、雜篇觀念（2）破除
文字執著（3）參證逸文〔註66〕等態度，以及以內篇義旨爲勝，外雜篇或爲莊
子後學或爲學莊者推衍莊義雜輯而成之認知，多處引用與參考重要的注釋版
本，包含郭象著《南華眞經注》、王先謙著《莊子集解》、劉武著《莊子集解
內篇補正》，亦予筆者相當程度之啓發與助益。

（二）捨棄「氣論」之「唯心」與「唯物」之爭

許多大陸學者認爲，莊子是「唯心論者」、主觀的唯心主義、客觀的唯心
主義，因而，從他們所維護的唯物論觀點出發，批判莊子哲學是反動的、無
價值的。〔註67〕然而，馮友蘭先生卻對這樣的看法，提出其意見與批評：「我
們近來的哲學史工作，大概用的是形而上學唯物主義的方法，把哲學史中的
唯物主義與唯心主義底鬥爭，簡單化，庸俗化了，使本來是內容豐富生動的
哲學史，變成貧乏、死板」。〔註68〕這樣沉痛的反思，目的就在於，若阻限於
一味尋找唯物主義根據的大陸學者之「唯物」或「唯心」之論斷，那麼，莊
子「氣」概念的原貌，將因著二元鴻溝而精義不顯。易言之，因爲許多大陸
學者仍舊以爲莊子是主觀或客觀的唯心論者，所以，無法肯定莊子「氣」概
念所含有的物質成分。是以，唯有回歸莊子文本，在歷史脈絡下，以分析、
比較的方法，落實以莊解莊，俾以還原莊子「氣」概念的原始樣貌。

（三）破除「不可知論」的迷思

莊子具備與近代哲學之父笛卡兒（R.Descartes）相同的基本精神——懷
疑，懷疑語言的完整性〔註69〕和人的片面判斷；不過，如此的懷疑並非是否
定對於這個世界本身的認識。莊子拒斥的是「小知」，並不是「大知」或「眞

〔註66〕語出王叔岷：《莊學管窺》，頁20～21。
〔註67〕參閱劉笑敢：《莊子哲學及其演變》，頁228～241，劉稱莊子是客觀唯心主義
　　　　者；李錦全以莊子是主觀唯心主義者，《哲學研究》之〈關於莊子的哲學性質
　　　　及其評價〉（北京，1981年12月）。其他有關大陸學者對於莊子的研究本書目
　　　　錄，參閱黃山文化書院編：《莊子與中國文化》。
〔註68〕語出馮友蘭：《中國哲學史本書初集》，頁97。
〔註69〕〈秋水〉：「可以言論者，物之粗也；可說意致者，物之精也；言之所不能論，
　　　　意之所不能致者，不期精粗焉。」因爲語言（「言」）和意義（「意」），皆局
　　　　限於現象事物（「物」）；因而，語言和意義都不能指涉「無形」、「不可圍」
　　　　的「道」。

知」；〔註70〕此亦如西方哲學史上舉足輕重的康德（I.Kant），自批判立場出發欲建立其先驗哲學一般。因此，莊子的爲學態度（強調人因受限於時空，並未能絕對認知知識的無限性）實具有西方知識論精神與典範意義；〔註71〕而此亦爲廓清莊子「氣」概念思想所極須服膺的價值之所在（依〈養生主〉：「以有涯隨無涯」；對於莊子只可說其爲「不可盡知論」，而不可以是「不可知論」。不可盡知論的精神在於：須認知我們知識的界限與主觀性認知的危險）。其實，莊子學說有其抹煞思想矛盾的用心與努力，同時，也深切體驗了現實矛盾中所包含之不可抗拒的必然性；所謂生死、是非、榮辱與禍福，種種對立紛至沓來，如影隨形，無可擺脫，只有一忘了之。莊子之欲抹煞矛盾，是由於瞭解不能在現實中取消矛盾；此與主觀唯心主義者以個人乃是可以決定客觀存在的說法，根本上是很不相同的。〔註72〕

（四）擁抱生命的關懷與價值

莊書將人之所以爲人的意義定位在「反其性情而復其初」（〈繕性〉），與「謹守而勿失，是謂反其眞」（〈秋水〉），人以回復、返回眞實的自我爲最終的理想。而爲了回復、返回眞實的自我、純樸的狀態，就必須消除一切的人爲造作，回歸自然。

莊子承繼老子以「道」爲宇宙根本的形上思維，只是，老子哲學的立足點是欲取先予、無爲而無不爲，仍未全然超脫於現實；而莊子哲學的著力點，卻是欲逍遙於無何有之鄉，完全擺脫現實，追求超越現實的精神自由，〔註73〕

〔註70〕〈外物〉云：「去小知而大知明」，可爲明證。

〔註71〕據卡爾巴柏所言：「不能反駁」的理論，不是「科學」，甚至於「數學」也是一樣。參閱 K.Popper,《Objective Knowledge》（Oxford：Clarendon Press,1972）。

〔註72〕劉笑敢先生分析：莊子哲學中確有抹煞客觀存在的矛盾差別，追求超現實的精神自由之内涵；這些内涵只能說明，莊子思想中有重主觀輕客觀，主觀與客觀相分離的傾向，並不能說明莊子是主觀唯心主義者。不過，若依劉先生之謂：「確定一個哲學體系基本屬性的依據只能是該哲學家對哲學基本問題的回答，不能是其他内容」，那麼，莊子既不是主觀主義者，如再謂其爲客觀主義者，是否亦違背此一前提，而有畫蛇添足之嫌呢？參閱劉笑敢：《莊子哲學及其演變》，頁236。

〔註73〕莊子所謂之精神自由，實是精神的寧靜或逍遙的自由，而不是與造物者共同支配宇宙萬物的自由。即使是如〈大宗師〉所言：「參日而後能外天下，……七日而後能外物，……九日而後能外生，已外生矣，而後能朝徹；朝徹，而後能見獨」；外天下、外物、外生就是忘懷一切，絕對地不動心，體驗到宇宙之初虛廓無垠的境界，而見獨得道的實質，亦只是獲得與宇宙萬物合而爲一

這是莊學的特質。莊子哲學之所以具此實質，乃因所追求之精神自由的前提，是基於時代背景下，現實生活所得不到的自由，是以，莊子對於這種不可抗拒的必然性，發出其內在心聲。〈齊物論〉曰：「一受其成形，不忘以待盡。與物相刃相靡，其行盡如馳，而莫之能止，不亦悲乎！終身役役而不見其成功，苶然疲役而不知其所歸，可不哀邪！人謂之不死，奚益！其形化，其心與之然，可不謂大哀乎」，人生如時光飛馳，身不由己，終日奔波勞苦，莫知所歸，莊子深切感到一股必然性的力量在支配自己。依莊子思路，品德之優劣、事業之窮達，乃至飢渴寒暑，都是命定的，既不能窺測其究竟，也無法預料其吉凶，命是無可改變的，現實生活是必然的世界。〔註 74〕由於，一切的幸與不幸都是命定的必然，人類為之不可抗拒亦無可奈何，因此，莫若忘懷一切的差別與矛盾，與物為春，上達精神之自由和諧。

第三節　研究方法與進路

　　「氣」概念思維已廣泛滲透至中國文化的各個層面，並於日常生活中普遍地為人們所接觸與使用，例如：「善養吾浩然之氣」的修養理論，「通天下一氣耳」之宇宙萬物的形成，天文、曆法、音律、氣象理論之歸結為「氣」，中醫所言生命、臟象、病機、診治、養生學說之核心概念，皆為「氣」。依此可見，「氣」概念之於中國人的密切關係，實是其來有自且根深蒂固。抑且，由於「氣」論學說缺乏形式邏輯的證明與科學實證的檢驗，亦因「氣」論學說長期為泛道德論所籠罩，且被神仙方術所利用，這些因素導致人們無法正確而清楚地理解「氣」概念。〔註 75〕

　　的真實體驗，從而忘懷現實煩惱，實現精神解脫，而非將個人意志付諸於現實或主宰萬物。

〔註 74〕劉笑敢先生就指出：「命定論是莊子哲學的基礎，也是莊子追求精神自由的基礎。……莊子是在承認客觀必然性（命定）的前提下追求精神自由的。追求精神自由的根本原因是對客觀必然性的無能為力，追求精神自由的根本目的是逃避命定的現實」：語出《莊子哲學及其演變》，頁 237。

〔註 75〕西方學者受其傳統文化的侷限與窠臼，對中國哲學「氣」概念的理解亦有其不相應的困難之處。雖然，英國李約瑟博士曾說：「雖然『氣』在許多方面類似於古希臘的『氣息』（pneuma），但我還是寧肯不翻譯它，因為它在中國思想家那裡的含義不能用任何一個單一的英文詞表達出來。它可以是氣體或蒸氣，但還可以是一種感應，就像現代人心目中的以太波或輻射線一樣精微」。儘管如此，李約瑟博士有時亦不免將「氣」譯為不是代表「氣」概念全面意

　　莊子雖然提倡超脫現實，實際上，卻對自然、社會與人生有著細微深刻的觀察與研究。「氣」是中國傳統哲學中最基本、最廣泛，同時也是涵攝豐富而衍變繁雜的概念之一。關於「氣」概念的理論規定與學說系統，亦具有極大的包容性；不但中國古代各派哲學凡涉及本體論、宇宙論者幾乎無不有其「氣」論，而且中國古代的各派宗教、各門科學與各種藝術，也都對哲學上的「氣」概念或「氣」論有其特殊的解釋與應用。基於上述之前提，本書試圖以客觀、漸進之方式還原並展示莊子「氣」概念之確切意涵。

一、研究動機

　　因著「氣」義深廣，影響深遠，爭議亦頗多（歷來註家歧義叢生）之特質，這是個困難度相當高的論題。只是踏實地以文本出發的探究興趣，與參酌重要見解以還歸眞實原義，及定調概念價值的理想冒險，促成並鼓舞著永恆追求生命情調的我。生產關於「氣」概念之論著，對於筆者而言，是議題研究、是思想探討、是理論興趣，更是生命理想，一項近乎關懷自然現象、人文情境、社會形構與境界思維的努力與探索。

二、研究範圍

　　以《莊子》出現的三十七處「氣」義爲主要研究範圍。其中，內、外、雜篇於思想內涵與作者考據上，皆存在著顯著的差異。筆者大抵肯定內篇出自莊子手筆，爲莊子生命眞精神之所在，可作爲把握莊子思想之肯據，而外雜篇則爲莊子後學闡釋與發揚莊子義理之作。而論及〈內篇〉思想則以莊子稱之；論及〈外雜篇〉思想則以莊學或莊書稱之。

三、研究方法

　　前人關於《莊子》的著作甚豐，本書試圖於前人的研究基礎上作一些嘗試與突破。

　　首先，力求在史料考據上尋找客觀性較強的與料，由點到面乃至於體，通論式地說明莊子「氣」概念的思想架構。

義的"subtle spirits、subtle matter"（較適當的譯詞爲 matter-energy，取自身能動物質之意）：參閱《中國科學技術史》Science and Civilization in China，Vol．2，Cambridge University Press，1956, p.422, p.228, p.24, p.471。

　　其次，進一步掌握與「氣」概念互相關聯之核心概念，透過層層拓深，系統（法）分析（法）、對比（法）詮釋（法），達到整體釐清且全面還原莊子「氣」概念之眞實意涵。本書所運用之研究方法，包含：

1. 系統歸納法——首先應用歸納檢視《莊子》文本中所有相關「氣」概念之原文，將義理內涵相同者歸屬一類
2. 分析研究法——其次運用分析釐清莊子「氣」概念之確切涵義
3. 對比詮釋法——接著進行比較定位內外雜篇「氣」概念之異同，以還歸「氣」概念於莊子思想中之分位與價值

　　將「氣」概念置於莊子思想體系中去理解，方能帶出「氣」概念之原有眞實地義蘊，並清晰地展現「氣」概念之所有面貌與現代意義。

　　再者，通過研究莊子後學的作品，嘗試自莊學思潮的淵源、發展與演變，勾勒出「氣」概念思想演進的脈絡。

　　由於《莊子》一書文辭幻變、哲思宏肆、寓指無窮，對於「氣」概念本就不易全盤掌握。亦因各家對《莊子》注疏甚多，因其學術詮釋而賦予「氣」以新義，亦須步步加以檢視與區別。再加上歷來學者對於莊子「氣」論思想著墨不多，以致於資料的搜尋與概念之釐清，存在著些許地困難。因此，筆者堅持「先讓本人本書本書講話，而不可讓先行的，或後起的觀念佔了先，去作預定式的解釋」〔註76〕之態度，以《莊子》原典的內容爲根本，並輔以相關注釋義理之補充說明。

四、研究進路

　　本書嘗試以系統法把握傳統思維方式的歷史特點，廓清莊子之思想理路，掌握其學說之系統，俾以切入「氣」概念範疇，並尋求其規律性探索與理論根據。並且，對比西方範疇化〔註77〕的分析與解讀，將易於生活實踐上做感受與體驗之進路，定調於中國哲學概念式的理解與詮釋。不過，爲了更全盤眞確地掌握住「氣」概念的原義，而援引兩漢、魏晉乃至宋明氣論思想家對莊書所作之詮釋，或相關論述以爲增補或依據，有時，亦藉助西方知識論進路的概念析解與原理對比，作爲落實理解莊子「氣」概念思想的方便法

〔註76〕語出徐復觀：《中國人性論史》〈先秦篇〉，頁12。
〔註77〕所謂「範疇」（category），並不是這個現象世界自身，而是這個現象世界的解釋架構；易言之，就是這個現象世界的範疇化（kategorien）。

門。此外，本書亦參酌海德格所謂「本體的」與「本體論的」區分（尤其是如「存有」與「存有者」之間的本體論的區分），將「氣」概念區分為「形而上的」與「形上學的」。而這樣的區分，可避免某些因混淆「存在」樣態所導致對於「氣之存在」的真正涵義，例如：（1）若是有人將「氣之存在」視為書本、手機或電腦一類的具體實在物，那麼，「氣」就只是個別事物，而非普遍概念。（2）若是有人將「氣之存在」視為完全屬於生理功能的呼吸或練氣，那麼，「氣」也只是一種生理層面的理論與作用。（3）若是有人將「氣之存在」視為固定不變的靜態物，那麼，「氣」亦只是被動的受變化的對象，而非宇宙萬物變化的主體。（4）若是有人將「氣之存在」視為是事物背後使事物運作的原理或法則，那麼，「氣」就是精神性的，而非物質性的東西。總而言之，「氣」概念的哲學探討，並不在問：「氣」是什麼，「氣」的組成為何，誠如希哲泰利斯（Thales）所言「宇宙原質為水」；重要的不是「水」、「空氣」、「無限者」等原質內容為何，而是泰利斯他開啟了用形質的東西來解釋這個世界的企圖。同理，莊子之為莊子，亦是表現以「氣」為宇宙萬物化生之始的形上意義，下貫至現象世界生成變化的存在思維，乃至人生日用進德修養的工夫理論。因此，本書植基於這個定調，試圖呈現莊子「氣」概念的完整架構在整個中國哲學史上的價值與影響。

至於，產生本書內涵的思維起點則運用分析法：第一步肯定莊子「氣」概念的重要性與影響面之認知，再進一步就是對「氣」概念起一核心的思維方式，一個對各種事物之產生都起著作用的思維方式；其間之三步驟為：

（一）定位莊子哲學體系的基本屬性（性質）

將世界本質與認識來源做為的基本屬性，而以精神修養與人生理想之人生觀與倫理學做為哲學體系的主要莊子哲學體系特性。〔註78〕莊子認為世界產生於客觀存在的「道」，依存於客觀存在的「道」；在莊子，「道」是原始的，

〔註78〕哲學體系的基本屬性與主要特性是兩個既有區別又有聯繫的概念：籠統地說，哲學體系的屬性亦可視為哲學體系的特性之一，但是，嚴格說來，哲學體系的基本屬性是不同於哲學體系中的其他特色的。哲學體系的基本屬性代表哲學家的根本立場，對於每個哲學家而言，根本立場都只能有一個；而哲學體系的主要特色反映哲學家思想的特殊性，對於每個哲學家來說，主要特色都可以是與眾不同、別具風采的。故而，相對來說，哲學體系的基本屬性（性質）表微哲學思維中的共性，哲學體系的主要特色則反映出哲學思維中的殊性；性質相同的哲學體系，其特色可以不同。

根本的，宇宙萬物是由「道」生成的，是從屬的。同時，莊子亦不認為個人的感覺與意識是知識的唯一來源，因為最高的知識是對「道」的體認。基於對「道」的體認，方能進一步追求「心齋」與「坐忘」之生命境界。

（二）釐清莊子「氣」概念是揭示其理論體系的哲學概念

通過哲學家對哲學概念的剖析，揭示哲學家的理論體系，這是研究哲學史的基本方法，也是揭示哲學家思維理路的基本途徑。哲學概念表明客觀世界普遍本質的概念，歷史上每一個哲學概念都是在理論思維與生命實踐的發展過程之中逐漸成形的。成其為一個哲學概念，基本上，必須具有普遍性的意義〔註79〕、名詞的屬性〔註80〕、能做判斷的主詞或賓詞，〔註81〕及固定的語言形式。〔註82〕此外，莊子的哲學概念亦反映出他對形上世界與形下世界的認知與態度，或許，囿於當時之學術氛圍及思想表達方式與今日之不同，以現今標準來看，莊子之哲學概念的表述，往往不夠明確，有時亦顯含混模糊。不過，略顯含糊之表達，卻使整個思想內容玄遠高妙、生動活潑，甚至於概念之間可以相當程度地相互替換以凸顯其共同特性。因而，對於不同概念間之獨特的特質與內涵，更須加以分別釐清與仔細分析，亦因此，筆者特別針對「氣」概念之特性與意涵，深入剖析，進而釐清「道」「氣」關係，說明「氣」之陰陽作用，以彰顯莊學氣論的形上意義，並且，依「氣」與「理」「形」、「心」、「性」之關係，闡述氣論的形下意義，連結氣論之形上與形下意涵，形成整體的系統脈絡，清楚呈現「氣」概念在不同層面的角色定位，定調「氣」概念之價值與意涵。

（三）縱橫兼備的考察與分析

自「氣」概念的歷史源流與莊子「氣」概念的理論根源，作縱的考察與橫的分析；縱的考察自「氣」概念的淵源進入，探索「氣」概念之源流、意義、分類與定位，橫的分析則著重在逐步釐清莊子「氣」概念之原義、根源並分析探討「氣」概念之價值與影響。

〔註79〕哲學概念的普遍性意義：譬如：「人是理性的動物」，理性即具有普遍性意義。
〔註80〕哲學概念的名詞屬性：譬如：「人是理性的動物」，理性概念本身即是名詞。
〔註81〕哲學概念能做判斷的主詞或賓詞：譬如：「人是理性的動物」，理性概念本身即是能做判斷的賓詞。
〔註82〕哲學概念須具固定的語言形式：譬如：「人是理性的動物」，理性此一概念就不能分別拆解為理與性兩字，一經拆解，理性的哲學意義就被破壞了。

由於，本書所欲探討的是莊子的「氣」概念，按照學術界的一般觀點，內篇爲莊子所作，外、雜篇是莊子後學所作；是以，將三十三篇作爲莊子學派的思想總集，分析其中的「氣」概念理論，旁及於莊子「氣」概念相關之哲學思想。

總之，本書爲闡釋莊子「氣」概念思想，期以引用原典文本而爲一切詮釋的佐證，以莊解莊，輔以經典之注釋與大師之論著，再透過筆者之認知與領悟，希望能夠完整呈現莊子「氣」概念之深度意涵，也就是本書所欲達成之目標：

檢視──《莊子》原典所有關於「氣」概念之內文

釐清──莊子「氣」概念之確切涵義

定位──「氣」概念於莊子思想中之分位與價值

彰顯──莊子「氣」概念之現代詮釋

第二章　莊子以前「氣」概念之析論

　　中國人很早就從自然界的日月誨明、風雨博施、陰陽變化、四時更替、地震星墜,以及人間的飲食之味、五官相接、人倫之常、男女之事、生死之變中,感覺到「氣」的存在,並且,逐步認知到「氣」之運動變化的規律,而做出系統性的概括與理論性的說明。因而,中國古代之「氣」,是一個意義頗爲廣泛歧混的概念,而以精微纖細、無形無象、無所不包之「氣」來解釋一切現象。〔註1〕

　　由於,時代的需求互異,個人之才情不同,各代所呈顯之氣論思想,有的清新,有的宏闊,有的駁雜,有的只對「氣」的某一面相作深入討論,有的則偏重氣論思想的整體架構。若自整體而言,「氣」概念彷彿思想之長河,流經兩千年之歲月,滋潤整個中國文化的大地,將歷代學者緊密地結合一起,其影響可謂既大且深。而欲探討莊子的「氣」概念思想,首應自中國古代「氣」概念之原始意涵的研究爲切入點,進而把握單詞意義之「氣」,發展成爲充滿活力之哲學概念的歷程,同時,並自莊子對老子氣論思想的縱向承繼,與對孟子氣義的橫向探討,以彰顯莊子「氣」概念思想之淵源與特質。

第一節　「氣」概念的淵源與特質

　　誠如文字多由象形開始一般,人類思維發展模式亦是起於認知具體事物,進而朝向具體的、普遍的、永恆的意義開展,形成所謂的概念,而「氣」

〔註1〕以「氣」來解釋一切現象,事實上,或許也易流於對所解釋的現象仍然一無所知:嚴復先生於《名學淺説》一書中曾說道:「他若厲氣、淫氣、正氣,鬼神者,二氣之良能,幾于隨物可加。……凡先生一無所知者,皆謂之氣而已。……出言用字如此,欲使治精深嚴確之科學哲學,庸有當乎?」

概念亦復如是。自甲古金文之「氣」字及其用法推斷，名詞之「氣」在商周以前即已存在；〔註2〕進而從《國語・周語》所載，發掘「氣」由具體可見之物，跨向普遍抽象哲學性概念之明證；接著由《易經》〔註3〕〈易傳〉〔註4〕之內容，證明春秋時代甚至更早，先民亦以乾坤陰陽之作用來解釋自然現象，以「氣」來通貫天人關係。〔註5〕而本書即欲藉由《左傳》、《國語》、《老子》

〔註2〕 前川捷三先生之文獻曾考證指出，「氣」字在甲骨文中因質地關係被刻成三，與數字之三有別，而且，甲骨文中之「氣」字沒有「氣息」、「雲氣」一類的名詞意義，而是當作「乞求」、「迄至」、「終迄」來使用，至於，金文「氣」字用法亦多類此；參閱前川捷三著〈甲骨文、金文中所見的氣〉：收錄於小野澤精一、福永光司、山井涌等編著，李慶譯《氣的思想》，頁12～28。這個說法顯然缺乏論證。關於「氣」字為何於甲骨金文中僅有動詞用法而無名詞意義，李存山先生之研究指稱：中國文字始自象形，其實許多字之動詞意義開始時都與名詞意義有關（名詞意義顯然先於動詞意義），例如《說文解字》將「氣」寫成「气」，釋為「雲氣也，象形」，這就是名詞意義，至於轉化為動詞之乞求義，應與古代焚燒祭品以煙氣向神祈求之祭祀有關（甲骨文中類似之卜辭即所在多有），是故，乞求本意應為以氣求之，所以「氣」字由名詞轉變為動詞；其次，自實詞在前、虛詞在後之語言發展角度而言，甲骨金文之「氣」作為「迄至」或「終迄」，都是虛詞的用法，理應是在名詞之氣與動詞之氣後所發展出來的，但何以甲骨金文僅有動詞或副詞之氣而無名詞之氣呢？合理的推斷應是由於散佚，因為，如何能夠肯定因現存小部份之甲骨金文沒有名詞之氣的存在，就斷論尚未發掘之甲骨金文中未有名詞之氣的存在呢？早在春秋史料中，名詞之氣即已大量出現，且有豐富內涵，基於此是可推論在商周之前，名詞之氣是存在的；參閱李存山：《中國氣論探源與發微》，頁15～21。

〔註3〕 《易經》乃中國最古老之經書，具有中國傳統思想之始源地位，不但影響儒家，亦必然影響道家。《易經》探討變化之現象（為人斷事決疑、確立人事準則、解釋自然現象）與理則。

〔註4〕 〈易傳〉所確立「一陰一陽之謂道」（繫辭上傳第五章）之形上命題，於陰陽交互作用產生的變化過程中，定立「道」為陰陽所以產生變化的最高原理的地位（陰陽是變化的過程、因素，「道」是變化所依循之理則），強調「道」在生生變化之過程中呈顯其大德，在人生日用道德規範中展現其大用。而落實至人性層面有所謂「繼之者善也，成之者性也」（繫辭上傳第五章），所有繼「道」之動皆是善動，遵動之行皆是善行，且「道」在人身上，是人之天賦之性，亦為人之所以為人之理。由是，建立了「天命之謂性」（中庸第一章）儒門人性論之理論基礎。亦因人由陰陽之氣交合而生，所謂盡性之道即在於「保合太和」（乾卦象傳），保守人在化成之初的陰陽諧和之氣，以正性命、以利人生。「繼之者善也，成之者性也」與「保合太和」之思想，可能影響及莊子思想之「性者，生之質之」（〈庚桑楚〉：以成於「道」之理為人之本性，且是人之所以為人本質的思想），與「德者成和之修也」（〈德充符〉：以守住原初和諧之氣為工夫修養，達於「陰陽和靜」之修養境界）。

〔註5〕 《易經》，是中國古聖先哲們經長期嚴謹對大自然，觀其「氣」、喻其象而通

與《孟子》等原典中關乎「氣」概念之涵義，探索「氣」概念於先秦時代之
眞確意涵，進而把握《莊子》書中「氣」義之傳承與開創。

「氣」字多義，「氣」本身除了哲學意義而外，尚有豐富多彩的具體意
義。依《中華大字典》，「氣」字有 16 義之多；據《中文大字典》（台灣中國文化
研究所 1968 年印行），「氣」字凡 21 義；此外，以「氣」所組成的詞彙與語
詞，更是不勝枚舉、氣象萬千。中國文獻於「氣」字的使用，或取其哲學意
義，或取其具體意義，或哲學意義與具體意義兼而有之；哲學意義的「氣」
概念有時還與其他概念相互代用。

在現今最古老的文字資料，殷周甲骨、金文之中，「气」字已經出現〔註6〕

其理，所結論整理之經驗哲學與應用理則；至於古人對「氣」之認知與應用，
即以吳永猛、林俊寬：《易經與風水》爲依據，説明如後（以下引述僅標及頁
數）。以中國殷商時代之甲骨文即以作爲紀年、月、日之符號的十二地支爲例，
依《史記》、《漢書》及《說文解字》説明，十二地支乃是指謂萬物之孕生、
生長、變化、收藏、更生的過程；所謂「子」（時），滋也、孳也，滋生也，
象徵草木種子於「陽氣」既動之下，吸水而滋長萌芽也；所謂「巳」（時），
起也，四月「陽氣」達極點，萬物畢盡而起；所謂「亥」（時），該也，劾也，
萬物遭「陰氣」劾殺，只有藏於堅核之中（參閱頁 120～121）。其次，古代天
文學家以地球繞行太陽運行一週而言二十四「氣」，分配十二月，在月首者爲
「節氣」，在月中者爲「中氣」；一年之內有四時、八節、「二十四氣」與七十
二候，五日爲一候，三候爲「一氣」，故一歲有二十四氣（參閱頁 121～122）。
再者，古代天文學家以月球或火星之運動，而定出二十八星宿；分周天之恆
星爲三桓（太微桓、紫微桓、天市桓）二十八宿，所謂宿者，天之五星運「氣」
與五行，日月五星之所宿也，或謂月纏二十八宿（月亮每天住宿於不同的方
位）（參閱頁 122）。所謂「太極」，分爲「太易」（「氣」未成之時，由光轉氣
之階段）、「太初」（「氣」之初，無形之氣、五行之氣流行於宇宙之中）、「太
始」（「氣」之流行開始成形，形狀已成陰陽二氣，而有陰陽、男女、正負、
明暗之分）、「太素」（「氣」之形已分出陰陽，並有質量、輕重出現；亦即已
由兩儀演變爲四象，陽中有陰，陰中有陽）之不同階段（參閱頁 111）。此外，
中國古人關於民俗節日之活動淵源，例如：年終大掃除是爲除殘及「續氣」（參
閱頁 194）；將壓歲錢之紅包壓在枕頭下睡到天亮，是爲壓走逼去年的欺負與
「穢氣」（參閱頁 196～197）；清明祭祖掃墓，是爲祖靈得氣（「續氣」），庇陰
後代子孫冬至多曬太陽與多吃種子，是爲種子是「陽氣」的精核，亦是「金
氣」很旺的食物，因鬼魅最怕金氣，故多吃各類種子（核果）增加金氣（參
閱頁 199）；而冬至吃湯圓，是爲補充「金氣、元氣與陽氣」（參閱頁 207）；
冬至多曬太陽與多吃種子，是爲種子是「陽氣」的精核，亦是「金氣」很旺
的食物，因鬼魅最怕金氣，故多吃各類種子（核果）增加金氣（參閱頁 199）；
而冬至吃湯圓，是爲補充「金氣、元氣與陽氣」（參閱頁 199）；而此皆與「氣」
概念之認知與應用相關。

〔註6〕李存山先生不能滿足於甲骨、金文、《尚書》、《詩經》未能説明春秋與春秋之

（但未實際發現有「氣」字）。「气」是象形字，依許慎《說文解字》「气」字下云：「气，雲气也，象形。凡气之屬皆从气」，段玉裁注云：「气、氣古今字，自以氣為雲气字，乃又作餼。為稟氣字矣，气本雲气，引申為凡气之稱。……借為气假於人之气，又省作乞」；〔註7〕可知「气」之原始意義為「雲氣」，原是象雲起之貌，後來凡有此氤氳形貌者皆從「气」以表其形。許慎以「气」為雲氣義的本字，段玉裁則視「气」為「氣」，以「乞求」為「气」之假借義。可以說，「气」為雲氣義的本字，但後來則借「氣」以表達雲氣義。所謂「氣」之本義，許慎《說文解字》云：「氣，饋客之芻米也，从米气聲。春秋傳曰：齊人來氣諸侯」，本義為饋客芻米義的「氣」，〔註8〕後來被借作雲氣義，且一直沿用至今。「氣」既被借為雲氣義，後世乃另加「食」旁為「餼」，以表「芻米」之義，而「氣」則專作「雲氣」義用。故而，經典文本中「气」多作「氣」，現今用以表達雲氣義的「氣」字，乃假借饋客芻米義的「氣」，而「氣」之芻米本義，則加增食旁的「餼」字表示。〔註9〕

因著古人的生活方式，先祖發現煙氣（燒烤食物）與蒸氣（蒸煮食物）；又自仰觀俯察自然現象之中，認知到「氣」有流動、層疊，從而發現雲氣（雲能致雨與天氣相關）及霧氣（覆蓋萬物的可見之氣，與地氣相關）；正當文明不斷躍升，更產生對生命現象發生作用的氣息（呼吸出入之氣）與血氣（生命活力之氣）特質，進而確立「氣」的基本概念。以下即就「氣」概念的演變歷程，與「氣」概念的特質，論說「氣」概念之淵源。

前，沒有名詞用法的「气」字本義，於是對「气」字的原始意義進行研究，考據出「气」字在甲骨文中的用法有三義：气求、迄至、終訖，這三義都作動詞解；然而，李先生依據「气」字本為象形指物名詞，之所以有气求的動詞意義，可能與中國古代積柴焚燒人牲，以烟氣向神求祈的方式有關，再加上按照語言文字發展實詞在前、虛詞在後之動靜相因的一般規律，气求之「气」是從名詞之「气」演變而來，而且，甲骨、金文之迄至與終訖是虛詞用法，此虛詞用法應當是在名詞之「气」與動詞之「气」的意義之後。參閱《中國氣論探源與發微》，頁14～21。

〔註7〕 許慎與段玉裁所言，皆出於段玉裁：《說文解字注》，頁20。

〔註8〕 氣為饋客當米，是天子待諸侯之禮：《左傳》僖公十年：「萬盧來朝，舍於昌衍之上，公在會，饋客當米，禮也」。

〔註9〕 「氣」假借為雲氣之氣，而氣稟之氣又从食，作餼。《說文解字》：「餼，氣或从食」；段玉裁注曰：「从食而气為聲，蓋晚出俗字，在假氣為气之後」；《說文解字注》王筠亦曰：「气，此雲气之正字，經典作乞而訓為求，本是假借，借用既久，歲以氣代气，氣乃餼之古字」。依此，經籍中之气多作氣，而氣之本義則以餼字表示。

一、「氣」概念的演變歷程

「氣」概念在各家都出現過，但是，用法與涵義卻是不盡相同。依歷史階段，歸納在莊子之前，「氣」概念的演變歷程為：殷至春秋時代——「氣」為「雲氣」、「陰陽之氣」、「沖氣」，及戰國時期——「氣」為「浩然之氣」、「精氣」兩大階段。

（一）殷至春秋時代——「氣」為「雲氣」、「陰陽之氣」、「沖氣」

1.「雲氣」

這是先人對自然界之直覺體驗與形象思維，《說文解字》釋曰：「气，雲氣也」，又謂：「雲，山川氣也」；所謂「雲氣」是指能夠流動、層次重疊之氣，也就是天地之間聚散升降的絪縕之氣。「雲氣」猶如天空朵朵白雲，像野馬奔騰，又似水流涓涓，或聚散升降，或稀疏濃淡，永遠無窮變化。由天上可見之雲的意義發展而來的，就是「天氣」；此瀰漫於空間，覆蓋地上萬物的可見之氣，就是「霧氣」；而由接近地面的霧氣與從地面升起的蒸氣發展而來的，就是「地氣」；至於運動變化著的天氣，就是「風氣」。

2.「陰陽之氣」

《左傳》「天生六氣」說，見於召公元年，記醫和之言曰：「天有六氣……六氣曰陰、陽、風、雨、晦、明也。分為四時，序為五節。過則為災，陰淫寒疾，陽淫熱疾，風淫末疾，雨淫腹疾，晦淫惑疾，明淫心疾」；此謂氣的性質可分為陰氣、陽氣、風氣、雨氣、晦氣、明氣，這「六氣」運動變化，形成春夏秋冬四時，產生木火土金水五行，與此相應而有甘苦鹹辛酸五味，白黑赤青黃五色，宮商角徵羽五音，倘若，「六氣」的運動變化失其常序，便會引發寒、熱、末、腹、惑、心等六種疾病。《左傳》言「氣」之意義乃在於：其一是指出天地自然具有細微物質，此細微物質不僅自身得以運動變化，並能導致其他事物的運動變化。其二是依照運動變化相反相成的對立原理，劃分陰氣與陽氣、風氣與雨氣、晦氣與明氣，依此氣之本質及其運動變化之規律，論述「六氣」對於人體生命活動之互動影響。其三是以「六氣」之交感變化說明四時、五行、五味、五色、五聲，乃試圖尋求統一自然、社會、人生之諸多現象的根本原理。其四是不僅人生疾病根於「六氣」，即便是人之思想、情感與意志，亦源於「六氣」。所謂「六氣」〔註10〕是說陰陽風雨晦明都

〔註10〕「六氣」可區別為春秋之「六氣」與戰國之「六氣」：春秋之「六氣」即指陰、

是「氣」，「氣」不僅是陰陽二氣，但陰陽是最主要的「氣」，所以，通常以陰陽二字直指「氣」或陰陽二氣。

值得注意的是，在甲骨文與金文中，皆未發現「氣」字，而現存時間較早之古籍，《詩經》、《書經》、《易經》亦未見使用「气」或「氣」，直至《左傳》、《國語》此一時期，方才有了「氣」字的使用，而出現「天地之氣」、「六氣」、「血氣」、「志氣」、「勇氣」、「聲氣」等不同用法。《左傳》、《國語》所言之「氣」，可大別爲自然之氣與生命之氣二類：

所謂「自然之氣」，起於古人之仰觀俯察，造气字之初，蓋取法於雲氣層疊之象，故「氣」字可用以代表自然現象的變化。作爲自然現象之義的「氣」概念，成形於《左傳》之「六氣」，與《國語》之「天地之氣」；而「六氣」與「天地之氣」，皆是以「氣」解釋天地之間的自然現象。

《左傳》之「六氣」是指天候的變化，「六氣」變化若失其序，即會影響人之生理變化與心理狀態（寒熱末腹惑心六種疾病與好惡喜怒哀樂六種情感，都是生於「六氣」），甚而與社會秩序亦相關聯（「六氣」能發而爲人所需求之五味、五色、五聲）。依此可知，代表自然現象的「六氣」，已開始與人產生關係，而以自然之氣的變化來解釋人體疾病、思想情感與社會秩序，進而要求「六氣」不失其序。

> 天有六氣，降生五味，發爲五色，徵爲五聲，淫生六疾。六氣曰：陰、陽、風、雨、晦、明也。分爲四時，序爲五節。過則爲菑，陰淫寒疾，陽淫熱疾，風淫末疾，雨淫腹疾，晦淫惑疾，明淫心疾。（《左傳》昭公元年）

《左傳》不僅認爲人體疾病生於「六氣」，人的六情亦生於「六氣」：

> 陽、風、雨、誨、明，且與「五行」並稱；然戰國之「六氣」以莊子「氣」概念爲代表，已單言「六氣」。〈逍遙遊〉：「若夫乘天地之正，而御六氣之辯，以遊無窮者，彼且惡乎待哉」與〈在宥〉：「天氣不和，地氣鬱結，六氣不調，四時不節。今我願合六氣之精以育群生，爲之奈何」；郭慶藩《莊子集釋》引諸家關於「六氣」的說法，並評論道：司馬以陰陽風雨誨明爲六氣，李氏以平旦（朝霞）、日中（正陽）、日入（正泉）、夜半、天玄、地黃爲六氣。王逸、支遁以天地四時爲「六氣」：顯然，後人對於戰國時期所謂「六氣」的解釋，眾說紛紜，莫衷一是，並且，已不再將「六氣」與「五行」互相關聯而言。即使成之於秦漢之際的《皇帝內經》仍並言「五運六氣」承襲春秋六氣五行說，視五行爲相生相勝之關係，不過是依於醫學上之道理，而非有哲學上的意義；因而，北宋沈括之言「五運六氣」，但亦不認同五行相生相勝的說法：至於，明清之際的王夫之雖言「五運六氣」，卻更進一步屏棄了五行相生相勝之思想。

民有好惡喜怒哀樂，生於六氣。是故審則宜類，以制六志。哀有哭泣，樂有歌舞，喜有施舍，怒有戰鬥。喜生於好，怒生於惡。是故審行信令，禍福賞罰，以制死生。生，好物也；死，惡物也。好物，樂也；惡物，哀也。哀樂不失，乃能協于天地之性，是以長久。（《左傳》昭公二十五年）

《左傳》亦以「氣」作爲規範人民行爲之禮的依據：

則天之明，因地之性，生其六氣，用其五行。氣爲五味，發爲五色，章爲五聲，淫則昏亂，民失其性，是故爲禮以奉之。（《左傳》昭公二十五年）

《國語》之「天地之氣」是指陰陽二氣。周幽王二年，鎬京地震，伯陽父將地震發生的原因歸咎於陰陽二氣的失序；可知西周末年（公元前 780 年），已明確稱陰陽爲氣，且視陰陽爲天地之氣。

幽王二年，西周三川皆震，伯陽父曰：周將亡矣！夫天地之氣，不失其序；若過其序，民亂之也。陽伏而不能出，陰迫而不能蒸，于是有地震。今三川實震，是陽失其所而震陰也。陽失而在陰，川源必塞；源塞，國必亡。（《國語·周語上》）

所謂「生命之氣」，依《左傳》、《國語》所載，包含「血氣」、「志氣」、「勇氣」、「聲氣」。生命之氣的始義當爲「血氣」，而「志氣」、「勇氣」、「聲氣」，是爲從「血氣」所出之引伸義，因其作用不同，故異名以別之。「血氣」是生命的活動力，凝聚於心，而有「志氣」之名；表現膽識，而有「勇氣」之稱；發爲聲息，即爲「聲氣」之謂。依此可知，春秋時代之「氣」，已不再只是用以指稱自然現象的雲氣，同時，「氣」已用以表徵生命氣息與精神狀態，而開始與人產生關係。

「血氣」是指生命的材質與活動力（「血」是血液，「氣」是呼吸）。

楚子使醫視之。復曰：瘠則甚矣，而血氣未動。（《左傳》襄公二十一年）

讓，德之主也，謂懿德。凡有血氣，皆有爭心，故利不可強，思義爲愈。（《左傳》昭公十年）

若血氣強固，將壽寵得沒。（《國語·魯語上》）

夫戎敵冒沒輕儳，貪而不讓，其血氣不治，若禽獸焉。（《國語·周語中》）

「勇氣」是指膽識氣力，表示勇敢戰鬥的精神狀態。

> 既克，公問其故，對曰：『夫戰，勇氣也。一鼓作氣，再而衰，三而
> 竭。彼竭我盈，故克之。』（《左傳》莊公八年）

「聲氣」是指聲音氣息。

> 君子在位可畏，施舍可愛，進退可度，周旋可則，容止可觀，作事
> 可法，德行可象，聲氣可樂，動作有文，言語有章，以臨其下，謂
> 之有威儀也。（《左傳》襄公三十一年）

　　歸納《左傳》、《國語》所謂自然之氣與生命之氣，當中包含四項意義：其一是，《左傳》將陰、陽、風、雨、晦、明等自然界的六種流行現象稱之為「氣」，乃是氣義的擴大。其二是，自然之氣的變化是會影響到人的生命之氣；《左傳》言六疾與六情生於「六氣」，且「六情」能發而為五味、五色與五聲，可見象徵自然之氣的「六氣」與人關係之密切。其三是，「氣」的運動變化有其一定的秩序，必須「不失其序」（《國語·周語上》）、「不沉滯亦不散越」〔註11〕（《國語·周語下》），自然世界與人文世界才能發展諧和。其四是，西周末年，伯陽父以陰陽二氣的變化說明地震發生的原因，此以陰陽說氣的觀念為後世所沿用，影響深遠。故而，也可說作為明確的哲學理念，「氣」概念產生於西周。〔註12〕

　　以下即分別論述西周產生「氣」概念的演變過程及哲學意涵。《國語·周語上》載有虢文公引太史之言諫周宣王說：「土氣震發」、「陽氣俱蒸」，論及陰陽之氣與農事的關係。〔註13〕而周幽王二年，西周三川地區發生地震，周

〔註11〕 參閱《國語·周語下》曰：「夫政象樂，樂從和，和從平。……物得其常曰樂
　　　　極，集之所極曰聲，聲應相保曰和，細大不踰曰平，如是而鑄之金，磨之石，
　　　　繫之絲木，越之匏竹，節之鼓而行之，以遂八風，於是乎氣無滯陰，亦無散
　　　　陽；陰陽序次，風雨時至，嘉生繁祉，人民和利，物備而樂成，上下不罷，
　　　　故曰樂正」。

〔註12〕 哲學上具有普遍意義的「氣」概念，即是自具體可直接感覺的事物上昇華發
　　　　展而來，而中國哲學的「氣」概念，本質上是指一種客觀的實在，從屬於質
　　　　料（物質）的概念與範疇。

〔註13〕 《國語·周語上》在周宣王即位那年（公元前827年），虢文公曰：「夫民之大
　　　　事在農，……古者太史順時覛土，楊癉憤盈，土氣震發，農祥晨正，日月底於
　　　　天廟，土乃脈發。先時九日，太史告稷曰『自今至於初吉，陽氣俱蒸土膏其動。
　　　　弗震弗渝，脈其滿眚，穀乃不殖』。……先時五日，瞽告有協風至。……稷則遍
　　　　誡百姓，紀農協功，曰：『陰陽分布，震雷出滯，土不備墾，辟在司寇』」，另有
　　　　《國語·周語下》：「陰陽序次，風雨時至」；都在描述農業時令與天文曆法，是
　　　　說到了立春之際，蟄伏地下的陽氣開始上升，即應乘著時機進行耕作；因而，
　　　　自陰陽觀念發展而來，體現於農業生產領域之陰陽二氣，即表示為天氣與地氣。

大夫伯陽父解釋其原因道（《國語・周語上》）：「周將亡矣！夫天地之氣，不失其序；若過其序，民亂之也。陰伏而不能出，陽迫而不能蒸，于是有地震。今三川實震，是陽失其所而鎮陰也。陽失而在陰，川源必塞；源塞，國必亡。夫水土演而民用也，水土無所演，民乏財用，不亡何待」；〔註14〕此謂天地之氣即陰陽二氣有其自然秩序，正如《禮記・月令》所言：「天氣下降，地氣上騰」，這樣才能天地和同、草木萌動，天地寧靜、萬物就生機勃勃。但是，所以產生地震是因陰陽二氣失其宜所，陽氣被（陰氣）鎮伏而不能散出，或陰氣受（陽氣）壓迫而不能蒸騰所引起；而此亦表達了「氣」之對抗、流轉及變化，與地震等自然界變異的關係。其次，伯陽父對周幽王曰：「夫天地之氣，不失其序；若過其序，民亂之也」，顯然亦指出「氣」的變化與人事之間是相關聯的。《國語》以「氣」是天地陰陽之氣，亦是構成天地山川宇宙萬物的精微物質，此天地陰陽之氣包含在宇宙萬物之中，有其自身存在規則與運動秩序，並決定著自然、社會與人的發展變化，所以，天地陰陽之氣的客觀規律是不容違背的。正因天地陰陽之氣之秩序正常可使萬物豐茂、財用富足，天地陰陽之氣之秩序混亂就會導致萬物不豐、財用匱乏；故而，君主實應遵循陰陽之氣之運作律則，方能保身固國。〔註15〕且由天地陰陽之氣不失其序，天地便能正常運行，萬物便能正常生長的觀點而言；人若能保養體內之「氣」，使陰陽二氣平和，即能成為心和言美、善善惡惡的君子，順應陰陽二氣的運行規律施行政治，即能政通人和、天下太平。依此，伯陽父以「氣」是客觀自然的存在，而天地陰陽之氣亦是彼此矛盾又相互作用之對立現象，「氣」內部的對立交感運動，推動宇宙萬物的運動變化，此一思路規定了中國哲學「氣」

並且，值得重視的是，土氣震發、陽氣俱蒸、陰陽分布、陰陽序次之類的概念，雖未包括深刻之哲學意涵，然似已感受到中國「氣」概念思維之胎動。

〔註14〕西周末年伯陽父以「天地之氣」論地震之發生，用「氣」來解釋自然界的運動及對人類社會的影響；李存山先生以為：「這是與『天啟的、給予的知識和權威的真理』相反對的新的世界觀，是中國哲學產生的標誌」；也就是由夏、商、周三代的宗教世界觀轉變而為素樸哲學觀的關鍵思維變革；參閱《中國氣論探源與發微》，緒論頁2與頁35。

〔註15〕參閱《國語・周語下》：「夫政象樂，樂從和，和從平。……物得其常曰樂極，極之所集曰聲，聲應相保曰和，細大不逾曰平。……于是乎氣無滯陰，亦無散陽，陰陽序次，風雨時至，嘉生繁祉，人民和利，物備而樂成，上下不罷，故曰樂正」。此言為政如奏樂，必須合乎陰陽之氣變化之客觀規律的要求：上下協和，法度端正，政令適宜，天地陰陽之氣運行秩序正常，天下便會萬物豐茂，百姓富足，風調雨順，國泰民安。

概念之基本內涵與發展方向，對於「氣」概念的發展歷程，產生深遠影響。同時，《國語》亦將「氣」與人的心性修養關聯起來，成為中國哲學治氣養心、修身養性思想之肇端。〔註16〕而此一時期依據陰陽概念來規範自然、社會、人生的秩序，並試圖尋求自然現象背後的規則性原理，則以儒家所言之「血氣」與道家所說之「沖氣」，為探索此規則性原理之代表。

　　《左傳》與《國語》首先對於「氣」作了以上的論述。《左傳》的「六氣」之說，試圖從自然之氣的運動變化，尋求人體各種疾病，人的思想情感與社會政治原則的產生原因，以解釋自然、社會與人生的諸多現象。易言之，「六氣」之說開始對「氣」的內涵及其與自然、社會與人類的關係，做了初步的分析與規定。《國語》亦以人體由「氣」構成，「氣」不僅構成人的形體，而且決定人之性情，其「天地陰陽之氣」，有其運行變化的客觀秩序，已是一個涵蓋自然、社會、人生的普遍概念。總而言之，「天地陰陽之氣」的思想，已認知到「氣」是客觀世界與主體思維背後之根本物質，這亦是進一步以「氣」貫通宇宙萬物的思考路向。

　　至於，身為幽王之大夫，官拜太史，須掌管典籍、記載歷史、測定曆法與指導農耕的伯陽父，在論及地震之原因與影響的敘述之中，吾人可有更深一層的思考；那就是伯陽父並不將地震的原因歸咎於天的震怒或神的警告，而是訴之於「天地之氣」的失序所導致。自然界的陰陽二氣，其運動變化是有正常的秩序，假若秩序異常，「陽伏而不能出，陰迫而不能蒸」（陽氣在下，陰氣迫之，使不能升也），如此，自然界就會有地震的災害發生。這是伯陽父超脫原始思維，首次以現象（物質）世界自身的原因來解釋自然與社會情狀的一大突破，此以陰陽之氣之因果交互作用以解釋自然現象、社會現象乃至政治興衰的說法，已然跳脫當時天神崇拜的思維模式，而進入哲學思考的境域。由於，自然界屬天，社會屬人，以「氣」來詮釋天、人及貫穿天人關係，這是氣論思想的本質意義之所在，是故，亦可謂氣論思想即發軔於此，而此

―――――――――――――――――

〔註16〕 參閱《國語・周語下》：「口內味而耳內聲，聲味生氣，氣在口為言，在目為明。言以信名，明以時動。名以成政，動以殖生。政以生殖，樂之至也。若視聽不和，而有震眩，則味入不精，不精則氣佚，氣佚則不和。于是乎有狂悖之言，有眩惑之明，有轉易之名，有過慝之度」。此言人體內含「氣」，氣和而耳聰目明，言信政得：氣失則耳震目眩，言悖政昏。人的思想行為及性情品德之善與惡，都是由「氣」所決定。事業成功，治國順利，物阜民豐，這些都是最大的快樂，而要達到這樣的境地，必須先使心氣平和，耳納和聲，口出美言，政令寬仁，法度端正，從而使民同心，政令通達，事行必果。

躍進亦正是氣論哲學的本質之所在。伯陽父稱陰陽爲陰陽二氣，並試圖以物質力量來歸結自然現象地震發生的原因爲陰陽二氣之失序，套用黑格爾的話來說：「這完全是眞理的另一種來源，與那天啓的、給予的知識和權威的眞理的來源，正相反對。這種於權威之外另尋別的根據來代替的活動，人們便叫做哲學思想」。〔註17〕換言之，具有哲學意義之「氣」概念於焉產生。只是，伯陽父以「天地之氣」論地震之發生，是將「氣」用來說明宇宙的秩序、聯繫與作爲決定事物變化的原因，而此並未說明關於自然界構成的思想。事實上，直到戰國時期，方有將「氣」概念作爲化生萬物之本原的思想產生。

　　依此可知，具有哲學意義之「氣」概念產生於西周，且已超越具體之物質氣態（雲氣與氣息），進入抽象領域，並被普遍而廣泛地使用。《國語・周語上》論及陰陽之氣與農事的關係，也指出「氣」的變化與人事之間是相關聯的；而《左傳》亦已論及「氣」的物質性、多樣性與變動性，亦即涵括哲學意義的概念，此以六氣配四時、五行，〔註18〕則意味著時間與空間的統一，蘊含著四時五行宇宙架構的最初萌芽。尤有要者，陰陽與「氣」之結合，不但提高「氣」之抽象程度，更進一步表現出「氣」之動化功能的屬性，「氣」由是成爲運動之源；亦因運動作用須有其法則、規律與條理，是以，「道」之理則也就由此引伸而出。

3. 「沖氣」

　　道家自宇宙萬物之聚散、化生論氣；《老子》〈四十二章〉云：「萬物負陰而抱陽，沖氣以爲和」，說明在「道」的作用之下生畜形成的萬物，其生命之所以存在，就在於負陰而抱陽的沖氣之和中。「沖氣以爲和」之「沖」，代表陰氣陽氣之虛；而「氣」，是形而下的物質之氣；「沖氣」則是陰陽二氣相互激盪，達到均衡和諧之時，就化生了新的存在物。故而，「沖氣」不斷，萬物生生也就不斷；萬物存在皆離不開「氣」，對每一存在物而言，其生命存在就在於陰陽二氣之和中，亦即，每一存在物皆具有「沖氣以爲和」的自然生命本質。莊子以「氣」爲道生萬物、宇宙生成過程中的環節，宇宙萬物皆具有陰與陽，陰陽不斷運動，和合而化生萬物；《莊子》〈知北遊〉云：「人之生，

〔註17〕語出黑格爾：《哲學史講演錄》第一卷，頁62。

〔註18〕由於，西周時期之五行學說已經形成，早期之五行多指五種物質材料，但與「氣」概念結合後，其內涵已起極大之改變，增加了功能作用，此亦顯示古人欲將「氣」與一切有形之物連結之努力，且更突出氣論哲學之特質所在。

氣之聚也；聚則爲生，散則爲死。若死生爲徒，吾又何患！故萬物一也……通天下一氣耳」，以陰陽之氣爲構成宇宙萬物之根本物質，人之生死、物之成毀，都是氣之聚散變化的結果。依此，老莊論「氣」，「氣」與宇宙萬物有著內在必然的關係，亦即，道家對於宇宙萬物具有陰陽對立之和諧性質，有著深刻的體認。

（二）戰國時期——「氣」爲「浩然之氣」、「精氣」

《論語》中之「氣」凡六見，略有四義，多是詞組形式，分別表示「血氣」[註19]（〈季氏〉）、「屏氣（氣息）」[註20]（〈鄉黨〉）、「辭氣」[註21]（〈泰

[註19] 關於生理欲望之「血氣」，參閱〈季氏〉：「孔子曰：『君子有三戒：少之時，血氣未定，戒之在色；及其壯也，血氣方剛，戒之在鬥；及其老也，血氣既衰，戒之在得』」；「血氣」，是指人體的生命力。此言孔子認爲「血氣」會隨年齡增長而有所變化，而且，「血氣」的變化會影響人的欲求，所以，人應該注意避免三個方面：年少時血氣未定，不可接近女色；成人時血氣方剛，不可隨意爭鬥；年老時血氣衰弱，不可貪得無厭。孔子雖未明言「戒」的根據爲何，但是，求諸《論語》精神，所謂「我欲仁，斯仁至矣」（〈述而〉），「克己復禮爲仁」（〈顏淵〉），可知「戒」的根據必於內在之仁心。

[註20] 關於人體呼息之「息氣」，參閱〈鄉黨〉：「入公門，鞠躬如也，如不容，立不中門，行不履閾。過位，色勃如也，足躩如也，其言似不足者。攝齊升堂，鞠躬如也，屏氣似不息者」；「屏」，藏也，「屏氣」即屏息，壓抑呼吸之意；而此屏住氣之「氣」，即指人呼出吸入的「氣息」。此言孔子論述出入公堂之禮，認爲在進入公門時，要躬身而行；在走過君位時，要面容嚴肅，腳步放輕，絲毫不能隨便；在提衣升堂時，也要躬著身，屏住氣，好像不呼吸一樣。孔子的在朝之容，充分表現其入公門恭敬謹慎的態度，故而，「屏氣」之眞正用意乃在於形容孔子敬謹畏懼的樣子。然而，「屏氣」實指人的呼吸之氣，亦即「氣息」，《論語》〈鄉黨〉記孔子入公門曰：「攝齊升堂，鞠躬如也，屏氣似不息者」；「氣息」又是生命的象徵，《管子》〈樞言〉：「有氣則生，無氣則死，生者以其氣」。中國哲學與醫學所言之「氣息」、「人氣」與「血氣」等概念，無疑是自呼吸之氣引申發展而來；不但如此，「氣息」亦與古人對靈魂的認識有關：《禮記》〈檀弓下〉記載人死後：「骨肉歸復於土，命也；若魂氣則無不之也！無不之也」；中國的「魂」字，從云從鬼，云者氣也，鬼者人死也，靈魂就是人死後離開形體飄散而去的氣；在古人的認識中，能夠出入人的形體，在人死亡後就離開人之形體的東西，莫過於人的呼吸之氣。古人將精神氣化的原因，是人的精神狀態與呼吸有密切的關係。總之，「氣息」的息，從自從心，自即是鼻字之省（見《說文通訓定聲》），此皆反映了中國古代關於心氣相通的認識；而且，凡氣字對精神及其狀態的表示（「心氣」、「志氣」、「氣節」、「浩然之氣」、「聖人氣象」等），亦皆是從呼吸之氣引申發展而來的。

[註21] 關於說話聲音之「辭氣」，參閱〈泰伯〉：「曾子言曰……君子所貴乎道者三：動容貌，斯遠暴慢矣；正顏色，斯近信矣；出辭氣，斯遠鄙倍矣。籩豆之事，則有司存」；「辭」乃言語，「氣」謂鼻息出入，「辭氣」是指說話的聲氣。此

伯〉）、「食氣（風氣）」〔註22〕（〈鄉黨〉）之意，並未賦予深刻性之哲學義涵。所謂「血氣」乃人體的生命力，屬生理欲望之氣，會隨年歲增長而有盛衰變化，而且，會影響人的欲求；君子對此生理自然之氣，必須戒之，而戒之的根據在於人內在的仁心。所謂「屏氣」乃壓抑人的呼吸之氣、「辭氣」乃鼻息出入的說話聲氣，皆屬生理呼吸之氣；「屏氣」與「辭氣」之實理，是用於形容內在仁心所顯發於外之恭敬謹慎的態度與言詞的風貌，可見，《論語》之「氣」已表徵仁心外顯之人格氣象。至於，「食氣」意指五穀飲食的風俗之氣，屬生命自然飲食習慣之氣，象徵農業社會中為維持生命而以五穀為食，故而，「食氣」關涉五穀之氣與作為人生命活動力要素的氣。

《孟子》文本「氣」字凡二十見，其中與「浩然之氣」意義相關聯者，佔大多數。由於，孟子「氣」概念具有多層次涵義，即先解析《孟子》中之重要「氣」義（「平旦之氣」與「夜氣」、「移氣」），再論述「浩然之氣」（「守氣」、「勿求其氣」與「無暴其氣」）所具有之意涵。

所謂「平旦之氣」，即清明之氣，也就是夜氣。孟子所謂「氣」，是天生自然的仁義之氣；而平旦之氣或夜氣意謂自然的生命力或生命根源之氣。〈告子上〉言：

> 雖存乎人者，豈無仁義之心哉？其所以放其良心者，亦猶斧斤之於木也，旦旦而伐之，可以為美乎？其日夜之所息，平旦之氣，其好惡與人相近也者幾希；則其旦晝之所為，有梏亡之矣。梏之反覆，則其夜氣不足以存，夜氣不足以存，則其違禽獸不遠矣。人見其禽獸也，而以為未嘗有才焉者，是豈人之情也哉？……故苟得其養，無物不長；苟失其養，無物不消。孔子曰：『操則存，舍則亡；出入無時，莫知其相。』惟心之謂與！

此言牛山之木本是繁茂壯美的，但因近在大國的郊外，有斧斤來砍伐，所以就逐漸稀少而不茂美了。雖然，日夜休息、雨露滋潤，而長出枝芽，但是，

言體現孔子思想之曾子說明對禮的要求是，言語辭氣平和中正，親善信實，而這也是君子所看重的；所謂君子務本，貴在容貌、顏色、辭氣的合禮。

〔註22〕關於飲食習慣之「食氣」，參閱〈鄉黨〉：「食不厭精，膾不厭細，……肉雖多，不使勝食氣。……雖疏食菜羹，瓜祭，必齊如也」，「食」，飯也，「食氣」指五穀飲食的風俗之氣。此言孔子將禮貫徹於飲食方面，主張飲食要保持與百姓一致，在百姓仍以谷食為主的情況之下，君子不應使自己的飲食超出於百姓的飲食風氣之上（不要吃肉多於吃飯，以免傷生）。

又隨著在山上放牧的牛羊啃吃，牛山之上還是成了光禿一片，人們見牛山光禿，就誤以爲牛山之性本就如此。牛山之木如此，人之本性亦然。孟子此以牛山之木比喻說明人皆有不受物欲污染之清明之氣所生的仁義之心，聖賢與凡俗都是差不多的，但是，人之所以喪此德性之美，是因「放其良心者，亦猶斧斤之於木也，旦旦而伐之，可以爲美乎」，因與外物相互牽引而擾亂遮蔽，而放失梏亡其本心善性，也就是一般人往往在白天沉溺於功名利祿權勢富貴的盲目追求，日復一日，以致本心蕲喪，行爲表現也就和禽獸差不多了，但是，實際上本心仍是良善的。雖然，牛山之上已光禿若彼濯濯，不過「日夜之所息，雨露之所潤，非無萌蘗生焉」，人在日夜之所息中，〔註23〕同樣也會有「平旦之氣」與「夜氣」之滋生，只要養之，就能「無物不消」。所以，孟子眞正的義旨是在強調，人皆有天生自然的仁義之心，然「苟得其養，無物不長；苟失其養，無物不消」，故須靠後天加以存養擴充。

由於，平旦之氣或夜氣會在「日夜之所息」中顯露出來；人在經過整夜的養息，到天平明時，由於未與物接，生理欲望尙未啓動，此時神氣清明，本心、仁義之心有所發端；但於白日，於內在物欲與外在物象之糾結牽引中，人易陷溺其心，故將本於平旦之氣或夜氣所引發的良心之端擾亂伏失。是以，若不加以存養擴充此本心善性之端，「旦旦而伐之」，良心就會梏亡，不斷蕲喪至夜氣都不足以存時，就和禽獸相去不遠了。人與禽獸皆屬血氣的存在，然而，人之所以爲人，其尊貴不與禽獸同類者，乃在於人有仁義之心，可以實踐道德理想，失此仁義之心，即與禽獸無與異。平旦之氣與夜氣都是根於內心，都是天生自然，存養擴充此平旦之氣或夜氣，不使爲外在物欲牽引而去，即可發現並保有根於內心、天生自然的良心、仁義之心。

所謂「移氣」之「氣」，是指生命自然之氣，「移氣」意謂天生本有之氣

〔註23〕孟子「其日夜之所息」一句，朱熹注曰：「日夜之所息，謂氣化流行，未嘗間斷」（語出朱熹：《四書集注》孟子告子上卷六，頁165），此注對於孟子「氣」概念思想之闡述，有極大之功效。孟子於〈公孫丑〉論及不動心時曾言：「氣，體之充也」，依上下文言，此體當指小體。人之五官形軀如同「牛山之木」及可見的大自然一般，皆是氣之流行運化而生；但是，人有「浩然之氣」所凝聚之良知良能的大體，誠如「夜氣」與「平旦之氣」一樣，不受物欲薰染，是清明之氣的原貌，亦是人之所以爲人之本質所在。因著，心物皆爲「氣」所生，此與莊子「通天下一氣」之思想有著共同的基點；只是，大體之氣與小體之氣既有共同之始源，何以大體與小體會有實質之差異，因爲並非孟子的主要關懷，所以沒有處理。

所形之於外的氣度體貌。〈盡心上〉言：

> 居移氣，養移體，大哉居乎！……況居天下之廣居者乎！

此言居處的地理環境足以改變一個人的氣度體貌，強調居處環境對人所產生的影響，只是，孟子所言之深義卻在勸勉人應居仁由義。正因生命之氣與德性心的存養擴充有關，一個人若內心所處的環境是仁的天下，一切言行皆由義，自必「睟然見於面，盎於背，施於四體，四體不言而喻」（〈盡心上〉）。故而，生命之氣雖是易受鼓盪的，而德性心的自我覺醒，透過集義之道德實踐以存養擴充，即可使得時時流動的生命之氣都能與道義相互配搭，而成就至大至剛、充塞天地的道德生命。於此意義上，顯見孟子企圖突破「氣」為血氣之意的傳統思維，而賦予「氣」以道德實踐的深刻意涵。

1.「浩然之氣」

孟子所謂「浩然之氣」，其廣義包含「守氣」、「勿求其氣」與「無暴其氣」。
所謂「守氣」，當指持守生命血氣之意。〈公孫丑上〉言：

> 公孫丑問曰：「夫子加齊之卿相，得行道焉，雖由此霸王不異矣。如此則動心否乎？」孟子曰：「否。我四十不動心。」曰：「若是，則夫子過孟賁遠矣！」曰：「是不難，告子先我不動心。」曰：「不動心有道乎？」曰：「有，北宮黝之養勇也，不膚撓，不目逃；思以一豪挫於人，若撻之於市朝。不受於褐寬博，亦不受於萬乘之君；視刺萬乘之軍若刺褐夫，無嚴諸侯；惡聲至必反之。孟施舍之所養勇也。」曰：「視不勝猶勝也；量敵而後進，慮勝而後會，是畏三軍者也。舍豈能為必勝哉？能無懼而已矣。」孟施舍似曾子，北宮黝似子夏。夫二人之勇，未知其孰賢；然而孟施舍守約也。昔者曾子謂子襄曰：「子好勇乎？吾嘗聞大勇於夫子矣：自反而不縮，雖褐寬博，吾不惴焉？自反而縮，雖千萬人，吾往矣！」孟施舍之守氣，又不如曾子之守約也。

此言不動心之道，不動心是指一個人面對重責大任，能心不動，無所疑懼。公孫丑詢問孟子：「不動心有道乎」，孟子因而舉出北宮黝、孟施舍與曾子的養勇之道，說明其不動心的表現雖相同，但其養勇，卻有層次上的分野。北宮黝的養勇之方是：「不膚撓，不目逃；思以一豪挫於人，若撻之於市朝。不受於褐寬博，亦不受於萬乘之君；視刺萬乘之軍若刺褐夫，無嚴諸侯；惡聲至必反之」；孟施舍的養勇之法是：「視不勝猶勝也；量敵而後進，慮勝而後

會，是畏三軍者也。舍豈能爲必勝哉？能無懼而已矣」；北宮黝與孟施舍的養
勇之道是不相同的。北宮黝與孟施舍之勇，皆是孟子所謂「守氣」之意；北
宮黝與孟施舍之別，在於北宮黝憑藉其生理血氣以凝聚意志，發而爲堅持之
力，無視於任何對象，向外必求勝之，所以，北宮黝其「守氣」是屬於最典
型的血氣之勇，所守的是生理血氣之氣；而孟施舍「視不勝猶勝」，向內守住
無懼的信心，雖無必勝把握，亦不爲任何對象所動搖，坦然以無懼之境地代
替向敵求勝之心，所以，孟施舍之「守氣」，較北宮黝略勝一籌。至於，孟子
爲何稱呼孟施舍的無懼是「守氣」，唐君毅先生詮釋曰：

> 知不必勝，而能自勝其畏懼之情者，則是無勝人之氣可恃，而能自
> 斂其氣，以自補其氣之虛歉，更不有虛歉之感者也。此乃自充其氣
> 之虛，使之實，故尤難于自恃其氣之足以勝人者，原有實足據者也。
> 然此孟施舍之工夫，仍只是直在氣上用之自制工夫，而未能本義以
> 養氣。〔註24〕

依唐先生之言，孟施舍的恃己無懼只是在「氣」上用功夫，並非通過良知之
自覺所達致的不動心，是以，孟子仍稱孟施舍之無懼爲「守氣」。無視於任何
對象，只是一味「守氣」之北宮黝，與無懼於任何外在對象，亦只是「守氣」
之孟施舍，一外求與一守內的養勇之道，其不動心都僅是自「守氣」而來的
不動心，孟子雖說「夫二人之勇，未知其孰賢」，但仍表明不予認可。相較曾
子之不動心，兩者皆是未通過道德理性本身之自覺，無法自我反省，只是血
氣之勇的不動心，因此，雖能不動心，卻未必合於理義。然而，曾子之勇得
之於孔子，所謂「自反而縮，雖千萬人，吾往矣」；「縮」意謂「直」，也就是
合乎義理；「自反」則是反求之於自己的內心，合乎義否，合乎理否。孟子曰：
「孟施舍之守氣，又不如曾子之守約也」，「守約」是指反身循理以守義理之
要，〔註25〕曾子守約本義以成勇，通過「自反而縮」的自覺反省，良心自省
所作所爲是否合乎理義，有否隨順仁義之心，若自反而是，則勇氣自出，雖
千萬人，吾往矣；而此發自本心之道德自覺的勇氣，與北宮黝及孟施舍之出
於生理血氣的狀況，實有所異。曾子守約是通過本心自反的不動心，此不動
心，孟子視之大勇，大勇根於義理爲「義理之勇」，大勇以義理安於心爲其內
容，生命亦由此提撕而至道德的層次。相對曾子之表現爲大勇，北宮黝與孟

〔註24〕語出唐君毅：《中國哲學原論》〈原道篇〉卷一，頁251。
〔註25〕參閱蔡仁厚：《孔孟荀哲學》，頁272。

施舍是小勇；而雖有大小勇氣之分，但能達到不動心卻無所別。

　　所謂「勿求其氣」，是指不要求助於生命之氣。〈公孫丑上〉：

　　　　告子曰：「不得於言，勿求於心；不得於心，勿求其氣。」不得於心，

　　　　勿求於氣，可；不得於言，勿求於心，不可。

依告子，不得於言者，不必反求於心；不得於心者，亦可不必求助於氣，顯見，言、心、氣三者乃各不相貫，且其不動心之道，或與其人性主張有其關連。告子僅就自然生命立說，主張「生之謂性」，人性如杞柳，無善無不善，仁義禮智並非天生我與，人心無有道德創造的能力；〔註26〕其因「生之謂性」觀點，使得言、心、氣分裂為三，互不相關，因而，不僅言與氣無真實之根據，即心亦無真實的內容，心既無真實之內容，則告子謂「氣」，雖是「體之充也」，卻非發自內心之道德。易言之，告子之「氣」，是就自然生命而言，指謂自然血氣，且與道德無關。故而，告子不動心之道，雖與北宮黝、孟施舍不同，然其所謂「氣」，卻與北宮黝與孟施舍所守之氣，並無二致，實皆屬生理血氣之氣。

　　告子不動心之道，是「不得於言，勿求於心；不得於心，勿求其氣」；〔註27〕「言」是指社會人文現象。〔註28〕所謂「不得於言，勿求於心」，是說對社會人文現象，或流行在社會中的不恰當主張，無法溝通、理有不得的

〔註26〕　參閱〈告子上〉：「性，猶杞柳也；義，猶桮棬也。以人性為仁義，猶以杞柳為桮棬」、「食色，性也。仁，內也，非外也；義，外也，非內也」。

〔註27〕　對於告子之「不得於言，勿求於心；不得於心，勿求其氣」：朱熹：《四書集注》卷三，頁5曰：「告子於言有所不達，則當舍置其言，而不必反求其理於心。於心有所不安，則當力制其心，而不必更求其助于氣，此所以固守其心，而不動之速也」；朱子語錄亦言：「不得於言，勿求於心，是心與言不相干。不得於心，勿求於氣，是心與氣不相貫，此告子說也」。又徐復觀先生認為告子的不動心，是「採取遺世獨立，孤明自守的途徑」，其解釋為：「告子的不得於言，勿求於心，是對於社會上的是非得失，一概看作與己無關，不去管它，這便不至使自己的心，受到社會環境的干擾。他之所以如此，是與他的『義外』說有關。……告子之意，則以為應當不應當，只是從客觀事物關係中之較量比擬而出。並且他似乎並不由此而求建立依客觀之意，而只是認為一般人所謂義者，與自己的生命毫不相干，所以他便可以不得於言，勿求於心。由此而把自己從社會隔離起來，不受社會的影響。……他的不得於心，勿求於氣，乃是把自己的心，和自己的生理作用，隔絕起來，免使自己的心，被自己的生理作用要求所牽累而動搖」（徐復觀：《中國思想史論集》，頁147～148）；可見，徐先生以告子的不動心，只是硬把捉一個虛靜之心，使心孤立，強制其心而求其不動，並非自然不動之意。

〔註28〕　參閱王邦雄師：〈莊子思想及其修養工夫〉，《鵝湖月刊》（台北，第一七卷，第1期，總號第一九三），頁9。

時候，不要去求助內心，因心的不安會讓自己承擔不住，所以，告子主張放棄社會人文現象（「言」），不要將外界紛擾帶進內心，以免擾亂心之虛靜。不但如此，「不得於心，勿求其氣」，心不平靜，亦不要求助於血氣，因自然生命會被擾亂，所以，告子以爲如果連心的平靜都無法保有，心若不得安，就放棄心，護持住氣，如此，至少還能保有生命血氣的自然清暢。對於告子的「不得於心，勿求其氣」，孟子認爲「可」，但是，「可者，亦僅可而有所未盡之辭耳」。〔註29〕在孟子，志是氣之帥，氣是體之充；志至焉，氣次焉；志是本，氣是末。志是可以決定道德方向的主宰，氣應如士卒之聽命於將帥而爲心所用，於是，當人不得於心之時，應於心上反求，而不該捨本逐末，求助於氣的支持。不過，由於告子重在自然生命，只是生理上的守其氣，是以，孟子僅勉強認可告子之「不得於心，勿求其氣」。至於，告子所言「不得於言，勿求於心」，孟子認爲「不可」；此因心貴能思，所謂「心之官則思，思則得之」（〈告子上〉）、「人人有貴於己者，弗思耳」（〈告子上〉）、「求則得之」（〈告子上〉）；告子的不動心，在「勿求於心」，正是心之弗思。依孟子，理有不得之時，自當反求於心，而告子之不得於言，竟然不求於心，「既失於外，而遂遺其內。其不可也必矣」，〔註30〕孟子當然也就無法苟同。

所謂「無暴其氣」，意指不要混亂生命之氣。〈公孫丑上〉：

> 夫志，氣之帥也；氣，體之充也。夫志至焉，氣次焉，故曰：持其志，無暴其氣。
>
> 既曰「志至焉，氣次焉」，又曰「持其志，無暴其氣」者，何也？
>
> 曰：志壹則動氣，氣壹則動志也。今夫蹶者、趨者，是氣也；而反動其心。

所謂「志」是心之所之、心之所往，「志」爲「氣」之帥，「志」到何處，「氣」亦隨之而到，就像士卒隨從將帥用命一樣。依此可知，「志」與「氣」是本末的關係，且「志」與「氣」亦會交相影響，〔註31〕所以，孟子所謂的不動心，

〔註29〕 語出司馬遷：《史記》〈老子韓非列傳第三〉卷三，頁6。

〔註30〕 語出朱熹：《四書集注》卷三，頁5。

〔註31〕 朱子以內外本末之概念分析「志」與「氣」之關係，可說深得孟子義旨；參閱徐復觀：《中國思想史論集》，頁147～148說道：朱注「夫志，氣之帥也；氣，體之充也。夫志至焉，氣次焉」爲「若論其極，則志固心之所之，而爲氣之將帥，然氣亦人之所以充滿于身，而爲志之卒徒者也。故志固爲至極，而氣又次之。人固當敬守其志，然亦不可不致養其氣。蓋其內外本末，交相培養」。

是要心氣兩面皆兼顧，亦即，實踐工夫一方面須「持其志」，另一方面又須「無暴其氣」，如此本末交相培養，心自然能夠不動。所謂「持其志」之「持」，是持守；「無暴其氣」之「無暴」，是不要暴亂；「持」與「無暴」，具是工夫的涵義。無論持志或無暴氣，皆屬心之操存，於此意義下「持其志」與「無暴其氣」並非互不相干，人之持志，必須兼是無暴氣，而無暴其氣，亦必須兼是持志的，亦即，持志工夫之所至，同時就是無暴氣工夫之所至，而無暴氣工夫之所至，也就是持志工夫之所至，此正如程頤所謂：「持其志，無暴其氣，內外交相養也」。〔註32〕

由於，公孫丑仍無法理解，既謂志至氣次，志至而氣亦隨之，能持其志，氣自然不至於暴，如此，「持其志」就夠了，為何仍須「無暴其氣」，孟子的解答是：「志壹則動氣，氣壹則動志」。關於「壹」與「動」，勞思光先生分別釋之為「主宰義」與「支配義」；〔註33〕以「志」為主宰，能夠支配「氣」，以「氣」為主宰，亦能支配「志」，因此，「志」與「氣」不但相關，甚且相互影響。故而，若欲不動心，除要「持其志」，尚須「無暴其氣」，培養吾人之生命力。

依於上述，孟子所謂「氣，體之充也」之「氣」，是生理血氣之氣；「無暴其氣」之「氣」，則為生命意義之氣。孟子不動心之道是「持其志，無暴其氣」，與北宮黝、孟施舍與告子之不動心，皆不相同，此以「持其志，無暴其氣」之不動心所達致之勇，是大勇，具有道德實踐的力量。易言之，孟子是欲在「氣」上開出道德實踐的動力，通過「集義」養其至大至剛的「浩然之氣」，自覺挺立道德生命的價值世界。

所謂「浩然之氣」，儒家自心性論氣，孟子將氣含括在心性之內，此是通過氣之集聚（集義）所培養出之正氣（養氣）。〈公孫丑上〉言：

> 敢問夫子惡乎長？曰：「我知言，我善養吾浩然之氣。」敢問何謂浩
> 然之氣？曰：「難言也。其為氣也，至大至剛，以直養而無害，則塞
> 於天地之間。其為氣也，配義與道；無是餒也。是集義所生者，非
> 義襲而取之也；行有不慊於心，則餒矣。我故曰告子未嘗知義，以
> 其外之也。必有事焉而勿正，心勿忘，勿助長也。」

此處之對話問答，係承孟子所謂不動心而來，公孫丑既知孟子之不動心勝於

〔註32〕語出朱熹：《近思錄》卷四，頁158。
〔註33〕參閱勞思光：《中國哲學史》（一），頁173。

告子，於是進而請益，孟子回應：「我知言，我善養吾浩然之氣」；公孫丑再問「浩然之氣」，孟子則加以闡述「養氣」之義。所謂「浩然之氣」，連孟子亦覺其難言，朱注曰：「難言者，蓋其心所獨得而無形聲之驗，未有易以語言形容者。故程子曰：觀此一言，則孟子之實有是氣，可知矣」，〔註34〕雖難言也，孟子仍以言語描述「浩然之氣」。

所謂「浩然」，朱熹云：「盛大流行之貌」。〔註35〕當孟子以「浩然」二字指謂「氣」時，「大」無疑是「氣」的重要屬性之一，故孟子明言「其為氣也，至大至剛」。〔註36〕依「氣」所具備之「大」的屬性是孟子所強調的，亦因對萬物始源之形上探討，始終未是先秦儒家之理論興趣，以致界定「浩然之氣」之本質時，孟子之焦點並非是落於萬物根源或身體官能（小體）之成素，而是定調於人之心靈本質（大體）與道德精神之本身，是以，孟子言「氣」，很自然地即轉入養氣的角度做深度發揮。由於，常處在「浩然」狀態下的心靈之「氣」，是盛大流行不止的，如未能以志帥氣而任憑「氣」之盲動，必將導致情欲橫溢，善良本心就難以保存了，此是孟子養氣的重要目的，亦是大人君子所必須講求的。

首先，孟子以「直養」而無害作為「養氣」的首要工夫，發揮心志的主導功能，使氣安伏於志的控制之下，也就是「持其志，勿暴其氣」之意。所謂「直養而無害」，程子曰：「天人一也，更不分別，浩然之氣乃吾氣也，養而無害，則塞乎天地，一為私意所蔽，則坎然而餒，卻甚小也」；〔註37〕朱子亦云：「蓋天地之正氣，而人得以生者，其體段本如是也。惟其自反而縮，則得其所養；而又無所作為以害之，則其本體不虧，而充塞無間矣」，「自反而縮」是培養「浩然之氣」的關鍵，通過自反而縮、直養、集義等道德實踐，而不以人為與私欲為桎梏干害，那麼，「浩然之氣」必能日趨剛大，而充塞於天地之間。

〔註34〕語出朱熹：《四書集注》卷三，頁6～7。

〔註35〕語出朱熹：《四書集注》孟子公孫丑上卷二，頁38。

〔註36〕孟子之謂「至大」，是受到老子論「道」屬性所指稱「字之曰道，強為之名曰大」（〈二十五章〉）之影響。雖然如此，孟子依然保有明顯之儒家性格，不採用老子慣用之「柔」、「曲」等形容「氣」之特質，而是以「大」、「剛」、「直」等作為「浩然之氣」的屬性。不過，《孟子》出現「剛」與「直」處，並不多見，倒是「大」隨處可見：例如〈盡心下〉曰：「充實之為美，充實而有光輝之謂大，大而化之之謂聖」，〈告子上〉曰：「體有貴賤，有大小，無以小害大，養其小者為小人，養其大者為大人」、「從其大體為大人，從其小體為小人」。

〔註37〕語出朱熹：《四書集注》卷三，頁7。

其次，「養氣」工夫亦須「配義與道」，所以，「集義」亦為「養氣」的積極工夫。所謂「配」，徐復觀先生釋之為「合而為一」。〔註38〕所謂「無是餒也」之「無是」，是指沒有道義；而「餒」，是就氣說。〔註39〕「浩然之氣」配義與道而生，亦即，「浩然之氣」是與道和義合而為一的，若無義與道，「浩然之氣」便會萎縮不振。〔註40〕關此，蔡仁厚先生說道：「義，是我們性分中所固有的。道，即率性之謂。由心所發的浩然之氣，其全幅內容都是『配義與道』的，失去義與道，氣便餒之不振，無法達到浩然」。〔註41〕可見，由心所發之「浩然之氣」，其全幅內容是「配義與道」的，也就是說，此氣必與道義不分，而為道義之氣，並且，氣若脫離心而背乎道義，必至於餒乏不振之因，乃氣無道義為之根，單憑虛矯之情之鼓盪，終無法持之久遠之故。依此可知，「浩然之氣」之所以至大至剛而充塞天地，乃因建基於義與道之上，是以，就必須配義與道，方能長養成至大至剛且塞於天地之間的「浩然之氣」，若失去義與道，氣便餒乏不振而無法浩然充塞，是以，必須作「集義」的工夫。孟子言：「是集義所生者，非義襲而取之也」，是說「浩然之氣」是隨時表現內心之義以行其所當為之事，此是自然而生的，非自表現於外之一堆堆合義事物中襲取得來的。所謂「集義」，意謂不停止的道德實踐，使事事皆合於義。朱子嘗云：「集義是行底工夫」（語類五十二），徐復觀先生亦曰：「是積累著行的工夫」；見諸孟子於「是集義所生者，非義襲而取之也」下，緊接著說「行有不慊於心，則餒矣」，可知「集義」確是行的工夫。仁義雖為吾心所固有，是內發非由外鑠，但是，仁義之心若不落在行上、事上，人的生命頓時架空而失去價值，所以，孟子曰：「由仁義行，非行仁義也」（〈離婁下〉），所謂「行」，是由內向外的實踐，「由仁義行」是指依據內心自發的仁義而行，

〔註38〕語出徐復觀：《中國思想史論集》，頁151。

〔註39〕關於「餒」，朱注曰：「養氣章道義與氣，不可偏廢。雖有此道義，苟氣不足以充其體，則歉然自餒，道義亦不可行矣」（語類五十二）；朱子以「餒」是道義餒，其實，道義是無所謂餒與不餒的。徐復觀先生曾駁斥曰：「道義之本身無所謂餒不餒；下文『行有不慊於心則餒矣』之餒，是就氣說，此處亦以就氣說為順」（徐復觀：《中國思想史論集》，頁151）；這個說法是為確解。

〔註40〕「浩然之氣」既是人的道德精神，自須「集義」而成，「浩然之氣」與外在物質成素之氣不同，不能從有形之物的襲取作為增添的依據，而須依照「義」之準則，來掌控自己的欲望，規範自己的言行，如此，人的心靈之氣才會逐漸擴充而變得廣大、剛健、浩然，最後充塞於天地之間。反之，未能配合「義」與「道」，就會成為暴氣；此亦為君子與小人最大不同之處。

〔註41〕語出蔡仁厚：《孔孟荀哲學》，頁269。

而「行仁義」則是內心依照心外的仁義規範而行。因此，所謂「集義」所生，即是「由仁義行」，「義襲而取」則是「行仁義」；而「行仁義」，並非孟子所稱許。因此，孟子批判告子義外之說爲「我故曰，告子未嘗知義，以其外之也」。

再者，孟子亦以「浩然之氣」之涵養，必須持之久遠，時刻勿忘道德實踐，且不仿效宋人揠苗助長，以心急干害的愚蠢行爲，而以道義直養，隨順本心之自發而行，所謂「必有事焉而勿正，心勿忘，勿助長也」，能夠如此，行即無所愧怍於心，凡事皆能合乎義理，自能培養大勇，存養「浩然之氣」。

此外，所謂氣與「浩然之氣」，原無二氣，只此一氣，實屬自然的生命力；透過「直養」、「集義」之道德實踐，乃能涵養出至大至剛而充塞天地的「浩然之氣」，而成就一道德生命。「浩然之氣」異於「夫志，氣之帥也」與「持其志，無暴其氣」之「氣」，「浩然之氣」爲「志」與「氣」之合一，大體與小體之合一，故而，「浩然之氣」已非純自然生命力之氣，而是具有道德意義之道德勇氣，亦即是志氣合一所展現出之生命力。「浩然之氣」與告子之「不得於心，勿求於氣」之「氣」一樣，亦是「體之充也」，也就是勇氣。只是，告子謂氣，出自生理，是小勇，而孟子言氣，是發自內心的道德涵義，此是大勇；告子之小勇，僅止於「體之充也」，而孟子之大勇，則能「塞於天地之間」；孟子與告子之不同，或孟子之稱其氣爲浩然之原因即在於此。是以，因著人體是「氣之充」，而氣是受人之意志支配的，人的意志堅定，正氣也就存在了，亦即，意志專一堅定，正氣就服從於意志，正氣如果保持穩定，意志也會服從正氣，若爲小利而顚躓趨騖，行爲不正，那麼，邪氣反而會動搖心志。縱使，孟子認爲志與氣相比，是「志至也，氣次也」，但動氣與養氣反過來也能影響志，且依孟子思路，善養吾「浩然之氣」，所謂「養氣」是一種精神狀態，是指通過修養所追求的道德境界。〔註42〕故而，孟子之「浩然之氣」，亦可謂之道德之「氣」，〔註43〕是

〔註42〕 孟子「存夜氣」之說，「牛山之木嘗美矣，以其郊於大國也，斧斤伐之，可以爲美乎？是其日夜之所息，雨露之所潤，非無萌蘖之生焉。牛羊又從而牧之，是以若彼濯濯也。人見其濯濯也，以爲未嘗有材焉，此豈山之性也哉」：此言構成山木之氣日夜有所增長，其本性是美的（孟子將善視爲人所獨具而有別於禽獸草木，所以並不認爲山木之性是善的），只因斧斤伐之、牛羊牧之，所以才「若彼濯濯」（光凸凸一片）。孟子本以「平旦之氣」作爲構成山木的物質材料，後有以比附人的良心、仁義之心；是故，孟子「夜氣」之說，是謂那些放失良心的人，不是沒有良心，他的良心日夜有所生長，他的好善惡惡與一般人也差不多，只因其白天的所作所爲，將良心梏亡了，所以才會表現

從超自然、超人之神權轉向人自身內在的主體探求，此「浩然之氣」藏身於人自身之內，是「至大至剛」、「配義與道」的道德精神，吾人可以通過道德主體的工夫實踐，以「善養」來充實與擴大，使得「浩然之氣」充塞於宇宙萬物天地之間。此不僅深化了孔子「血氣」之說，更奠定了儒家心性之學的理論基礎，其養氣正心，堅定行道的理論觀點，自心性主體方面豐富了中國哲學之「氣」概念思維。不過，孟子亦言，若不存養與擴充此「浩然之氣」，則「浩然之氣」就不復存在，此因「浩然之氣」是藏於心的正氣，此正氣既非自然界的天地之氣，亦非人體之內的陰陽之氣，而實實在在是一種道德精神的緣故。是以，孟子反對告子關於仁內義外、心氣相離的觀點，〔註44〕主張心、志、氣是相輔相

〔註43〕 的如同禽獸一般，實際上，他的本性仍是良善的。
有關孟子「浩然之氣」的論述，參閱楊儒賓：〈論孟子的踐行觀──以持志養氣爲中心展開的工夫論面〉，《清華學報》（新竹，國立清華大學，新 21 期，第 1 期，1990 年 6 月）。「浩然之氣」相當於今日所言之勇氣或理直氣壯之氣，是指表現於形體活動中的精神力量。

〔註44〕 孟子強調「持其志，勿暴其氣」，認爲告子「志帥氣充」、「志至氣次」的說法，是不正確的。《孟子》〈公孫丑上〉載告子曰：「不得於言，勿求於心；不得於心，勿求於氣」，而孟子反駁告子說：「不得於心，勿求於氣，可；不得於言，勿求於心，不可。夫志，氣之帥也；氣，體之充也。夫志，至焉；氣，次焉。故曰：持其志，勿暴其氣」；此處之得與求，義同〈梁惠王上〉「反身求之，不得我心」，而所得與求之對象即是道德觀念，易言之，孟子告子爭論的重點就在於道德觀念的起源問題（告子的意思是說：假若道德觀念不得於言語的傳授，就不要從內心去尋求；假若心中沒有得到道德觀念，也不要從構成生命形體之無善無不善之自然之氣中去尋求。孟子的反駁則是：道德觀念如果不得於心，勿求於氣，這是可以的；然而，道德觀念如果不得於言，也要內求於心，因善是心中固有的，求則得之，舍則失之。孟子言志是心之所之（朱熹注），是指道德觀念與精神意識，「夫志，氣之帥也」，是指心與心中固有的道德觀念是氣的統帥，「氣，體之充也」是說氣是構成生命形體的物質因素，而「夫志，至焉；氣，次焉」，則言心與道德觀念是最重要的，而氣所構成的形體則在其次）。這場爭論上承孔墨，從孔墨又可溯源於周定王之「治血氣」的論點。周定王曰：「夫戎、狄冒沒輕儳，貪而不讓，其血氣不治，若禽獸焉」，「血氣」是人與禽獸所同者之生理物質欲望的因素，所以，人與獸皆有爭心，而人與禽獸所不同者是人能夠治血氣，講道德。周定王此言蘊含兩個相對的哲學命題：若果人本有道德觀念，而後能治血氣，那麼，道德觀念即是先天存在的；若果人先治血氣而後講道德，那麼，道德就是後天形成的。孔子認爲「朝聞道，夕死可矣」，人的道德是自覺的，而此自覺性根源於對道的理解，孔子雖未對道作出明確的回答，然而，〈季氏〉曰：「生而知之者上也，學而知之者次也，困而學之又其次也，困而不學，民斯爲下矣」，知的對象包括道德觀念，「生而知之」即是道德的先驗論。其次，墨子否認有「生而知之」的聖人，〈尚同中〉記聖人之知：「非神也，夫唯能使人之耳目助己視聽，使人

成的，若能通過善養「浩然之氣」，使自己氣正志堅，就能成為「威武不能屈，富貴不能淫，貧賤不能移」的大丈夫。

總之，綜上論述可以歸結，孟子論「氣」有三義：其一為生理意義之氣；孟施舍之「守氣」、告子之「勿求於氣」、孟子之「氣，體之充也」之「氣」，皆屬之。其二為生命力之氣；「平旦之氣」、「夜氣」、「居移氣」、「持其志，無暴其氣」之「氣」屬之。其三為道德實踐之氣；即是「浩然之氣」之「氣」。而孟子之養氣理論，重在彰顯人天生本有之仁義之心，以作為人人皆可為堯舜之確據，相形之下，「氣」概念本身就非孟子之主要關懷了。

究其實，孟子之「氣」概念思想是為凸顯本心與道德精神之優先性而依附於道德命題之下（心、志、氣相互關係中）被提出的，並沒有獨立性與主導性。相形之下，莊子言「通天下一氣」，以「氣」為萬物始源，無始而固存，運化於天地之間，流行於萬物之內，自形上至形下而成體系一貫之「氣」概念思想，一氣以貫之，其「氣」不僅是萬物之始源，氣之特性與運化理則亦為人生修養所依循之圭臬。其次，孟子之以「浩然之氣」為人所本有，且須配義與道加以培養、充實、擴大而充塞於天地之間的道德精神，若非如此，

之嘴助己言談，使人之心助己思慮，使人之股肱助己動作。助之視聽者眾，則其所聞見者遠矣；助之言談者眾，則其得音之所撫循者博矣；助之思慮者眾，則其謀度速得矣；助之動作者眾，則其舉事速成矣」，聖人之知識與成就，不過是集思廣義、博采眾長的結果，且〈所染〉云：「染於蒼則蒼，染於黃則黃，所入者變，其色亦變，五入必而已，則為五色矣。故染不可不慎也」，在道德起源的問題上，墨子主張生活環境與社會文化對人的影響。依此可知，孔子「生而之知」的先驗論與墨子「染於蒼則蒼，染於黃則黃」的論點，反映出儒墨兩家在道德起源看法上的對立，此一對立於孟子告子「志氣之辨」中得到了進一步的理論發展。孔子之孫子思的再傳弟子孟子繼承並發揚了孔子「生而之知」的先天觀，認為人有：「所不學而能者，其良能也；所不慮而知者，其良知也」（〈盡心上〉），所以提出「仁義禮智非由外鑠我也，我固有之也」（〈告子上〉）的先天性善論。而曾經受業於墨子之告子（參閱梁啟超《墨子年代考》）則以「性猶湍水也，決諸東方則東流，決諸西方則西流」、「性可以為善，可以為不善，是故文武興則民好善，幽厲興則民好暴」（〈告子上〉），顯然地，告子是受墨子「染於蒼則蒼，染於黃則黃」之思想影響。總之，戰國時期孟告所言之「氣」，並不侷限於「血氣」，而是構成生命形體之物質元素，而告子之「生之謂性」、「食色，性也」、「性猶其杞柳也，義猶桮棬也，以人性為仁義，尤以杞柳為桮棬」（〈告子上〉），是在說明氣所構成的生命形體就是性，性之實質是食色等生理物質欲望，道德規範是產生於對治此生理物質欲望而有的。總而言之，孟子認為道德觀念須內求於心，告子則以道德觀念是外得於言。

即流於歧出之暴氣，然而，莊子卻視「氣」為造成虛名追逐、引發物欲、蒙蔽真性之人為造作，故而莊子主張去除物欲，強調使本心清明而為主宰（「靈臺」、「靈府」）之「心齋」、「坐忘」的養氣工夫。此外，近年來部分大陸學者，因無法界定孟子心的本質與始源，形成孟子氣論思想的支離，且一味將「氣」侷限於物質成素之定義，並以之解釋孟子之「氣」概念，造成孟子心氣二元，而此歧貌無疑是忽略在特有歷史背景下，所導因於學術成見與氣論思想所獨具之特質與風格所致。先秦固有之「氣」概念特質，並未陷入後世心物二分之窠臼，先秦「氣」概念之風格，是超越的，既不專屬於心的本質，亦不侷限於物之成素。「氣」是心與物的共同始源，孟子雖未明白論及，但自其「大體」與「小體」之區分，與言「氣者，體之充也」來看，無論是孟子，亦或是莊子，均是認同以「氣」作為萬物之始源。雖然，「氣」概念並非孟子學說主軸，〔註45〕但是歷經《易經》《易傳》之發軔，與老子之啟蒙，於戰國時代已然成為學者熱烈討論的哲學命題與重要的哲學概念。自孟子之氣論，可歸納出「氣」概念在當時所共同認定之意義與內涵，同時，亦可旁證莊子「氣」概念思想之時代背景，呈顯氣論思維於先秦儒道兩家，無論於深度、廣度與關懷度方面所存在的差距，以凸顯莊子「氣」概念在思想史上之先導性、氣論體系上之完整性，與當時代之卓越性。

2. 「精氣」

儒家言「氣」，孔子將氣釋為「血氣」，即人的生理功能與精神狀態；孟子認為「氣」是藏於人體至大至剛、配義與道的道德精神；荀子主張「氣」是構成宇宙萬物的物質元素，人類進行生產、治理社會與治氣養心都要遵循天地陰陽之氣的運動規律；《易傳》則提出「精氣為物」，說明一陰一陽為精氣感應的運動規律。故而，先秦儒家「氣」概念思想的主要內容，包含孔子之「血氣」、孟子之「浩然之氣」、荀子之「自然之氣」〔註46〕與《易傳》「精

〔註45〕 參閱李存山：《中國氣論探源與發微》，頁105～107言：孟子告子雖有一段精彩的志氣之辯，但是，這是孟子以人有良知良能的性善思想對抗告子人性受後天環境主導的性無善無惡論之深化與發揮，此論辯中之「氣」，並非形構萬物之共同根本，亦非人生修養之終極目標，故而，這個議題沒有獨立的地位，而只是依附於道德起源問題下之爭論所在。

〔註46〕 《荀子》言「氣」，見於〈王制〉：「水火有氣而無生，草木有生而無知，禽獸有知而無義，人有氣有生有知亦且有義，故最為天下貴也」。此言荀子以「氣」為「自然之氣」，是宇宙萬物共同含有的物質元素。正因人由氣構成，人之所以為人最尊貴之處，乃存在於和水火、草木、禽獸間之明顯區別，人不僅有

氣爲物」之思想。〔註 47〕至於，孔子關於「血氣」的觀念，因包含有「氣」與心性相互關聯的思想，而爲後世儒家所發揮，成爲心性學說的重要內涵。

有別於儒家以道德主體精神而言「氣」，道家認爲「氣」是天地自然之氣。老子賦予氣以宇宙萬物的「沖氣」與人體內部的「血氣」之意涵；莊子則基於陰陽之氣和諧的觀點，以「陰陽之氣」爲「氣」之最根本，產生於「道」，

生命、意識、而且知禮達義。荀子如此將宇宙萬物區分爲無生命的物體、有生命的植物、有意識的動物與知禮義的人類，而此是欲指出宇宙萬物的共同特點是「有氣」。張立文先生等認爲：「此一思想，無疑地開啓了儒家氣本論的先聲」；參閱《氣》，頁 29。其次，荀子以宇宙萬物的生滅變化，是陰陽之氣的交感運動所形成的，〈天論〉：「天地合而萬物生，陰陽接而變化起。……列星隨旋，日月遞炤，四時代御，陰陽大化，風雨博施，萬物各得其和以生，各得其養以成。……星之墜，木之鳴，是天地之變，陰陽之化，物之罕至者也」；此言天地陰陽二氣的交感合和，產生了宇宙萬物，引起了事物的運動變化。星辰運行，晝夜交替，春夏秋冬四季循環，風雨雷電激發博施，都是陰陽運動變化的結果。而且，不僅宇宙萬物的正常規律是如此，甚至，各種怪異現象也是這樣。因此，荀子主張，順從陰陽之氣的運動規律來修養身心，亦就是以氣治心，〈修身〉：「治氣養心之術：——血氣剛強，則柔之以調和；知慮漸深，則一之以易良。……凡治氣養心之術，莫徑由禮，莫要得師，莫神一好。夫是之謂治氣養心之術也」；此言血氣剛強的人，應該用柔和來調和，知慮深沉的人，應該以率直來糾正，如此治陽以陰或治陰以陽，從而調和血氣。治氣養心的目的，即在於通過調治體內的陰陽之氣，使其變化合於常道，達到內心血氣平和，明達萬物而爲聖人君子；同時，治氣養心亦在於使人的視聽言動都能合乎禮，所以，禮是治氣養心之術的關鍵。依荀子之以「氣」爲宇宙萬物的共同根源（本始物質），其陰陽之氣的交感變化引宇宙萬物的運動變化，因而，無論是進行生產、治理社會或治氣養心，都必須遵循天地陰陽之氣的運行規律，方能達至目的。至此，荀子已從自然、社會與人之道德精神各層面，論及與氣之關連。

〔註 47〕《易傳》論「氣」，見於〈繫辭上〉：「精氣爲物，游魂爲變，是故知鬼神之情狀，與天地相似，故不違。……天地絪縕，萬物化醇。男女構精，萬物化生。……乾，陽物也；坤，陰物也。陰陽合德，而剛柔有體，以體天地之撰，以通神明之德。……一陰一陽之謂道」；此言「精氣」是構成宇宙萬物之細微原始物質，亦是具有陰陽相反特性與不斷運動變化之存在，而游魂亦是「精氣」流變而成的，由此可知，鬼神與天地變化相似。由於，「精氣」的運動變化，表現而爲陰陽二氣的相互感應與相互轉化，就在這樣的過程之中形成宇宙萬物，而人們通過觀察卦中所象之陰陽二氣相互感應的變化規律，即可認知到宇宙萬物運動變化的規律。同時，根據《易傳》宇宙萬物的運動變化即陰陽剛柔之變化規律的觀點而言，乾坤陰陽交感合和，剛柔相推合得其宜，顯示了宇宙萬物變化無窮的奧妙。依此，《易傳》之以「精氣」釋氣，是論說一陰一陽是「精氣」運動變化的根本規律，亦是「精氣」化生宇宙萬物運動變化的根本規律。

而爲構成宇宙萬物（包含人類及其精神）的根本物質，因而，無論是爲人稱頌的神奇之事，抑或是被人厭惡的臭腐之物，是應該活著而死去的人，抑或是應該死去而活著的人，都是「氣」所構成，亦因「氣」含陰陽，所以能夠或聚生物，或散死物，毫不間斷地運動變化。依此，老莊著實開闢了探討「自然之氣」的思維路向。

　　至於，戰國時期黃老學派與法家合流之產物《管子》，則規定氣之涵義爲「精氣」，〔註48〕而以氣是構成天上列星、地上五穀與人類自身的精微物質，所謂「合於精氣」，即合於陰陽五行之氣的運動規律，亦是心性修養與治理國家的重要原則。〔註49〕並且，《管子》最早將「氣」作爲宇宙萬物的本原，指出自然界的一切事物都是「根天地之氣」（〈七法〉）、「有氣則生，無氣則死，生者以其氣」（〈樞言〉），且就「精氣」之爲宇宙萬物中最精微之氣而言，更賦予「氣」以普遍的哲學意義，亦爲「氣論」發展史上的一大飛躍。基本上，戰國時期的「氣」概念特質，已走向尋求天地之間宇宙萬物的統一根源，並自紛紅繁雜的眾多事物關係之中，跳脫許多個體事物的差異分別，抽象而爲「氣」之普遍概念，且「氣」概念成爲眾多事物的共同本質，用以解釋諸多的自然、社會、人生之現象。此外，戰國時期「氣」概念的發展，亦清楚地指出，宇宙萬物的變動性與擴展性，是「氣」概念動態功能的展現。孟子與莊子雖皆自修養工夫上論「氣」，然孟子偏向道德層面，莊子則重在凸顯心靈的虛靜觀照；而孟莊之共同點，則是都對後來兩漢與宋明之氣論哲學產生深遠影響。

二、「氣」概念的一般特質

　　針對「氣」概念的豐富與多元，而爲拓深對於「氣」概念之把握與認知，借用西方範疇式的類概念，綜合整理一般「氣」概念所囊括的特質──「氣」是客觀存在的物質、「氣」是具有動態功能的客觀現象、「氣」是生命氣息與

〔註48〕管子的「精氣」說，於春秋末期亦有其思想胎動可循。《左傳》〈召公七年〉子產說道：「人生始化曰魄，既生魄，陽曰魂，用物精多，則魂魄強，是以有精爽，至於神明」；此處之「精」是爲魂魄之基礎，將陽視爲神氣，只有「用物精多」，才能魂魄強，唯有精能化氣，使精氣充足，人才能精力充沛，魂魄強盛，神志清明。雖然，表面上子產所言僅是人的生理現象，但是，子產此說卻爲後人從人體自身之精氣，推測到流行於天地之間、宇宙萬物賴以滋潤生長的精氣，預留伏筆。

〔註49〕〈樞言〉：「精也者，氣之精者也」、「凡物之精，比則爲生，下生五穀，上爲列星，流於天地之間，謂之鬼神；藏於胸中，謂之聖人，是故名氣。」

「氣」是道德境界，分門別類說明如下，〔註 50〕以對比並彰顯本書於第三章
第一節所欲釐清與還原莊子「氣」概念之哲學意涵：

（一）「氣」是客觀存在的物質〔註51〕

〔註50〕 對「氣」概念的分類，學者看法不儘相同：李志林：《氣論與傳統思維方式》，
頁 2、12～17 說到：「中國古代的氣是一個頗含歧義的概念。別除其神學迷信
的成分（如賊氣、鬼神之氣），可以區分出主要的五種涵義：（1）自然常識之
氣（天氣、地氣、山氣、水氣、呼吸之氣、氣象之氣）；（2）人生性命之氣（中
國古人認爲人之貴賤、貧富、禍福、善惡皆由氣定：朱子於《朱子語類》卷六
十四曰：「人之氣稟，有多少般樣，或清或濁，或昏或明，或賢或鄙，或壽或
夭」）；（3）精神狀態和道德境界之氣（如先秦儒家孟子之浩然之氣與養氣）；（4）
客觀存在的物質之氣（Matter, Material force：是未形成具體事物之混沌狀態的
物質，一經絪緼凝聚即能產生有形的萬物，此氣是自然界萬物的共同本質）；（5）
能動的實體之氣」（Vitality：此氣本身具有陰陽的矛盾，陰陽矛盾是氣化的動力，
氣以氣化作爲自己存在的條件和方式，氣化雖有聚散、絪緼、升降、屈伸、摩
盪各種形態，但都出於實體之氣的動態功能，實體之氣是質與能的統一）。而
李先生所探討的方向，偏重於（4）與（5）之氣，亦即充滿內在活力與生命力，
本身具有動力的、能動的，不具形象、流動不定又無限之實體物質之意。

〔註51〕 主張「氣」是客觀存在的物質，可以荀子思想爲代表。荀子將「氣」作爲宇
宙的統一原理，是構成多元事物之共同本原，從而發展了《管子》「精氣」說
的氣一元論：〈王制〉：「水火有氣而無生，草木有生而無知，禽獸有知而無義；
人有氣、有生、有知，而且有義，故最爲天下貴也」，此言荀子區分物質的四
種型態：水火有氣、草木有氣有生、禽獸有氣有生有知、人有氣有生有知且
有義，自無機界的物質，到有機界的植物、動物與人類，彼此雖各不相同，
但都由「氣」所構成，「氣」本無生亦無知，然而，即使是有生有知者，亦皆
由「氣」所形構，如此，荀子不僅依「氣」將無機界與有機界區分開來，而
且，亦藉由「氣」將物類與人類統一起來，視多元性之宇宙萬物一統於物質
性之「氣」。除此而外，荀子亦將「氣」視爲生命與意識之基礎，泛指一般的
物質存在；而且，依〈天論〉：「天地之變，陰陽之化」與「陰陽大化」、〈禮
論〉：「天地合而萬物生，陰陽接而變化起」，可知荀子認爲宇宙萬物之形成、
運動與變化，都是陰陽二氣之相合、交接的結果。先秦時期主張「氣」是客
觀存在的物質，尚有《呂氏春秋》與《黃帝‧內經》。成書於戰國末年之《呂
氏春秋》以爲萬物都生於太一，都是陰陽之化：〈大樂〉篇曰：「太一出兩儀，
兩儀生陰陽，陰陽變化，一上一下，合而成章。渾渾沌沌，離則復合，合則
復離，是謂天常。……萬物所出，造於太一，化於陰陽」，此言有天地就有陰
陽，陰陽變化就產生萬物，天地始於太一（太一就是道），即渾沌狀態，而渾
沌狀態分離爲天地，化於陰陽之後，仍要復歸於渾沌，回到太一，這就是自
然的規律（天常）。其次，《呂氏春秋》亦以「精氣」作爲宇宙萬物的本原：〈有
始〉篇曰：「天微以成，地塞以形。天地合和，生之大經也」，此言天地產生
之前，只有「氣」存在；又〈應同〉篇曰：「因天之威，與元同氣」、「芒芒昧
昧，廣大之貌，天之威，無不敬也，非同氣不協」，此言天地的產生是「氣」
變化的結果，氣輕清者成天，重濁者成地，天地形成之後，萬物便稟受天地

之氣而成形。於是，《呂氏春秋》於「精氣」的基礎上，又引出了「形氣」的概念：〈盡數〉篇所謂：「形氣亦然，形不動則精不流，精不流則氣鬱」，顯然《呂氏春秋》亦具氣一元論思想。而且，無論是「精氣」或「形氣」，皆有陰陽之分：舉凡〈大樂〉篇：「萬物所出，造於太一，化於陰陽」、〈本味〉篇：「若射御之微，陰陽之化」、〈仲夏紀〉篇：「陰陽爭，死生分」、〈有始〉篇：「陰陽，材物之精」等；在在都表明了《呂氏春秋》釋道爲「精氣」，且氣分陰陽之說，乃《管子》思想所未及。陰陽學說是《黃帝‧內經》一書的精髓，統攝中醫之理、法、方、藥各個體系，而「氣」是《黃帝‧內經》哲學與醫學理論之基石，無論是天氣、地氣、風氣、寒氣、熱氣、燥氣、暑氣、溼氣、火氣，或是人體之中的肺腑之氣，雖無形無狀，無法觸摸，但皆可透過人體病理之徵候來加以判別診斷，所以〈素問‧氣交變論〉曰：「善言氣者，必有彰於物」，此言「氣」爲宇宙本原，氣與氣化作用必然是與物質相連繫，無論是天上的八紀（立春、立夏、立秋、立冬、春分、秋分、夏至、冬至），還是地上的五里（東、西、南、北、中），乃至宇宙中的一切，皆是以「氣」爲始基，都由「氣」所構成，而且，〈素問‧寶命全形論〉曰：「天地合氣，別爲九野（天之九方），分爲四時（四季），月有大小，日有短長，萬物並至，不可勝量」，此言自然界之一切變化，都是「氣」之合和的作用，人也是天地之氣的產物，〈靈樞‧決氣〉曰：「人有精、氣、津、液、血、脈，余意以爲一氣耳」、〈素問‧陰陽離合論〉曰：「九竅、五臟、十二節，皆通乎天氣」，此皆言「氣」爲人體生命活動的物質基礎，亦爲荀子與管子氣一元論之一脈相承。關於陰陽二氣離合的觀點，〈素問‧陰陽離合論〉闡釋曰：「陰陽者，數之可十，推之可百；數之可千，推之可萬；萬之大不可勝數，然其要一也」，此言「氣」和萬物的陰陽之分，多得不可勝數，但都脫離不了一這個整體，只要把握當中的離合關係，就掌握了要道；而此要道，具體而言，其一就是陰陽二氣是相互對立排斥的，就自然界言，氣分陰陽，陽氣輕清，陰氣濁重，〈素問‧陰陽應象大論〉：「積陽爲天，積陰爲地，陰靜陽躁，陽生陰長，陽殺陰藏，陽化氣，陰成形」，此言陰陽二氣爲宇宙萬物運動變化過程中的兩股力量，陰陽不僅構成天地，亦促使四季交替與萬物生長，即便是人亦以陰陽二氣爲根本，〈素問‧生氣通天論〉：「自古通天者，生之本，本於陰陽」，且〈素問‧寶命全形論〉：「人生有形，不離陰陽」；其二就是陰陽二氣是相互依存的關係，而非彼此隔絕，〈素問‧生氣通天論〉：「（陰陽二氣）兩者不和，若春無秋，若冬無夏，因而和之，是謂聖度。……陰陽離絕，精氣乃絕」，此言如果將陰陽二氣截然分離，斷絕聯繫，精氣就會枯竭，生命就會停止；其三就是陰陽二氣可以相互轉化，〈素問‧陰陽應象大論〉：「清陽爲天，濁陰爲地；地氣上升爲雲，天氣下降爲雨；雨出地氣，雲出天氣」，此言地氣（水氣）上升爲雲又轉變爲雨，天氣（雲）下降爲雨又蒸發爲雲，正是說明陰陽二氣的轉化，不但如此，連人體的健康狀況亦有賴於陰陽的協調，〈素問‧陰陽應象大論〉：「陰勝則陽病，陽勝則陰病；陽勝則寒，陰勝則熱；重寒則熱，重熱則寒」，此言陰陽二氣中，若有一方偏勝，便會使另一方削弱而成病，陽偏勝，就會出現熱的症狀，而熱極，反而會出現寒象，陰偏勝，就會出現寒的症狀，而寒極，則反而會出現熱象，可見陰陽二氣是相互轉化的；其四就是陰陽二氣的運動變化是永恆的，且是一切事物運動變化的根本原因，〈素問‧

　　「氣」是極細微的物質現象，是形質未具的渾沌，經凝聚而成有形象的事物；這是以「氣」作爲宇宙萬物的根本物質（共同本質），此根本物質，或無形無體，不可見聞，或有形有體，可見可聞。所以說「氣」是非固體，亦非液體的現象界物質（materials），也是世界中能夠流行廣佈的材料（stuff）。「氣」之作爲宇宙萬物的存在根據，並非具有形體、聲音、樣貌之某一具體物質，而是不斷運動著的精微物質，是生成宇宙萬物的本質。亦即，「氣」作爲宇宙萬物的本質，是以其運動的普遍性，來說明宇宙萬物的一切變化。

　　本書所定義之莊子「氣」概念，並非自物質性觀點出發，而是強調無形無體之「氣」，因著運動變化而爲宇宙萬物之共同材質之意。

（二）「氣」是具有動態功能的客觀現象

　　「氣」或絪縕聚散，或升降屈伸，或磨盪沖突，總不斷以運動變化作爲自己存在的條件或形式。「氣」之所以始終處在不斷運動變化之中，而具有不斷運動變化之功能，是由於「氣」自身涵容著陰陽對待之矛盾。日月星辰之運轉、宇宙萬物之變化，各種事物之所以能夠相互依存於一大系統之內，是因爲彼此之間的氣相互貫通，因著「氣」的運動與變化，宇宙萬物得以處於自然和諧的秩序之中。

（三）「氣」是生命氣息

　　「氣」指呼吸（breath），呼吸代表有生命的事物，此是生理層面客觀存在的生命血氣。而且，「氣」作爲載負人體生命氣息的重要指標，不但可調節生理機能，促進新陳代謝，更可增強免疫功能。人秉「氣」而生，「氣」之清濁、昏明、賢鄙，在在都影響及人之資質、貧賤、壽夭。

六微旨論〉：「氣之升降，天地之更用也」，充滿生機，一刻不停地運動變化之陰陽二氣，在天地之間相召相引，升降變化，從而帶起自然界萬事萬物的變化，同時，陰陽二氣的運動變化又能化生萬物，〈素問・五常政論〉：「氣始而生化，氣散而有形，氣布而蕃育，氣終而象變，其致一也」，此言凡無生命物質的化生聚散，到動植物的生殖繁衍，乃至萬物之生成、變化與發展，無一不是陰陽二氣所致，一但陰陽二氣之運動變化停止，事物就會減滅，所以，陰陽二氣永恆的運動變化貫串於生命的整個過程，〈素問・天元紀大論〉：「動靜相召，上下相臨，陰陽相錯，而變由生也」；綜上可知，《黃帝・內經》是以陰陽二氣的矛盾對立及其統一來說明宇宙萬物的，所以，李志林先生對《黃帝・內經》評價頗高，《氣論與傳統思維方式》，頁 47 云：「《黃帝・內經》的陰陽二氣離合說無論在深度上，還是在廣度上，都達到了先秦氣論發展型態的最高水平」。

（四）「氣」是道德境界

　　「氣」充塞於天地之間，與天地之氣相互感通，這是屬於心理層面的精神意志。並且，「氣」可爲集義所生的道德理想，而爲主體道德修養的生命境界。

　　在中國哲學發展史上，「氣」由文字觀念轉而爲哲學概念，並且逐步豐富與深化發展，歷經了漫長過程的洗禮。「氣」概念在各個時代與各個哲學家的思想中，的確占有非常重要的地位。哲學上具有普遍意義的「氣」概念，是自具體可直接感覺的事物上昇華發展而來，而中國哲學的「氣」概念涵義，本質上是指一種客觀的實在。雖於春秋時期，靈魂、鬼神與勇敢的精神狀態，皆謂之「氣」，然基本上，氣論思想強調「氣」離開人的形體即是無思、無知、無欲的，此逐漸超出原有人格神之思維，或可謂是氣論思想對宗教神學之否定。且就「氣」之昇華發展的多元面向來看，可見中國古代「氣」概念之豐富複雜，氣論思想未出現如同西方哲學之物質與精神的相互對立，因此亦可獲得實證。

　　若欲還原莊子「氣」概念之意蘊與價值，除須分別加以廓清「氣」概念之於自然、社會與人生各個面向所涵蓋的內涵，此外，亦必須進一步加以簡別，中國哲學之氣論與西洋哲學之原子論當中的差異，藉以顯現中西氣論之區別。茲援引張岱年先生於《中國哲學大綱》一書中之說明：「西洋哲學中之原子論，謂一切氣皆由微小固體而成；中國哲學中之氣論，則謂一切固體皆是氣之凝結。亦可謂適成一種對照」，〔註52〕可知氣論與原子論〔註53〕基本上是兩種不同型態的物質觀點。〔註54〕中國哲學之「氣」是指一種連續的〔註55〕、流動的概念。

〔註52〕語出張岱年：《中國哲學大綱》，頁39。

〔註53〕原子論所謂之「原子」，是最精細的「希微之形」（而非最無形體的「希微不形」）；原子雖然有無數個，但就每一個原子而言，它只能是「一」而不能是「多」（由於原子的不可分），所以，原子論者取消了「一」與「多」的對立統一，且以真正的「一」是不能自「多」而來，真正的「多」也不能由「一」而來。原子論者之所以將原子定義爲有形且不可分，最根本的原因乃是因爲接受了埃利亞學派關於無限分割會使存在變爲不存在的思想（如果存在物可以被無限地分割，就會被消滅成爲不存在，爲使存在物不致成爲不存在，所以必須設定原子是不可分的有形存在物）；其實，古代哲學家意識到由無限分割所引起的矛盾與悖論，就像齊諾所説「如果存在爲多，那麼必然同時既是小的又是大的，小會小到沒有，大會大到無窮」。參閱《古希臘羅馬哲學》，頁98。

〔註54〕中國傳統哲學與西方古代哲學分屬兩種不同的型態：承前注，現代人對於矛盾與悖論存在兩種對立的觀點，一是認定客觀世界本身原是沒有矛盾的，對於科學來説，矛盾永遠而且只能是應該排除的主觀錯誤（此觀點曾被維根斯坦譏諷爲，對矛盾表現出迷信般的恐懼），另一則是某種邏輯悖論並非謬誤（像古典邏輯堅信一般），而是特殊的客觀真理。這兩種觀點正象徵著中國傳統哲

自連續性而言，「氣」是充滿宇宙的「一」，也就是「通天下一氣」（〈知北遊〉）的「一氣」；自流動性而言，「氣」又必須是「多」，是由部分組成的。故而，「氣」概念包含著「一」與「多」的矛盾與統一，因著世界上存在著大小各一、形狀各殊的事事物物，此萬事萬物之「多」，當中仍然存在著連續性的「氣」，是以，「氣」於聚散離合當中，所形成之事事物物本身所扮演之角色，一方面是萬事萬物最重要之聯繫中介，另一方面即是萬事萬物最基本的構成元素。

第二節　老子「氣」概念的意涵

　　《道德經》中出現過三次「氣」，分別是〈第十章〉、〈四十二章〉與〈五

　　　　學與西方古代哲學之雙重傾向，只是西方為排除矛盾而導致了原子論，而中國則容許默認此悖論而使氣論思想綿延與發展。

〔註55〕連續性之義，關連到精細與無形體之概念。《古希臘羅馬哲學》頁103，亞里斯多德嘗言：「有些人認為靈魂是火構成的，因為火是一切元素中最精細、最無形體的；是火最初具有自己運動並使其他東西運動的性質」，亞氏此言顯然是指赫拉克利圖斯的思想。中國古代哲學家亦將「氣」描述為「其細無內」、「至精無形」，最精細無形體之物，自然具有連續性。但是，這裡有個問題，如果最基本的元素已經精細到無內、無形，如此無內無形之物仍能稱為精細的「微粒」嗎？倘若，名之「微粒」，那麼，「微粒」就是形囉，形與形相接能夠天衣無縫，具有連續性嗎？於此果然存在著形式邏輯上無法容許的矛盾，如要消除悖論，不是承認虛空的存在（而轉向原子論），就是對於形作出反常的解釋。以唐代氣論哲學家劉禹錫而言，其《天論》曰：「若所謂無形者，非空乎？空者，形之希微者也，為體也不妨乎物，而為用也恒資乎有，必依於物而後形焉。……以目而視，得形之粗者也；以智而視，得形之微者也。烏有天地之內有無形者耶？古所謂無形，蓋無常形爾，必因物而後見爾」；此言空是「形之希微者」，即是說明劉禹錫否認虛空與「天地之內有無形者」，因為空間是被希微之形所充滿，至於，希微之形，「為體也不妨乎物」，所謂「不妨乎物」就是具有可入性，萬形萬殊皆可入於其中，而「古所謂無形，蓋無常形爾」之「無常形」是指無可見之形，雖是無可見之形，但又無需空之存在，此間之矛盾似乎亦代表氣論哲學體系固有之矛盾。王夫之《正蒙注》〈太和〉釋無形時嘗言：「陰陽二氣充滿太虛，此外更無他物，亦無間隙」、「氣瀰漫無涯而希微不形」；所謂「瀰漫無涯」即充滿無限的空間，具有連續性，而「希微不形」應是有希微之形，但卻又不形；因此，形與不形間確是一個悖論。的確，氣論思想中總包含著一與多、不形與形之矛盾，而此矛盾正如黑格爾所謂「事實上物質兼有兩種特性」、「但這兩者理智卻認為是不相容的」（語出《哲學史講演錄》第一卷，頁30）。假定以形式邏輯的思考批判此矛盾，就可能引發出原子論；中國古代氣論思想並未進到這個階段，而古希臘哲學卻已進至於此：以是之故，不可分與極端地小乃可做為原子之形與氣論希微之形的本質區別。

十五章〉，老子以「氣」詮釋宇宙萬物的原始材質、形構原理與存在根據，並有轉化「氣」為哲理之意涵。以下即就篇章順序闡述老子「氣」概念涵義：

一、以「氣」說明宇宙萬物的原始材質

> 載營魄抱一，能無離乎？專氣致柔，能嬰兒乎？……生之，畜之，生而不有，為而不恃，長而不宰，是謂玄德。（〈第十章〉）

所謂「營魄」，河上公注曰：「營魄，魂魄也。……故魂清志道不亂，魄安得壽延年也」；〔註56〕「營魄」就是魂魄，魂與魄皆屬「氣」的層次，都是「氣」。而「抱一」之「一」，依〈四十二章〉：「道生一」之「一」與〈五十一章〉：「道生之，德畜之」的涵義（道生萬物，德養萬物，道內在於人，即為德；德是人得之於道者，是生命的真實），「一」就是「有」，也就是「德」；王弼注云：「人之真也」，老子以統一和諧為真；憨山注曰：「抱一者，謂魂魄兩載，使合而不離也。魂與魄合，則動而常靜，雖惺惺而不亂想。魄與魂合，則靜而常動，雖寂寂而不昏沉。道若如此，常常抱一而不離，則動靜不異，寤寐一如」。〔註57〕「無離」意指魂魄與天真的無離，也就是說，此身所承載的魂魄不與道內在於我們的天真分離。〔註58〕而「專氣」，王弼注云：「專，任也。致，極也。言任自然之氣，致至柔之和，能嬰兒之無所欲乎？則物全而性得

〔註56〕春秋時期鄭國子產以為「魂魄」是「人生始化」的陰陽二氣：此一說法見於《左傳》昭公七年（公元前 535 年）記載：鄭人傳言幾年前被殺的伯有為鬼作祟，子產立公孫洩與良止（伯有之子）以撫之，乃止：「及子產適晉，趙景子問焉，曰：『伯有猶能為鬼乎？』子產曰：『能。人生始化曰魄，既生魄，陽曰魂。用物精多，則魂魄強，是以有精爽至於神明。匹夫匹婦強死，其魂魄猶能馮依於人，以為淫厲。況良霄（即伯有）……三世執其政柄，其用物也弘矣，其取精也多矣，其族又大，所馮厚矣，而強死，能為鬼，不亦宜乎！』」這是說明，子產以魂是一種陽氣，而魄是一種陰氣，二者相合而成為人；人死之後，其生前「用物精多」者與「強死」不得善終者，其魂魄可以成為鬼神。依此可知，子產雖承認有鬼神，但對魂魄成鬼的條件有所限制，如此有條件的鬼神論，說明春秋時期的「氣」概念思想與原有的宗教觀有所區別，只是，仍保留有宗教的成分，尚未能與宗教神學嚴格劃清界限。不過，或許老子對此思想有所繼承與發展。

〔註57〕語出憨山：《老子道德經憨山解》，頁 62。

〔註58〕〈五十五章〉所謂：「含德之厚，比於赤子」：我們含德本來是像赤子一樣很深厚的，但當我們於人間奔競時，會逐步離開我們的德，因而載魂魄之此身，須能夠「抱一」，保有自己得之於道的德，如此方不致失落原有的本德、天真，亦且能夠回到生命的本身。

矣」；〔註59〕「專」乃專一，「氣」是自然生命，也是生成宇宙萬物的原始材質，「專氣」即任氣，專任人身上的生命之氣。

所謂「專氣」，是相對於心知而言，依〈三十七章〉：「化而欲作」與〈三十二章〉：「始制有名」，可知人的心會知，欲會作，心與氣會互動。雖然，「氣」本是自然和諧的，但因心的介入，心會鼓動助長「氣」，干擾生命之氣的運行，使「氣」不專；因而，老子主張取消心知的人為造作，〔註60〕如此，心不介入亦不干擾人的自然生命，方能讓氣回歸氣的自己（即無心之氣，類似「使物在其自己」），此即「專氣」（並非以心任使氣的強行）的工夫修養。依此可謂，「專氣」並非生理官能的層次，而是通過無心而後，生命本真的自然感應。而「致柔」之「致」，是極，依〈十六章〉：「致虛極，守靜篤」，「致」具有過程中的含意，強調工夫歷程的長久性；「柔」則是心知退出，專任於生命本質之自然，所回歸如嬰兒般無知無欲的狀態，所以，「能嬰兒乎」，並非回到事實上的嬰兒，而是要像嬰兒一般地純真。據〈二十八章〉：「常德不離，復歸於嬰兒」與〈五十五章〉：「含德之厚，比於赤子。蜂蠆虺蛇不螫，猛獸不據，攫鳥不搏。骨弱筋柔而握固。未知牝牡之合而全作，精之至也。終日號而不嗄，和之至也」；赤子、嬰兒的生命氣象，是未知牝牡的「精之至」，是陰陽柔和的「和之至」，骨弱筋柔之嬰兒，能夠握拳則固，就是因為其「氣」專一的緣故，並且，因其生命為一不犯於物之自然，故而「蜂蠆虺蛇不螫，猛獸不據，攫鳥不搏」，一切外物莫之能傷。正因嬰兒無知無欲，尚處於德未流散失落之人生含德最深厚的生命本身之狀態，故而，老子即以「嬰兒」作為理想人格之表徵、工夫修養的最高境界。

老子此言每個人的生命皆承載有魂魄之氣，人能保守體內之「氣」，便不致離開本真；能專任體內生命自然之氣，達到柔和狀態，便可以返樸歸真。依「道」之表現，化生萬物而不據為己有，保護萬物而不自恃其功，長養萬物而不主宰萬物，這就是玄德。因而，專注地治氣養心，使自己的生命自然之氣平順柔和，此亦即是玄德的重要內容。因著心知的塵垢與情識的汙染，是會干擾自然之氣的正常運行，所以，「專氣致柔」的前提，即是心靈的「滌除玄覽」。必須取消（清除洗滌）心知與情識的偏執負累，讓「氣」歸於柔和，

〔註59〕語出王弼：《老子註》，頁19。
〔註60〕老子主張取消心知的人為造作，誠如徐復觀：《中國人性論史》〈先秦篇〉，頁345所言：「無心知作用的滲入」；就能使「氣」專一不受干擾，而歸於柔和。

則能用心若鏡，〔註61〕恢復吾心之虛靜清明與形上之觀照能力。

依上解析，老子並不贊同心知執著氣的運行，即所謂「心使氣曰強」（〈五十五章〉）。而老子之生命觀亦是極力強調，人必處於「未知牝牡之合」之無欲自然的嬰兒狀態，故不欲見人之精神與形體產生分裂。雖然如此，老子亦不似後起之道家或道教之專心致力於養生之術。此因老子所謂養生，是順其自然，甚至連養生的欲念都得捨去不要，正因，若存養生欲望，人為造作地強壯形體，反成老子所堅決反對的益生，一如〈五十五章〉云：「益生曰祥」，祥即不祥。

二、以「氣」說明宇宙萬物的形構原理

> 道生一，一生二，二生三，三生萬物。萬物負陰而抱陽，沖氣以為和。（〈四十二章〉）

依據「道之為物，為恍為惚」（〈二十一章〉），「視之不見，名之夷；聽之不聞，名曰希；搏之不得名曰微。此三者不可致詰，故混而為一。其上不皦，其下不昧。繩繩不可名，復歸於無物。是謂無狀之狀，無物之象，是謂惚恍」（〈十四章〉），老子所給出無狀無象之恍惚之「道」，其化生萬物的歷程即是：「道生一，一生二，二生三，三生萬物。萬物負陰而抱陽，沖氣以為和」，這是本體宇宙論的重要論述，旨在闡明萬物的生成原理（言「道」，亦即形上原理、實現原理）與形構原理（言「氣」，亦即存在原理）。〔註62〕自古以來對於「一」、「二」、「三」的釋義，眾說紛紜，〔註63〕為進一步釐清老子之義旨，分別析論如下：

（一）就生成原理（形上原理）而言

「一」是「有」、「二」是「天地」、「三」是「天地之和」

所謂「一」，〈十四章〉言：「昔之得一者，天得一以清，地得一以寧，神

〔註61〕 此不為物累，保住生命本真的「專氣致柔」之功，猶如莊子〈天道〉所云：「聖人之心，靜乎天地之鑑，萬物之鏡也」，是以能「不將不迎，應而不藏，勝物而不傷」。

〔註62〕 延伸老子思想脈絡，相關宇宙萬物之生成原理（形上原理）與實現原理（形構原理）之分判與詮釋，整理自王邦雄：〈《莊子》心齋「氣」觀念的詮釋問題〉，《淡江大學中文學報》（台北縣，第 14 期，2006 年 6 月）

〔註63〕 對於「一」、「二」、「三」莫衷一是的釋義有：「一」乃道、理、無、有、元氣、虛無、樸……等；「二」是天地、陰陽、天地之氣；「三」即虛氣、和氣、陰陽加和氣、形質之氣。以上註解，有歧異，亦有雷同，故須仔細省察。

得一以靈，谷得一以盈，萬物得一以生，侯王得一以爲天下貞」；「道生一」
即「有生於無」（〈四十章〉），而「天得一以清，地得一以寧」即「天下萬物
生於有」（〈四十章〉）；〔註64〕依此，自宇宙萬物的「生成原理」而言，「道」
是「無」，「一」是「有」。「有」是道下貫之「德」，而「德」（據〈五十一章〉：
「道生之，德畜之」）是物得之於道者。「道」生萬物，又內在於萬物之中，「道」
之化生萬物，是通過「德」之內在的方式，以畜養萬物。故而，「一」就是「有」，
「一」也就是「德」。

所謂「二」，徐復觀先生認爲，王弼援引〈齊物論〉之「一與言爲二，二
與一爲三」註解〈四十二章〉之「一生二，二生三」，並不恰當；亦因「萬物
負陰而抱陽」而反對河上公釋「二」爲陰陽。徐復觀先生言：「對於『一生二，
二生三』，若就老子一書的前後關連來加以解釋，我以爲『二』或者是指天地
而言。……因此，一生二，即是一生天地」；〔註65〕徐先生以天地是一個時空
的形式，安放萬物的處所，所以主張「二」是「天地」，也就是說，「二」是
天地的生成原理。

所謂「三」，徐復觀先生言：「天地對萬物，只是一持載的形式，天地並
不能直接生萬物，萬物依然要由一而生。同時，天地爲『一』所生，但一並
不因生天地而消失；此時有天有地而依然有道所生之一；天、地與一而爲三，
此之謂二生三。……既有作爲創生動力之一，又有可以持載萬物之天地的二，
於是生萬物之條件始完備，此之謂『三生萬物』」；〔註66〕徐先生以天地爲持
載萬物的時空形式，「一」是創生的動力，「一」生天地後並未消失，猶存乎
天地之間，此時，有天有地且仍有「道」所生的「一」，「天地」與「一」而
爲「三」。故而，「三」乃既有創生動力的「一」之「有」，與持載萬物的「二」
之「天地」，再加上化生萬物的「三」之「天地之和」，生成萬物的條件即於
焉完備。

關此「一」指「有」，「二」謂「天地」，「三」乃「天地之和」之義旨，
皆是就著形上之「生成原理」而爲言，與「氣」無關。然而，除自超越的形
上原理以言萬物，萬物仍具有其內在的形構原理（即「存在原理」）。依老子
思路，天地並非固有，而是後來形成的；自宇宙萬物的生成過程而言，是由

〔註64〕參閱王邦雄師：《老子的哲學》，頁82。
〔註65〕語出徐復觀：《中國人性論史》〈先秦篇〉，頁335。
〔註66〕語出徐復觀：《中國人性論史》〈先秦篇〉，頁335～336。

道化生出渾沌之「氣」，再由「氣」分化出陰陽之氣，而後陰陽之氣化生天、地、人，以及萬物。所以，宇宙萬物都存在著陰陽二氣，因爲陰陽二氣的交感運動，使得萬物稟「氣」而生、和諧而長。是以，或可推論老子似有以「氣」作爲形構天地、生成萬物之元素的思想。〔註67〕也就是說，「一」、「二」、「三」之論理架構，亦具有其以之爲宇宙萬物之形構原理與存在原理之氣化意涵。

（二）就形構原理（存在原理）而言

「一」是「氣」、「二」是「陰陽」、「三」是「陰陽之和」

依循老子思維脈絡，所謂「沖氣」，〔註68〕是不停地運動著的陰陽之氣，其並非陰陽二氣之外的另一氣，而是陰陽二氣交感的和諧之氣。亦因「沖氣」乃陰陽二氣交感的和諧之氣，所以，「二生三」之「三」，就不該是陰陽二氣涌搖爲和的沖氣，而應爲天地相合之和諧之氣。「道」之化生萬物（「和」之作用），其生命之所以存在，就在於負陰而抱陽的沖氣之和中。且依〈三十二章〉云：「天地相合，以降甘霖，民莫之令而自均」，說明在天地交感的均衡和諧中，呈顯生命的甘泉活水，此一和合的化生作用，就是「三生萬物」。而萬物就在這一「和」的均衡中生養化成，〔註69〕可知「和」是「道」生化萬物的重要作用（「和」並非不在天地之間的另一存在），此即體顯用，即是以「理」生「氣」的關鍵。循此「形構之理」之思維，所謂「一」，當是「氣」；「一生二」指一氣化分爲「陰陽二氣」；「二生三」即陰陽二氣激盪成虛的「和諧之氣」。

其次，「沖氣」之特徵包括物質性與運動性；物質性是指「氣」是無形的渾沌，天地間的萬物皆由「道」生，〔註70〕「氣」亦隨「道」而運動變化，「氣」是一種原始材質，而非無形無象之「無」；運動性是意謂「氣」之沖，「氣」分陰陽，陰陽相反相成，相互激盪，不斷地運動，因虛而化生宇宙萬物，並使萬物生滅變化。故而，老子之「道」〔註71〕先於天地化而爲未分之混沌一

〔註67〕「元素」是指構成萬物的材料。李存山先生嘗謂：「老子哲學中的氣論思想，不僅是把氣看作是產生世界萬物的『原始物質』，而且也把氣看作是產生萬物，而萬物又復歸於它的『元素』」。語出《中國氣論探源與發微》，頁87。
〔註68〕「沖氣」義，參閱陳鼓應：《老子今註今釋》，頁159。
〔註69〕參閱王邦雄師：《老子的哲學》，頁99。
〔註70〕依〈五十一章〉云：「道生之」。
〔註71〕關於「道」之義：《說文》曰：「道，所行道也」；「道」的本意是道路，引申爲道理、規律、原則、必然性等；《韓非子》〈解老〉云：「道者，萬物之所然

氣，超越萬物而成為萬物生成的依據，此是使陰陽二氣能「沖」和而生萬物
之理則，亦是化生萬物的根本，更是最高的、絕對的原理與規範。

此外，必須釐清的是，「沖氣以為和」之「氣」，是形而下的物質之氣；
而「和」，依《說文解字注》曰：「沖，涌搖也」；〔註72〕「沖」表陰陽之氣虛，
「沖氣」即陰陽二氣相激相盪，達到一定均衡和諧時，就化生出萬物，且「沖
氣」和諧不已，萬物也就生生不息。〈五十一章〉言：「物形之，勢成之」；「萬
物負陰而抱陽」乃「物形之」，「沖氣以為和」即「勢成之」，物形勢成皆由「氣」
而來。萬物的存在均離不開「氣」，對於宇宙萬物而言，生命就存在於陰陽二
氣之和中，換句話說，每一存在物皆具有「沖氣以為和」的自然生命以為其
本質。

老子此言包含著宇宙萬物是天地合氣〔註73〕而成的思想，這是中國哲學
史上第一個宇宙生成體系的濫觴；馮友蘭先生認為：「萬物負陰而抱陽，沖氣
以為和」是「道生一，一生二，二生三，三生萬物」的例證。〔註74〕依此可
知，《老子》之宇宙生成體系，其中包含著氣論的思維；所謂「萬物負陰而抱
陽，沖氣以為和」，就是陰陽二氣涌搖〔註75〕融合而為「三」，以生萬物之義。
這亦是中國哲學史上第一次明確提出，以「氣」化生萬物之元素（元素取其
材料義，並不包含本原義）的思想。是以，老子言：「萬物負陰而抱陽，沖氣
以為和」，其中之「萬物」包含人類在內，都是陰陽和合而生；老子強調「抱
一」，亦因陰陽本從一氣而生，陰陽和合而為人，而回歸天真本德。

值得注意的是，《老子》對於「道」的描述，〈四章〉言：「沖而用之或不
盈，淵兮似萬物之宗，……湛兮似或存；緜緜若存，用之不勤；天下之至柔，

<hr>

也，萬理之所稽也」、「萬物各異理，而道盡稽萬物之理」：顯然，老子之「道」
是從春秋時期之天道、人道（《老子》〈七十七章〉、〈八十一章〉說到「天之
道」、「人之道」）發展而來之宇宙萬物的總規律。老子之「道」，雖具道理、
規律、原則、必然性等義，但〈二十一章〉：「道之為物，惟恍惟惚，……其
中有象，……有物，……有精，……有信」；此亦說明「道」具有一定的客觀
實在性，而且，「道」存在於空間（「域」）與時間（「久」）之中。有關「道」
不在時空之外的論點，參閱張岱年：《中國哲學發微》，頁340。
〔註72〕語出許慎：《說文解字注》，頁552。
〔註73〕依〈三十二章〉：「天地相合以降甘露」，可做為「沖氣以為和」的超越根據。
〔註74〕參閱馮友蘭：《中國哲學史新編》，頁249。
〔註75〕《說文》：「沖，涌搖也」。《易經》〈繫辭上〉：「一陰一陽之謂道」之「一陰一
陽」即狀陰陽一消一長，一長一消之象；〈繫辭下〉：「天地絪縕，萬物化醇」
之「絪縕」亦有流動、瀰漫之意，正象天地間陰陽之氣的交通涌搖。

馳騁天下之至堅，無有入無間」；依王弼注：「氣無所不入，水無所不經」，所謂「無有入無間」是指氣的穿透力與可入性，〔註76〕此等形容皆爲後繼氣論哲學家用於對「氣」的描述。抑且，老子之宇宙生成意涵，不僅是宇宙論（cosmology）思想，同時也是本體論（ontology）主張；〈六章〉：「谷神不死，是謂玄牝，玄牝之門，是謂天地根」，此根即本原之義；〔註77〕〈十六章〉：「萬物並作，吾以觀復，夫物芸芸，各復歸其根」，此即萬物始所從來，與終所入者，其屬性變化不已，而本體常在之義。究其實，老子哲學中的「氣」概念思維，不僅將「氣」視爲產生宇宙萬物的原始物質，而且，亦將「氣」看作產生萬物而萬物又復歸於它的元素。〔註78〕

三、以「氣」說明宇宙萬物的存在依據

> 知和曰常，知常曰明，益生曰祥，心使氣曰強。
>
> 物壯則老，謂之不道，不道早已。（〈五十五章〉）

所謂「益生」即增益生命；「祥」是反訓，指不祥。生命本是自然的，若在自然中加入人爲造作，試圖有所增益，結果反而是不祥的。老子視「氣」爲萬物存在的原始材質，亦即「氣」乃宇宙萬物的存在依據。所謂「心使氣曰強」之「強」，「是指生理作用逾越其本有之範圍而言」，〔註79〕「老子認爲心介入氣，心鼓動

〔註76〕 李約瑟曾謂：「在某種意義上，『道』的整個思想就是力場（field of force）的思想。」參閱 Science and Civilization in China, Vol. 2, p.293.

〔註77〕 此處之「根」，與《管子》〈水地〉：「水者何也？萬物之本原也，諸生之宗室也，美、惡、賢、不肖、愚、俊之所產也」之「本原」義同。事實上，在春秋時期之前，並未有「本原」這個概念，也未有以一種（或幾種）物質爲萬物元素或本原的思想，而在《管子》〈水地〉篇中，不僅以水作爲萬物的元素，並明確地使用了「本原」概念；此與《老子》之謂「根」（〈六章〉）及《莊子》之謂「本根」（〈知北遊〉）之義同。「本原」概念的提出，可說是先秦哲學發展史上的一大演進，亦可謂是劃分自然哲學與先秦哲學不同階段的重要關鍵。

〔註78〕 張載批評老子有生於無之說是「不識所謂有無混一之常」（《正蒙》〈太和〉）；而且，因爲無不能生有，有亦不能生無，所以，空不逾實，實不逾空。或可謂老子哲學的特殊性，就在於由宇宙論導向本體論。其實，張載講「太虛即氣」（《正蒙》〈太和〉），主張「有無虛實通爲一物」（《正蒙》〈乾稱〉），《正蒙》〈乾稱〉張載尚言：「至虛之實，實而不固；……實而不固，則一而散」，此是說明「至虛」之中有「氣」，所以是實，「氣」希微不形，有聚有散，所以是「實而不固」，正因「實而不固」此一矛盾，所以才能「一而散」：亦即在「一」之中包含著「多」。關於張載部份可續參閱第六章第二節。

〔註79〕 語出徐復觀：《中國人性論史》〈先秦篇〉，頁342。

氣,就叫做強」;〔註80〕心不使氣,氣自然柔和,心任使氣,使氣強行,逞強而不守柔,這是不合乎常道的有心有爲、人爲造作,也會傷害原本柔和的自然生命,而導致〈三十章〉所言:「物壯則老,是謂不道,不道早已」之結局。所謂「物」就是「氣」;「壯」即壯大,意指自我膨脹、執著;「老」意謂生命力的耗損。人爲造作介入自然生命的結果,使得生命本身產生僵化,所謂「不道早已」,而這亦正是莊子〈大宗師〉:「其嗜欲深者,其天機淺」,與〈齊物論〉:「其形化,其心與之然,可不謂大哀乎」所言之人生莫大的哀痛。

此言得道之人具有深厚的德性,處於最淳和的狀態;明瞭和叫做常,明瞭常叫做明,貪生放縱叫做祥,欲望主使生命自然之氣叫做強。過分強壯便走向衰老,就是不合於道,便會加速滅亡。正因心會擾亂「氣」的自然和諧,所以,老子於人生修養工夫上,反對心知介入「氣」,亦即,反對以心來帶動「氣」。

以上三段文本內容包含;提出超脫巧智物欲之修養方法的〈十章〉、展示宇宙萬物化生歷程的〈四十二章〉,與對當時練氣養生者之警告的〈五十五章〉,其間是有其內在關聯之所在。首先是〈十章〉與〈五十五章〉,都同時提到「嬰兒」或「赤子」;其次是〈四十二章〉與〈五十五章〉,都同時論及沖氣以爲「和」或「和」之至。再者,透過〈十章〉:「載營魄抱一」、〈四十二章〉:「萬物負陰而抱陽」與〈五十五章〉:「骨弱筋柔而握固」,當可明瞭這些語句中的共通之處,亦皆表現出一股充滿活力的狀態。

老子論「氣」,首重如嬰孩般生動活潑的生命力,這樣的「氣」,不只是生命的來源,亦是一股維繫生命的力量;而以「嬰兒」或「赤子」來比擬「氣」,是取其具有無形與無限之發展力量之謂。此具無形與無限之發展力量之「氣」,是生命之本,由此積極的、能動的生命之「氣」,與消極的、受動的陰和陽,〔註81〕生成而化育宇宙萬物。〔註82〕老子之「專氣」是指透過工夫修養、心知退出的守柔之氣,「沖氣」是形容「氣」之生氣蓬勃的運動狀態,

---

〔註80〕語出王邦雄師:《生死道》,頁18。
〔註81〕《老子》書中只各自出現一次「陰」與「陽」這兩個概念,且未合稱,因而,於此陰陽合論並不合宜。
〔註82〕參閱鄭世根:《莊子氣化論》,頁45:「老子很可能已經考慮到「陰」與「陽」及萬物之間還要聯繫兩者的東西,它便是「氣」。如果「陰」與「陽」是消極的、受動的,則「氣」是積極的'能動的。其能動而積極的「氣」就讓萬物得到自然的秩序,此時,『萬物負陰而抱陽,沖氣以爲和』〈第四十二章〉的宇宙萬物的「生成」原理纔實現。」

〔註83〕而「專氣」與「沖氣」，其目的就在於「和氣」。至於，「心使氣曰強」乃是因為不「和氣」、不守柔所致，而此並非眞強。依此可知，老子「氣」概念之實質為：以「和」言「氣」，以「氣」致「和」，一言以蔽之，乃是「和氣」（「和」是「陰」與「陽」對立的統一）。河上公〈五十五章〉注釋，即曰：「赤子筋骨柔弱，而持物堅固，以其意心不移也。赤子未知男女之合會，而陰作怒者，由精氣多之所致也。赤子從朝至暮啼號，聲不變異者，和氣多之所致也。人能知和氣之柔弱，有益於人者，則為知道之常也。人能知道之常行，則曰以明達於玄妙也」；於此河上公實已提及「和氣」之說。其次，由於老子並未定位「氣」在宇宙萬物中的地位，所以，王弼進一步於〈十章〉注曰：「任自然之氣，致至柔之和，能若嬰兒之無所欲乎，則物全而性得矣」；以自然來解釋老子「氣」的普遍性，而所謂自然，並非指固定的自然現象世界，而是意謂自然現象世界的本然狀態。

且依上述，可知老子視「氣」為萬物存在的原始材質，對萬物而言，其生命存在就在於負陰而抱陽的沖氣之和中。老子謂「萬物負陰而抱陽，沖氣以為和」，這其中的「萬物」包含人在內，人與萬物相同，皆是化生於陰陽二氣之和。是以，老子認為人應順任沖和之氣的自然（「氣」本是自然和諧，生命本是素樸柔和），唯有「專氣致柔」，取消心知的人為造作，心不使氣（不要「心使氣曰強」），讓氣專一而不干擾此一生命的自然和諧，才能達到「精之至也」、「和之至也」，如嬰兒般至柔之和的境界；亦唯有「抱一」、「常德不離」，方能「復歸於嬰兒」的眞實柔和，回歸生命的素樸本眞。

四、老子「氣」概念思想系統

雖然，老子以「道」為其哲學思想的最高境界，宇宙萬物無形無象之本體，亦是宇宙萬物運動變化的原理與規範，然而，「氣」則是構成宇宙萬物之形體及其屬性的原始材質。「氣」產生於「道」，是「道」決定「氣」的存在與變化，因而，「氣」乃從屬於「道」，「氣」是「道」化生萬物的中介。是以，欲解明老子「氣」概念之意涵，須自闡述老子之「道」著手，故而，透過《老子》文本相關「氣」概念的部份，試圖架構「氣」概念思想系統，探索老子思想中「道」與「氣」、「道」與「萬物」及「氣」與「萬物」之關連。即以形上學、宇宙論、

〔註83〕「沖」意指「涌搖」、「激盪」、「交沖」、「向上」、「衝刺」、「調和」的狀態，這也是一種充滿活力的狀態。

生命論與工夫論所蘊含的「氣」意涵等四大面向，說明如下：

（一）老子形上學之「氣」意涵

欲解明老子「氣」概念之意涵，須自老子形上思想對於宇宙萬物本根之「道」的揭示，與對宇宙萬物之化成的描繪著手。依「氣」概念淵源之所述，陰陽二氣與六氣說於本質上雖同是以「氣」來解釋宇宙，但也都是以多元概念來說明形構宇宙之材質。隨著歷史文明的演進與思維能力的提昇，必然要抽象出一元的概念來作為宇宙的究極原理；而老子對此宇宙萬物生成原理的理解，即是位於氣（物）之先、氣（物）之外與氣（物）之上之「道」。

老子以「道」而為宇宙之本體、天地之本原與萬物之本根；此義見於「其上不皦，其下不昧。繩繩不可名，復歸於無物。是謂無狀之狀，無物之象，是謂惚恍」（〈十四章〉）；「道」乃無形無狀，是視之不見、聽之不聞、搏之不得的，且因「道」之恍惚不定，正顯出「道」之所以為「道」之理，是「道」之「象」。其次，老子亦云：「道之為物，惟恍惟惚。惚兮恍兮，其中有象；恍兮惚兮，其中有物。窈兮冥兮，其中有精；其精甚真，其中有信。自今及古，其名不去，以閱眾甫。吾何以知眾甫之狀哉？以此」（〈二十一章〉），「道」的實質內涵雖然恍惚渾沌，但非空無，其中有「象」、「物」、「精」、「信」。於此老子雖然沒有明確提出「氣」字，而「物」與「精」實是「氣」的同義概念；且「象」意指理則，依張載所言：「氣也者，非待其郁蒸凝聚接於目而後知之，苟順健，動止，浩然，湛然之得言，皆可名之曰象爾」，[註84] 可知人雖無法眼見未具形之「氣」的動靜剛柔，但亦不必然非得見而後知，只要自「氣」之運動變化所呈顯之順健、動止、浩然、湛然之理上，即能確認「氣」之存在的理則，而此理則即謂之「象」。然則，誠如老子所言，作為宇宙終極根本、最高原理之「道」，不僅只是個「理」，其中還有「物」。「物」代表實然的存在，而「道之為物」的本體恍惚不定，其作用卻是真實存在，此真實存在的根據乃在於「氣」；[註85] 據此，老子所說「其中有物」之「物」，似以有形有限之具體個物指向無形無限之「氣」[註86] 的思考，而以運動變化

〔註84〕語出張載：《張載集》〈正蒙神話篇〉，頁 16。

〔註85〕參閱羅光：《中國哲學思想史》〈先秦篇〉，頁 181 言：「物之稱為物，在於實際的具體存在，實際的具體存在，由氣而有。老子說『其中有物』，可以解釋為『其中有氣』，這種氣，當然祇是氣之始」。

〔註86〕即如《易經》〈繫辭傳〉曰：「乾，陽物也，坤，陰物也，陰陽合德而剛柔有體」；論及陰陽之氣時，亦常以「物」代表「氣」。

之始之「氣」詮釋「物」之意含，亦可說明有形即有限之物，無法成其爲無形無限之根源之義。再者，老子所說「其中有精」之「精」，依管子云：「精也者，氣之精者也」（〈內業〉），房玄齡注曰：「氣之尤精者爲之精」；〔註 87〕可知「精」指最能代表道的最純淨之氣。「物」與「精」爲同義概念，但二者的差別在於：「物」乃渾然未分之原初一氣，是「氣」運動變化之始的本然狀態；「精」則是氣中最精純者，〔註 88〕「其精甚眞」，最能代表「道」的實質，當「氣」化成萬物，精氣在一物中所呈現的即是該物的本質。依上可知，老子之「道」是蘊含理與氣之形上本體，而「理」是指生成萬物的理則原理，「氣」則是運動變化之始渾然未分之氣。「其中有物」意即「其中有氣」，而「其中有精」即言「其中有精氣」。

　　老子對於「道」之描述，尚見之於〈二十五章〉：「有物混成，先天地生。寂兮寥兮，獨立不改，周行而不殆，可以爲天下母。吾不知其名，字之曰道」，與〈四十二章〉：「道生一，一生二，二生三，三生萬物」。依此可知，「道」固爲宇宙之本體、天地之本原與萬物之本根，而六氣與五行則是天地形成之後的產物。而「道」亦如〈十四章〉言：「視之不見，名曰夷；聽之不聞，名曰希；搏之不得，名曰微；此三者不可致詰，故混而爲一。其上不皦，其下不昧，繩繩不可名，復歸於無物。是謂無狀之狀，無物之象，是謂恍惚。迎之不見其首，隨之不見其後」；是無形且感官所不及之物，較之陰陽、六氣或五行，更具一般性、普遍性、無形性與無限性。至於「道」之特性的詮釋，則見於〈三十四章〉：「大道氾兮，其可左右」，「道」是運行流轉的；與〈二十五章〉：「周行而不殆……大曰逝，逝曰遠，遠曰反」，「道」是宇宙萬物發展變化的規範理則，且此發展變化之規範理則，乃是趨向其對立面之復歸，所謂「反者道之動」（〈四十章〉）。

（二）老子宇宙論之「氣」意涵

　　中國哲學史上首度揭櫫宇宙化生順序的闡述，所謂「道生一，一生二，二生三，三生萬物」（〈四十二章〉），其中關於「一」、「二」、「三」之生成論

〔註87〕語出《管子》〈內業〉卷十六，台灣中華書局四部備要子部，頁 2。

〔註88〕關於「精氣」，是體用兼含的概念。就體而言，「精氣」是「道」最精微的部分，《鶡冠子》言：「精微者，天地之始也」（〈泰錄〉卷十一中，台灣中華書局四部備要子部，頁 2）；就用來看，「精氣」是生化萬物本質的能動之氣，《管子》云：「一氣能變曰精」（〈心術〉下卷十三，台灣中華書局四部備要子部，頁 6）。

述，重點並不在於數字本身的涵義，而是氣化意義的邏輯順序，就形構原理亦即存在原理而言，此三者的本質皆與「氣」相關。所謂「一」，據〈十四章〉所言：「視之不見名曰夷，聽之不聞名曰希，搏之不得名曰微。此三者不可致詰，故混而爲一」；老子以夷、希、微，並不易顯明「道」特性，故以混然未分之「氣」，強調其先在義與始動義，凸顯萬物之根本與本原之特質。依於對「道」的論述，常會流於可道非常道，可名非常名之言語道斷的窘境，因而於化生層面（「存在原理」），老子常以化生之始的「一氣」來替代極爲抽象的道體，〔註89〕故而，「道生一」亦可解爲「道始於一」，〔註90〕「一」即渾然未分之「一氣」（也就是「有」）。而「二」是指「一氣」所顯現之「陰陽」兩種不同的作用或表現；〔註91〕「三」當是陰陽相合所成之沖和之氣，亦即「沖氣」是經過不斷地交互作用、激盪感應而相反相成地化成萬物和諧狀態〔註92〕之陰陽之氣。化生而後之萬物，皆具有陰陽之氣，也就是說，萬物存在皆是一方面背負著陰，一方面又懷抱著陽；陰陽乃一氣之兩種作用，是構成萬物的共同材質，此蘊藏在萬物中的陰陽之氣，雖然互有消長，卻不致成爲一氣獨存的極端狀態。唯有陰陽呈現和諧狀態，宇宙萬物方能正常諧和。

此外，老子對於宇宙有其整體性的描述，依〈十章〉：「載營魄抱一」及〈二十二章〉：「曲則全，枉則直，窪則盈，少則得，多則惑。是以聖人抱一爲天下式」之論述；可知所謂「一」乃基於「抱一」的思想，而「抱一」是以「一」來統合曲與全、枉與直、窪與盈、少與得、多與惑之間所形成的對立與矛盾。由於，相對性是世界之中的自然現象，唯有透過「一」方能把握

〔註89〕 所謂「一」（〈十章〉：「載營魄抱一，能無離乎」、〈二十二章〉：「是以聖人抱一爲天下式」、〈三十九章〉：「昔之得一者，天得一以清，地得一以寧，神得一以靈，谷得一以盈，萬物得一以生，侯王得一以爲天下貞」）：於化生層面而言，「道」與「氣」是相合不離的，道化就是一氣之化。

〔註90〕 依《說文解字》「一」字條：「惟物太極，道立於一，造分天地，化成萬物」，與《淮南子天文訓》：「道日規始於一，一而不生，故分陰陽」；或有將「道生一」解爲「道始於一」或「道立於一」。

〔註91〕 陰陽不是兩個個別獨立之物，此因陰陽若是二物，則必有其本質，二者相合成物亦應是兩個實體，而在同樣情況下，一物是一又是多，此是矛盾的。故言「陰陽」爲動靜、爲剛柔、爲消長、爲闔闢，都只是「一氣」之兩種不同的作用與表現。

〔註92〕 此即董仲舒所言：「和者天地之正也，陰陽之平也，其氣最良，物之所生也」；參閱董仲舒：《春秋繁露》循天之道篇卷十六，台灣中華書局四部備要經部，頁9。

到整體與完整的可能性。並且，〈十五章〉言：「視之不見名曰夷，聽之不聞名曰希，搏之不得名曰微。此三者不可致詰，故混而爲一。其上不皦，其下不昧，繩繩不可名，復歸於無物，是謂無狀之狀，無物之象」，言「道」雖是「無狀之狀」、「無物之象」，卻在「混而爲一」的情況之下，仍可「復歸於無物」，顯示「一」是萬物復歸的窮極之處。因此，〈三十九章〉言：「昔之得一者：天得一以清；地得一以寧；神得一以靈；谷得一以盈；萬物得一以生；侯王得一以爲天下貞。其致之」，也就是說「得一」即意謂宇宙萬物的究極原理。至於「混而爲一」的「一」，如何呈現而爲「萬物」之「多」的問題，就必須回歸莊子「氣」概念思維去尋求解答。〔註93〕

（三）老子生命論之「氣」意涵

依「萬物負陰而抱陽，沖氣以爲和」（〈四十二章〉），可知老子之生命論，乃在於尋求人身陰陽之氣的調和，以達精神與肉體的和諧。而陰陽之氣既是構成生命之材質，爲避免其失調，關鍵就在於抱道不離，所謂「載營魄抱一，能無離乎」（〈十章〉）。「營魄」河上公註曰「魂魄」，〔註94〕而春秋時代就有魂魄之說，鄭子產曰：「人生始化曰魂，既生魄，陽曰魂。用物精多，則魂魄強，是以有精爽至於神明」；〔註95〕魄由陰氣生，魂由陽氣成，二者合而爲人。老子以人爲萬物之一，自然而爲陰陽之氣作用下的產物，且人承受最精純之氣，所以魂魄強而靈明。「魂魄」既是生命始化的陰陽之氣，陰陽之氣又必須在「沖氣以爲和」的狀態下方能生物，是以，人的靈魂與軀體必須合一，且爲避免靈魂與軀體分裂，老子主張應持守陰陽沖合之氣，也就是歸本於道。

關乎人之生命，老子亦言「心使氣曰強」（〈五十五章〉），此乃出自心知（感情、欲望、思考）與官能（視、聽、言、味、觸）之造作，心知官能作用形成感官理性之知，由分辨而生取捨，由取捨而有欲求，由欲求而得驅使，

〔註93〕 參閱傅佩榮於《儒道天論發微》，頁247與〈莊子人觀的基本結構〉，《哲學與文化》（台北市，15卷1期，1988年1月），註18：將莊學定義爲「氣化一元論」，意指莊子與老子相同，皆有「一」之思想。鄭世根：《莊子氣化論》，頁51亦指出「莊子以『氣』來完成『一』這個思想的呈現。到了莊子之後，『一』已經不僅僅是理念而已，並且是現實中的東西。老子所說的「天」、「地」、「神」、「谷」、「萬物」、「侯王」都得「一」以「清」、「靈」、「盈」、「生」，而這種「清」、「靈」、「盈」、「生」的現實上的條件就可以在於莊子的『氣』中找尋」。
〔註94〕 語出河上公：《老子道德經》，頁4。
〔註95〕 語出《春秋左傳詁》冊二卷十六，台灣中華書局四部備要經部，頁7。

此現象實為導致混亂之主因。所以，老子認為有為造作之練氣養生者，在「道」的化生常則中，是會流於「物壯則老，是謂不道」（〈五十五章〉）之結果的，所謂「不道」的必然「早已」；故而，刻意練氣或有為養生，不僅違反「道」的柔和之理，亦是走向強勢極端的不智作法。

若謂何為老子的養生之道，王弼對「道」之詮釋：「一，人之真也」〔註96〕可為註解；「道」之為生命之真，回歸「道」之真，處事自然無為，身心即能處於純樸圓融的和諧狀態，不必刻意為養生而養生，方為真正的養生之道。

（四）老子工夫論之「氣」意涵

老子以心知之迷執與情識之負累為人心向道之最大禍患，故而強調「專氣致柔，能嬰兒乎」（〈十章〉）之對治之道。所謂「專氣」，是氣之和諧圓融的狀態，只有層層剝離智巧物欲，以靜持守一如嬰兒般自然無欲之情狀，方能維持精神形軀之柔和順適。而為持守「專氣」，老子云：「治人事天，莫若嗇。夫唯嗇，是謂早服；早服謂之重積德」（〈五十九章〉）。所謂「嗇」，韓非釋曰：「聖人之用神也靜，靜則少費，少費之謂嗇」；〔註97〕「嗇」是不妄用精神，不染住物欲，以求真性常明之意。此因人雖稟於精氣而生，但氣成人身後已有限定，若人任意耗費於外物之追求上，所得愈多，耗損就會愈大，是以，唯有愛惜精氣，使保持自然純樸之原初狀態，方是著重工夫修養的養生之道。

此外，老子亦強調藉由「致虛極，守靜篤」（〈十六章〉）之修養工夫，使人之「氣」如同嬰兒般回歸柔和純樸的狀態，能夠如此，人之「氣」方與道相通，而能達到氣質清明，道體朗現之人生至高之境。

綜上論述，可知老子「氣」概念思維所蘊涵之義理；「道」之為宇宙萬物，實乃一氣之流行，「道」雖恍惚卻包含「理」（「象」）與「氣」（「物」），此時，「道」之「理」與「氣」同時而為變化生成之理則與材質，所以，無論是宇宙或萬物皆是由「氣」構成，且宇宙萬物一切的運動變化都是「氣」的作用，「氣」是運動變化的依據。人與萬物皆是「氣」所化生，而人之所以為萬物之靈，乃貴在人多「氣」之精，精氣除形成人之身體，更造就人的性靈，因而能與「道」相互感通，知道體道，明道修道，且與萬物一氣相通。是以，就體而言，「氣」是「道」的內涵，就用而言，「氣」是「道」的流行。

〔註96〕語出王弼：《老子註》，頁20。
〔註97〕語出《韓非子解老》卷六，台灣中華書局四部備要子部，頁5。

　　老子謂「道」是最高的形上原理，〈一章〉言：「道可道，非常道」，雖然「道」是不落言詮，然其生成宇宙萬物，乃如〈二十一章〉言：「道之爲物，惟恍惟惚。惚兮恍兮，其中有象；恍兮惚兮，其中有物」；道是在不知不覺、自然而然之恍惚中成就象和物的。老子以此不確切的方式來說明宇宙萬物的生成，故而，莊子乃進一步地以「氣」概念來詮釋「道」之爲物的形上根據。

　　省思老子以自本自根、自生自成之「道」，作爲宇宙之本體、天地之本原與萬物之本根，也作爲宇宙萬物發展變化的規範理則；此以「道」統攝一切之思想，的確是哲學史上的一大獨創。而此思想之影響亦開啓了管子以「氣」名「道」的思想路數，〔註98〕只是，無論是「精氣」說（單一物質觀），或氣分陰陽說，皆非先秦氣論之完成型態，〔註99〕必須結合此兩種說法，方能展現全幅氣論之深刻義蘊。其次，老子是提出「玄」概念的第一人，所謂「玄」是統攝「有」、「無」的根源〔註100〕、描述「道」的樣態〔註101〕與常用的否定辭之一，〔註102〕然而，老子之「玄」，玄之又玄，畢竟仍帶有些許的神秘色彩。繼之而起的莊子，雖受老子影響，文本之中亦常出現與其它字詞複合使用之「玄同」〔註103〕（〈胠篋〉）、「玄德」〔註104〕（〈天地〉）、「玄天」（〈在宥〉）、「玄冥」（〈大宗師〉、〈秋水〉），然而，莊子眞正的用心是欲自老子所揭示的自然之義中，闡明「氣」概念的深度意涵。總之，「氣」與「陰陽」之概念，並非老學最終的目的與根源，但仍於老子思想中，佔有一席之地。

〔註98〕關於管子部份，參閱第六章第二節。
〔註99〕李志林先生於言及老莊氣論之特質時曾說道：忽略氣分陰陽思想而主張精氣說，是陷入形而上之迷思，標榜氣分陰陽思想而企圖於陰陽之上或之外去構築精神本體，是流於唯心之思維，眞正較爲更高的氣論型態是陰陽二氣離合說。只是，李先生仍以唯心與唯物作爲陰陽二氣離合說之分判；唯心論之陰陽二氣離合說，以老莊爲基準，唯物論之陰陽二氣離合說，則以荀子與《黃帝·內經》爲代表。參閱李志林：《氣論與傳統思維方式》，頁37～47。
〔註100〕參閱〈一章〉言：「無，名天地之始：有，名萬物之母。故常無，欲以觀其妙：常有，欲以觀其徼。此兩者，同出而異名，同謂之玄。玄之又玄，眾妙之門」。
〔註101〕如「玄同」、「玄通」、「玄德」、「玄牝」。
〔註102〕類比「無」、「不」、「非」、「絕」「希」等。參閱鄔昆如：〈否定詞在道德經中所扮演的角色〉，《哲學與文化》（台北市，8卷10期，1981年10月）
〔註103〕「玄同」觀念已出現在《老子》第五十六章。
〔註104〕「玄德」觀念已出現在《老子》第十、五十一、六十五章。

第三節　莊子論「道」「德」「心」「氣」

　　莊子之立言，郭象稱「其言宏綽」，〔註105〕陸德明更讚美爲「辭趣華深」，〔註106〕顯見其筆法，豪邁曠達而不拘繩墨，變化莫測而又莫可窮究。但是，於其天馬行空之文章表象下，仍爲後人開出三條探索的途徑，即是寓言、重言、卮言三種不同的交叉表現方式；而此或爲身處沉濁迷亂之戰國亂世，爲求化導之功，莊子所不得不用之表達方式。本書乃欲藉由寓言、重言、卮言之三項論式，掌握莊子學說思想的主軸旨趣，成爲開啓莊子氣論的鑰匙捷徑。以下即透過莊子對於「道」、「德」、「心」、「氣」之解析，展現老莊之同異，彰顯莊子「氣」概念之深度意涵。

一、莊子之「道」

　　道家思想所謂「道」，〔註107〕是作爲生成宇宙萬物的形上原理。老子以

〔註105〕引自郭慶藩：《莊子集釋》郭象〈莊子序〉，頁27。
〔註106〕引自郭慶藩：《莊子集釋》陸德明〈經典釋文序錄〉，頁28。
〔註107〕「道」依名詞意義，作道路、通道解：就動詞意義，有先導或引導之意：若再加以引申，則蘊含原理、原則意義。而老子對於「道」之解讀爲萬物根本時，是以「無」形容之。一般而言，「無」爲「有」之相對，西哲史中的「有」指的是「存有」，「無」則是「虛無」。「存有」乃最普遍抽象的概念，無論是有限的無限的，潛在的實現的，只要「是」些什麼，都在其指涉或涵蓋的範圍之內：「虛無」則意謂對「存有」的否定，沒有積極的內容，僅具消極的意義：亦因「存有」與「虛無」彼此間之關係是矛盾的，所以無法並存。但在老子思域，「道」是萬物本根，萬物由「道」而成，因「道」的原初狀態是「無狀之狀，無物之象」（〈十四章〉），且「道」本身內在一切而又超越一切，包羅萬物又不受任何限制，無法以感官知覺認知與言語文字形容，故以「無」來描述，此和西方之最抽象最普遍，無論有限無限、變與不變都在其涵攝下之「存有自身」，有著異曲同工之妙。不過，此「無」並非「虛無」，而是包含萬有，無法以言語來界定，甚至不受任何限制之眞實「存有」（假定「道」是「虛無」，就成了矛盾，因爲「虛無」是「存有」的否定，而矛盾的雙方是不能同時並存的）。其次，「有」在老子思想中亦有其獨特地位，「有」非西方形上學中指涉一切、涵蓋一切之「存有自身」，老子以「有」爲道，關涉萬物存在的生成作用，非侷限於某一具體個物，因而，「有」亦是最原始、最素樸之「存有」概念，沒有任何一物不在「有」的情況下，而能存在或具顯，所以，老子云：「天下萬物生於有」（〈四十章〉：萬物的成立須以「有」爲基礎）。依此可知，老子之「有」與「無」皆是形上概念，「有」落實在現象界，「無」則是超越的、不受規範的「道」自身，類似於西方的「存有自身」。並且，老子之「有」關涉現象世界的存在，比較容易理解：而「有」「無」是老子「道」之不同層面之描述，「無」爲體（「無」是道體的描述），「有」爲用（「有」是道用的統稱）。

「道生一，一生二，二生三，三生萬物。萬物負陰而抱陽，沖氣以爲和」（〈四十二章〉），說明宇宙生成的歷程。老子之「道」，超越於萬物之上，又內在於萬物之中，既超越又內在之「道」是萬物之宗，生成萬物。莊子承繼老子觀點，亦以「道」爲宇宙萬物生成的根源。莊子之「道」，〈齊物論〉曰：「孰知不言之辯，不道之道？若有能知，此之謂天府。注焉而不滿，酌焉而不竭，而不知其所由來，此之謂葆光」，「道」不可名，也不當名（約定俗成之名，原是用以指實的），由於「道」無形，只是強名，若欲把握「道」之實，就不能僅靠名言，唯有透過修養工夫，去除物欲，內心虛明，原藏於人心之「道」即會呈顯，此時，人心即道心，「天府」即「靈府」（〈德充符〉）。

　　並且，依「道」是宇宙萬物之根本的理解，〈天地〉云：「夫道，淵乎其居也，漻乎其清也。金石不得，無以鳴。故金石有聲，不考不鳴。萬物孰能定之」，言淵乎其居，漻乎其清，乃謂「道」即虛靜之自身，且得道有聲之金石卻仍不能自鳴，而需考之。〔註108〕可見莊學一方面描述「道」爲淵、漻的虛靜自身，一方面又藉得道之金石，即有可鳴之能力，而論證「道」爲眞實存在的原因。所以，若將得「道」之金石視爲本體，金石之可鳴爲表象，考之的動作爲外緣因素，那麼，金石爲本，鳴爲跡，但是，如果沒有考的外緣動作，本與跡皆無法展現。然而，再往上翻越一層地思考，萬物之一的金石又是何以如此的，答案是「道」使之然的。就孰（「道」）能定其（金石）如此的觀點來看，「道」是本，金石是跡，且「道」亦須藉由外緣因素而感之，方能展現其有本有跡者。依此可知，莊子欲藉金石爲例，說明「道」爲何物；「道」不僅是虛靜之自身，更可於任何物感之之時，展現其跡，而使吾人通過其跡，感知「道」爲根本，一如金石之不僅具有聲之本質，更可在任何物考之之時，展現其跡（鳴），而使吾人通過其跡，認知金石爲本。是以，宣穎認爲莊子之言「金石不得，無以鳴。故金石有聲，不考不鳴」四句，其實說的就是「感處是道」。以下即藉「感處是道」作爲立論的基調，將不可言說、不可見聞之「道」，依「道」的特質、「道」的作用、「道」的能動特性、「道」與物的關係、「道」的神妙變化等逐一鋪排論

〔註108〕對於「鳴」是出自金石呢？或是考金石之物呢？抑或是考的動作呢？宣穎與陸西星都提出了相似的疑問。宣穎著《南華經解》，頁 236：「以爲鳴不在金石耶？則聲明明在金石也。有聲耶？則金石何以不自鳴也。此物所不能測也，以爲金石。可見無非道也。四句言：感處是道」。焦竑著《莊子翼》引陸西星南華副墨，頁 342：「言鳴者是道邪？考者是道邪？孰能定之？以爲定在金石，不考何以不鳴？定在考者，他聲當同金石。定在虛空，考之何以無聲」。

述，解析莊子之「道」，並與「氣」概念作一比較。

（一）「道」具有無所不容的特質

莊子雖曾明確指出「道」不可學，不可聞，不可得而有，但《莊子》書中仍有多處直接或間接呈現「道」之爲物的描述。譬如：以「至道」來詮釋「道」之最高價值；以「無」指稱「道」，意表「道」乃非有，不可具象化；以「一」代稱「道」，「通於一而萬事畢」則指「道」爲全。《莊子》一書較能彰顯「道」之要義的記載，見於〈大宗師〉：

> 夫道，有情有信，無爲無形；可傳而不可受，可得而不可見；自本自
> 根，未有天地，自古以固存；神鬼神帝，生天生地；在太極之先而不
> 爲高，在六極之下而不爲深，先天地生而不爲久，長於上古而不爲老。

「情」、「信」皆取「實」義，〔註109〕表述「道」是眞實存在的形上本體。「自本自根」言「道」爲自己即是自己本根的自存者，而且，「道」不僅在發生歷程上爲本爲先（未有天地即已固存），即在時空之外亦爲獨存恆存（在太極之先、六極之下、先天地生、長於上古）；此由自存、固存、獨存、恆存之義而言，「道」乃形上實體。〔註110〕不過，此具先驗義的形上實存，並非僅是寂寂然地自存、獨存，而是更具有無限的活力，可使鬼帝爲之神，可使天地爲之生，此使之神、爲之生的活潑創造力，固然可傳之於鬼、帝、天、地，且鬼、帝、天、地亦可得之。但是，鬼、帝、天、地卻無法感知或見聞之（不可受、不可見），這是因爲「道」是有情有信的實存，而有所神有所生，故可傳，且其所傳即爲鬼、帝、天、地所得者，又因「道」是自存、固存、獨存、恆存的形上實體，故不僅不見其形體形象，且「道」之傳、神、生等作爲，亦是無法感知與見聞的。而「道」除了具有自存、固存、獨存、恆存之義，尚有遍在之特性，〈知北遊〉云：

〔註109〕「情」一解爲實，一釋爲精，而王叔岷：《莊子校詮》，頁231：「奚侗云：『情借爲精，《老子》：其精甚眞，其中有信。』案此文與老子云云有關，但老子言精，莊子言情，取義蓋有別，情不必借爲精。精者氣之微（《管子·內業》：「精也者，氣之精者也。」）情猶實也」。而「信」之意，〈秋水〉：「河伯曰：是信情乎」；成玄英：《南華眞經注疏》云：「信，實也」。

〔註110〕「道」乃先天地生，天地即經驗世界；言「道」既是先天地生，即謂「道」是先於經驗世界的。參閱勞思光：《中國哲學史》，頁161：「所謂『先』指超越義之在前，非時間序列中之『先』」。故謂「先驗主體」是取其先於經驗，超越於經驗世界之意。

> 東郭子問於莊子曰：「所謂道，惡乎在？」莊子曰：「無所不在。」
> 「在螻蟻……在稊稗……在瓦甓……在屎溺。……正獲之問於監市
> 履狶也，每下愈況。……至道若是，大言亦然。周徧咸三者，異名
> 同實，其指一也。」

此直言「道」之無所不在，且藉買豬之人欲知豬之肥瘦，便要往最沒有肉的
股腳去踩的例子，說明一般人認爲是卑下的（如屎溺），其實「道」就在其中；
並且，強調至道與大言皆是如此地周（周全）、徧（普遍）、咸（完整）。除此
而外，〈天道〉對「道」的描述是：

> 夫道，於大不終，於小不遺，故萬物備。廣廣乎其無不容也，淵乎
> 其不可測也。

「道」是極其廣大的，且其廣大是沒有盡頭的（不終），可以使任何再細小的
東西，毫無遺漏地包容在其中，所以可說是萬物齊備。可知「道」之大，是
沒有什麼容納不下的，〔註111〕無所不容之「道」，具有最大空間的能容性，如
同「氣」之虛而待物的特質，不過，卻使「道」有雜而不純之可能。〔註112〕
因此，如何使不欲雜之「道」，恢復純而不雜的無爲本質，〈天道〉云：

> 虛靜恬淡，寂漠無爲者，天地之平，而道德之至。故帝王聖人休焉，
> 休則虛，虛則實，實則有倫矣。虛則靜，靜則動，動則得矣。

「道」之「虛靜恬淡，寂漠無爲」，是沒有邪氣憂患入襲的狀態，這樣平易恬淡
的狀態，可獲致天地的平和與道德的高尚。因而，聖人若能息心於其中，〔註113〕
知巧果敢就不致發用，心就能夠虛廓而爲「道」所集之「心齋」，而心有「道」
集，就如同充實一般。所以，爲道者在損其心中雜擾後，即能使其心虛靜恬淡，

〔註111〕此即〈天地〉：「夫道，覆載萬物者也」之意。

〔註112〕〈人間世〉：「道不欲雜，雜則多，多則擾，擾則憂，憂則不救」，即直接指出
　　　　「道」會受到雜的干擾。〈知北遊〉：「爲道者日損，損之又損之，以至於無爲，
　　　　無爲而無不爲也」，此是間接地說明「道」會爲雜所入，故爲道者必須損之又
　　　　損之，以至於所有雜物都被篩盡了，方能達到無爲的境地，亦唯有虛無純淨
　　　　之無爲，才能產生無不爲的作用；因而，可謂爲道之爲，是欲以「虛靜恬淡，
　　　　寂漠無爲」（〈天道〉）來作「損」的具體內容，而以「至於無爲」最爲爲的
　　　　目標。由於，「道」會受直接或間接之雜擾，所以，亦可能產生成、虧問題：
　　　　〈齊物〉：「道之所以虧，愛之所以成。……有成與虧，故昭氏之鼓琴也；無
　　　　成與虧，故昭氏之不鼓琴也」，是說「道」是成是虧，完全取決於有爲或無爲，
　　　　因爲，一鼓琴，難免會「鼓商則喪角，揮宮則失徵」（成玄英疏），不鼓琴，
　　　　則五音自全；同理，無爲則道成，爲之則道虧。

〔註113〕宣穎曰：「休焉，息心於此」。

寂漠而無所作爲了，待損之又損，就臻於天地之平，而道德之至的境地，也就是無爲的境地，並且，就在無爲之虛廓純境中，產生實、有倫、動與得之無不爲的果效。

莊子明言爲道之人，須以虛靜寂漠損棄雜擾，達到無爲境界，此如「一志」（〈人間世〉）之人，可使邪雜之氣不入其心。故而，「道」同「氣」般，會因無所不容的特性而導致雜擾，「道」亦如「氣」般，須通過日損的工夫，恢復其無爲的本質；所謂無爲則道成，爲之則道虧。既然，莊子之「道」是自存、固存、獨存、恆存之先驗主體（〈大宗師〉），顯見無爲之爲的對象，必非「道」；且欲通過虛靜恬淡工夫，方能恢復純淨無雜之「氣」，作此虛靜恬淡工夫之主體，亦非「氣」，而此非「道」亦非「氣」者，應該就是道的作用吧。依此而言，「道」與「氣」乃非一，不過，就作爲形上本體、究極原理、與最高價值之「道」，以其既可容物，又可能因此而雜的觀點來看，「道」與「氣」同樣會有受雜擾的問題。

此外，論及「道」之特性，〈大宗師〉亦曾明言：「在太極之先而不爲高」；莊子進而以渾然未分之「一氣」來對比「太極」，〔註114〕並確指「氣」由「道」

〔註114〕關於「太極」，是〈易傳〉形上領域中，與「道」並列同位哲學的概念。〈繫辭上傳〉第十一章言：「易有太極，是生兩儀，兩儀生四象，四象生八卦，八卦定吉凶，吉凶生大業」；對「太極」一詞，孔穎達疏云：「太極謂天地未分之前，元氣混而爲一，即是太初，太一也，故老子云道生一，即此太極是也。又謂混元既分，既有天地，故曰太極生兩儀，即老子云一生二也」（語出《周易正義》卷七，台灣中華書局四部備要經部，頁 17）。孔氏顯然是自道家氣論思想的角度來定位「太極」，以「太極」爲混然未分之氣，並等同於老子「道生一」（〈四十二章〉）之「一」：若自《易經》爲儒道兩家思想之共同始源的向度而言，此對比似有其合理性，但因〈易傳〉並未明說「道」與「太極」之先後關係，因而，不少後世學者以爲老子之《道德經》已開始嘗試此釐清的工作，進一步將復歸於「道」的工夫稱爲「復歸於無極」（〈二十八章〉），以與「太極」作一區隔。不過，也有許多學者視「道」與「太極」爲同義詞；如朱熹曰：「原極之所以得名，蓋取樞極之義，聖人謂之太極者，所以指夫天地萬物之根也」（語出《朱子大全》文集卷四十五，台灣中華書局四部備要子部，頁 11），出自萬有本根的層面來解釋「太極」。然回歸〈易傳〉「太極」本質與依照哲學思想應由簡易至周全的發展理序來看：首先「易有太極，是生兩儀」之文句本身，「易」指變化最高原理「道」而言；「有」意謂「太極」乃「易道」所具有的屬性；因而，不宜釋爲「道」生「太極」，或「太極」爲「氣」，由「道所生。此外，筆者亦以自氣論層面詮釋「太極」涵義，是道家向度而非春秋儒家的思維特質：因孔子「五十以學易」（〈述而〉）之前，「氣」在孔子思想中僅是初具哲學性的概念而已，直至作繫辭傳時期，雖然乾坤陰

所生，可知「道」與「氣」有形上形下之先後關係。

總之，依莊子所言「道」之特性，可歸納出以下五項：

1. 「道」雖「無爲無形」，卻是眞實可信驗的
2. 「道」雖「不可受、不可見」，卻是可傳可得的
3. 「道」之「自本自根，未有天地，自古以固存」，表示「道」是自己的根本，先天地而生，在未有天地之前，就已存在
4. 「道」之「神鬼神帝，生天生地」，說明「道」是萬物的根本，生成萬物的形上原理
5. 「道」之「在太極之先而不爲高，在六極之下而不爲深，先天地生而不爲久，長於上古而不爲老」，論述「道」是超越時空，不受時間（「不爲久、不爲老」）與空間（「不爲高、不爲深」）所拘限

據此「道」之特性可知，宇宙萬物之生成變化實乃依待自本自根之「道」；〔註115〕莊子「惛然若亡而存，油然不形而神，萬物畜而不知，此之謂本根」（〈知北遊〉）之「道」，在沒有天地之先就永遠地存在著，且化成天地萬物，然本身卻不受時空範疇之約束與羈絆，甚且，「道」是無因之因，不受任何制限，所以是萬事萬物之起源與根本。因此，莊子之「道」是既內在又超越的，「道」超越於萬物之上，又內在於萬物之中；就形而上的超越根據而言，謂

陽已有「氣」之屬性，但尚未明指爲「氣」，充其量亦僅具氣論思想之雛形。依此，所謂「太極」是爲顯出「道」之極全、超越、本根之特性，而被用作「道」的假借詞（參閱元代吳澄之說法：收錄於黃宗羲：《增補宋元學案》冊二卷十二，台灣中華書局四部備要子部，頁10）；於此層面下，「太極」其實就是「道」的同義詞。至於，〈易傳〉爲何於「道」之外另立「太極」之名，或許是爲進一步對「生生之謂易」（〈繫辭上傳〉第五章）所作之闡釋：「生生」意謂生之又生，是說宇宙萬物由變化而產生，並且在不斷地變化運動之中；既言「生生」，必有生之所源起而爲一切存有物之本根，既謂「變化」，亦必有本身不便而爲一切變化所依循之最高原理；幾經探本溯源推理至極之上達工夫，終於發現統會天地、涵攝萬理、至極至高、至尊至貴之根源，無以名之，強之曰「道」，又因「道」之名過於抽象，故而名之曰「太極」。而變化始源之終極之「道」，其化生宇宙萬物是藉陰陽兩儀之變化的德能，於交互作用時所呈顯出「道」的大化流行之功（四象與八卦不過是陰陽所能成就之最基本的實現）。可見「太極」所顯發的大化流行，與宇宙萬物的變化生生，一就體的層面言，一就用的層面論，體用原是一；而「易道」亦因此具備雙重性格，既爲萬物變化所依循之律則，又爲生生之本根、宇宙之始源、一切變化的最高總原理。

〔註115〕參閱宣穎：《南華經解》，頁151：「道爲事物根本，更無有爲道之根本者，自本自根耳。未有天地先有道，所以自本自根」。

之「道」或「無」，就超越之道的內在化而言，則稱之為「德」〔註116〕或「有」。故而，「道」為萬物生成的形上原理，「德」或「有」則為「道」之下貫，乃各個分殊萬物的存在原理。依此，「道」生成萬物，是以「德」之內在的方式，以畜養萬物，成全萬物的。

「道」為生成宇宙萬物之形上原理，而宇宙萬物之「生」乃是「道」之本體的彰顯，宇宙萬物之「成」則是「道」之大化與流行。然則，抽象之「道」如何生成具體之宇宙萬物，莊子訴諸「氣」以為宇宙萬物之生成變化的說明，並視「氣」為萬物共同的材質。「氣」本身雖亦為無形之存在，卻能將「道」落實至現象界中，因而，唐君毅先生認為「氣」乃「流行的存在」或「存在的流行」，是一「具有客觀意義的形而上的存在」。〔註117〕亦因「氣」之不受限定，故能流行不息，遍運於萬物，而為萬物成就之共同材質，並自具體之物及其變化之中，體認「氣」之實存不虛與變動不居。〔註118〕莊學之宇宙生成理論以「氣」概念為其立論依據，此「氣」概念雖來自自然之氣（如煙氣），但當「氣」而為宇宙萬物生成變化之依據，「氣」概念即已脫離形下層面而進入形上領域；或可謂是，莊子之宇宙生成論與其形上思想是息息相關的，形上思想是為宇宙生成論之基礎，而宇宙生成論是為其形上思想之延續。

（二）「道」具有無為而無不為的作用

「道」為有情有信的實存本體，亦為「在太極之先而不為高，在六極之下而不為深，先天地生而不為久，長於上古而不為老」的先驗主體，更具有無所不在的遍在特性。雖然，「道」是不可言說的道體，〔註119〕但是，如此道體畢竟有所神、有所生、有所傳、有所在，因而，即使道體本身無法感知、見聞，是亦可自其神、生、傳、在之對象——鬼、帝、天、地，尋找對於「道」較為具體之理解。〈大宗師〉女偊自述其聞道過程，亦是採取逆溯方式；對

〔註116〕參閱王邦雄師：《老子的哲學》，頁81曰：「道與德之別，就在一超越，一內在之分」。

〔註117〕參閱唐君毅：《中國哲學原論》〈原性篇〉，頁118。

〔註118〕萬物化成乃由不存在到存在的變化，所謂不存在，亦僅是有形之物的形與質不存在，但同為萬物之共同根基之「氣」，卻是實存的；因若「氣」不存在，萬物之生成發展的變化也就無由產生了。

〔註119〕楊儒賓：〈先秦道家『道』的觀念的發展〉，《台大文史叢刊》（台北市，第七十七期，1987），頁9曰：「道家一再告訴我們：道只能親受，不可言傳，並不只是說對於道的描述不能取代對於道的體驗，而是更進一步否定了描述的可能性」。

於「道」之神、生、傳、在等現象，牟宗三先生亦言：無不為是作用，無為是本。可見，「道」雖是無為無形，但其作用卻是無不為的，而神、生、傳、在等作為，即可視為「道」之妙用。因而，「道」實具有先在性、創生性、遍在性與神妙變化等特性。至於，「道」的作用，莊學之描述見於〈知北遊〉：

　　夫道，窅然難言哉！將為汝言其崖略。夫昭昭生於冥冥，有倫生於
　　無形，精神生於道，形本生於精，而萬物以形相生。……天不得不
　　高，地不得不廣，日月不得不行，萬物不得不昌，此其道與！

「昭昭」是指昭明顯著之物，也就是「有倫」；「冥冥」意謂窅冥昏默之「道」，也就是「無形」。然而，冥冥無形之「道」，如何產生昭昭有倫之物呢，此因「道」生出了妙用無窮之「精」〔註120〕（「精」是「道」的作用，「神」是狀繪此作用的神妙），而此如神般妙用無窮之「精」生形本，〔註121〕萬物復各以己形相生。若是將精生形本之意，對照〈秋水〉：「自以比形於天地，受氣於陰陽」、〈大宗師〉：「陰陽於人，不翅於父母」、〈田子方〉：「兩者（陰陽）交通成和而物生焉」與〈知北遊〉：「人之生，氣之聚也」；可知「精」應是「陰陽之氣」，且「精純」為陰陽之氣的重要性質之一，而以性質代稱本體，是習見之例。〔註122〕然則，〈知北遊〉的另一段論述：「舜問乎丞曰：『道可得而有乎？』曰：『汝身非汝有也，汝何得有夫道！』舜曰：『吾身非吾有也，孰有之哉？』曰：『是天地之委形也；生非汝有，是天地之委和也；性命非汝有，是天地之委順也；孫子非汝有，是天地之委蛻也。……天地之強陽氣也，又胡可得而有邪』，所謂生乃天地暫時賦予的和（得到平和平衡的陰陽之氣），

〔註120〕此妙用無窮之「精」的表達，參考自徐復觀先生對〈秋水〉：「夫精者，小之微也。……可以意致者，物之精也」之解釋；《中國人性論史》，頁387曰：「精是說明道雖無聲無臭，而實為一可想像得到的（意致）一種存在。此一『精』的存在，就其妙用無窮的作用而言，則謂之神」。此外，徐先生亦進一步說明，《中國人性論史》，頁388曰：「精與道本是一個東西，但分解的說，精含有質地的意思在裡面。……天下篇說：『以本為精，以物為粗。』所謂『本』是指道要形成物，而尚未形成物的階段而言。其內容即同於『一』。」此「一」即指「道」的作用。

〔註121〕所謂形本，依宣穎：《南華經解》，頁39曰：「形本，質幹。道生精神，精神生形，而物乃以形相生也」。成玄英：《南華真經注疏》，頁888亦曰：「昭明顯著之物，生於窅冥之中，人倫有為之事，生於無形之內，精神智識之心，生於重玄之道，有形質氣之類，根本生於精微。……有形之物，則以形質氣類而相生也」。

〔註122〕如〈在宥〉：「以處其和」，即是以「和」代稱陰陽和合之氣。

性命乃天地暫時賦予的順（得到陰陽之氣所載以流行的儀則條理），合而言之，即直接說明萬物之形身，是由天地所委，形本生於精之意。而子孫亦只是天地以該物之形，有如蟬蛻其殼下之形罷了。〔註123〕因此，「道」不可得而有，故委身之形，亦不過是由天地之「強陽氣」所委而已，且此「強陽氣」，亦非可得而有，只是暫時被委寄，終究還是會再散去。

故而，「道」化生天地，天地委物以形，且其委物以形是透過「強陽氣」達成的；如此，形本生於精之「精」與天地以強陽氣委吾人之形的「強陽氣」，應是相同的。只是，「精神」一詞似較傾向於「氣」之「精純」特質，「強陽氣」則偏重於「氣」之「聚散」能動之傾向，而委「和」即就「氣」之「和合」特質而為言。所以，無論指向「道」之何種特質，其基本前提即是：「道」生天地之氣，而「氣」生萬物。〔註124〕並且，把握住「道」先驗性、創生性、遍在性與神妙變化性的根本特質，透過對「道」之作用的理解，只有更加凸顯「道」與「氣」密不可分之關係。

（三）「道」具有能動特性

〈人間世〉之「唯道集虛」之「集」，乃對於「道」動態性的描述，其次，〈知北遊〉云：「其來無跡、其往無崖，無門無房，四達之皇皇也」，即是說明「道」之來往的運動現象（因其來往皆是無跡無崖，此亦顯明「道」的運動是沒有時間上的起迄點或段落性）。王叔岷解「無門無房」為通達無礙之意，〔註125〕正說明了「道」的運動是不會因為任何阻礙而受限的（設門窗，有房間，是意謂空間上的區隔，而無門無房則是無所窒礙）。而「四達之皇皇」〔註126〕乃是指稱「道」往任何方向皆是暢通無阻的。〔註127〕「道」既是全方位各面向運動，環繞於物體之外圍，且不受限任何阻礙而能深入物體之內，因此，「道」不但具有能動之特性，而且，不因時間而間斷，不因

〔註123〕「孫子非汝有，是天地之委蛻也」，言子孫只是天地有如蟬蛻其殼下之形；此與「萬物以形相生」互為表裡。「萬物以形相生」是就相生之表象言之，而「孫子非汝有，是天地之委蛻也」言及相生之實質，仍為天地之強陽氣的作為。

〔註124〕莊子言「氣」生萬物之例，見〈知北遊〉：「人之生，氣之聚也」；〈至樂〉：「氣變而有形」；〈大宗師〉：「陰陽於人，不翅父母」。

〔註125〕語出王叔岷：《莊子校詮》，頁820

〔註126〕語出〈知北遊〉：「夫昭昭生於冥冥，有倫生於無形，精神生於道，形本生於精，而萬物以形相生。故九竅者胎生，八竅者卵生。其來無跡，其往無崖，無門無房，四達之皇皇也」。

〔註127〕宣穎：《南華經解》，頁390解「皇皇」為「大通溥博」。

空間而分割，也不爲任何物所阻隔。同時，就「淵淵乎其若海，魏魏乎其終則復始也」（〈知北遊〉）之「終則復始」而言，莊學所強調的正是「道」之始終流行不已之意涵。再者，〈山木〉云：「材與不材之間，似之而非也，故未免乎累。若夫乘道德而浮遊則不然，無譽無訾，一龍一蛇，與時俱化，而無肯專爲。一上一下，以和爲量，浮遊乎萬物之祖。物物而不物於物，則胡可得而累邪」，所謂「萬物之祖」即是「道」，「浮遊乎萬物之祖」即是浮遊於「道」中；而「乘道德而浮遊」，乃言既以「道」爲所乘者，又以「道」爲浮遊處之意，而頗有以駕馭「道」又被「道」所籠罩之意。故而，爲「免乎累」，即須置身〔註128〕於「道」中，唯有如此，方能免除世俗的毀譽（「無譽無訾」），並且，追隨著「道」，如龍蛇般地屈伸蜿蜒，與歲月並逝遷化，了無專斷扞格之行（「無肯專爲」），而在隨「道」上下之間，只以和爲度不偏執於一端，就這麼置身於「道」中，萬物皆爲我所物，因此，既能與「道」同遊，自能不累於物，且能物物了。

　　莊子此以乘「道」之人，因與「道」密切契合，故能隨「道」屈伸飛潛，被解讀爲「道」的運動現象。因而，將「道」描述而爲能屈伸蜿蜒飛潛如龍蛇，且乘此「道」即能上下屈伸飛潛地浮遊著，然而，究因「道」能上下屈伸飛潛而以龍蛇喻之，或是因喻「道」爲龍蛇才以龍蛇之上下屈伸飛潛來比附「道」的運動特性，抑或是某種被認爲是「道」者在遊動；關於這個問題，可參考〈大宗師〉的記載。孔子命子貢祭弔子桑戶，卻見子桑戶的二位好友，或編曲或鼓琴，相和而歌；子貢告之孔子，孔子自責地解釋道：「彼方且與造物者爲人，而遊乎天地之一氣」。〔註129〕於此亦可見出，造物者在「天地之一氣」中遊動。雖然，一般多認爲造物者是「道」，但對昏默無爲之「道」而言，無論是造物者或萬物之祖，其實都應是道之用；此因「道」的創生性應僅止於「生天生地」，而不及於萬物，所謂造物者或萬物之祖，皆是指稱道之用所展現爲「生生」作用的「陰陽之氣」。其實「遊乎天地之一氣」，就是「通天下一氣耳」〔註130〕（〈知

〔註128〕　參閱林西仲：《標注補義莊子因》，頁 382 曰：「乘，猶騎乘，所謂置身也。……譽訾，可否也。龍蛇，言其屈伸無定，隨時變化而不一也。上下，猶飛潛也。和，即和光同塵之和。萬物之祖，所謂眾父父，物之所生也。我得遊心於物之祖，則物皆我所，而不見物於矣」。

〔註129〕　王叔岷：《莊子校詮》，頁 254：「人，偶也。爲人猶爲偶」。亦即是説彼等正與造物者爲偶，而遊於通貫全天下之純和--氣中。

〔註130〕　所謂「通」是指流徧，全也；「通天下一氣」即流徧於全天下之謂。因爲能不間斷，無所分割地流動，才是所謂「通」，上下四方地流動；所謂「一氣」，乃因

北遊〉）；而〈山木〉所謂「浮遊乎萬物之祖」，即是浮遊於生生的和合之「氣」中；而「乘道德」亦當是「道」的作用（陰陽之氣）被乘者引以為調攝己身之氣；〔註131〕上下屈伸飛潛，遊於一氣，都只是具有運動特性之道體的作用，也就是陰陽之氣的流動。是故，〈山木〉之「一龍一蛇」，自非「道」本身之譬喻，而是用以比喻「陰陽之氣」，至於，「一上一下」則是對於「氣」之運動狀態的描述；亦因此，〈大宗師〉之「遊乎天地之一氣」，也可理解為與「陰陽之氣」相互交通（遊）的狀態描述；並且因為「交通成和」將有「物生焉」，所以說，與造物者為偶。依此，能夠了然物之生死的關鍵，就是可以明瞭陰陽聚散的人了，當然也就能夠「安時處順」地「臨尸而歌」。

回歸〈知北遊〉言「通天下一氣耳」之義旨，流徧於全天下之「一氣」，固然有沖和為一而生物之時，亦有獨顯精純而透入他物的可能，正如「道」之運動是可流行於物之整體（〈知北遊〉：「四達之皇皇」）一樣；在這個現象上，「道」與「氣」並無二致。只是，「道」之流行於物之整體，乃因物必有所得於「道」之後，始能成物形、含物理，這是物理之必然。故而，「道」之具有運動特性，是因「唯道集虛」之「集」，是集於心齋，也是內在於物的一種型態；亦因「四達皇皇」之「道」普遍地內在於萬物，而以內在之物為其運動之內容。

（四）「道」與物之生天生地的關係

《莊子》書中直接言及「道」與物之關係的論述，見於二處。其一是莊子惠施論辯人是否有情時，〈德充符〉曰：「道與之貌，天與之形」，〔註132〕此是說明「道」給予形貌，自然就成其為人。雖然，給予的涵義不是很明確，至少明言人是有所得於「道」者。〔註133〕其二是〈天地〉云：「故形非道不生，生非德不明」，明白表示若無「道」，形即不生，不過，此僅意謂「道」是形之所以生的必要條件，卻未必可說是「道」生形。因而，若欲進一步瞭解「道」與物之關係，須另自「道」與「生」的關係著手。女偊為南伯子葵說明學「道」

「氣」雖有陰陽之分，然可沖和為平衡狀態，而以「一」的型態出現，故謂「一氣」。子桑戶之好友，可與造物者（陰陽之氣）為偶，並與之交通、交流（遊）。
〔註131〕此如〈天運〉所言：「（老聃）乘乎雲氣而養乎陰陽」之意。
〔註132〕成玄英：《南華真經注疏》，頁266：「天」乃自然之理，與「道」為互文：「形」其實就是「貌」。
〔註133〕林西仲：《標注補義莊子因》，頁142：「得道之用，而為視聽言動：受天之氣，而為五官百骸」。

進程與成效〔註134〕時，〈大宗師〉言及「道」之生生、殺生現象曰：「殺生者不死，生生者不生。其為物，無不將也，無不迎也；無不毀也，無不成也。其名為攖寧。攖寧也者，攖而後成者也」；此是說明「殺生者，生生者，道也。道生、殺萬物，而道不死不生」，〔註135〕然而，「其為物」並非「道」，而是「道」所展現在物上；「攖〔註136〕而後成」是指「氣」受到攖擾而動，因而，無不將迎，無不成毀地殺生、生生。只是，無不將迎，無不成毀地殺生、生生的現象，並非「道」體本身之將迎成毀，而是「道」之用所致。〔註137〕而此被女偊宣稱可以「攖而後成」的「道」之用究為何，也或者說，能夠生殺、將迎、成毀，且在攖擾後，使受攖擾者為之寧成的到底是什麼；檢視《莊子》書中相關陰陽之氣的論述，〈知北遊〉云：「人之生，氣之聚也。聚則為生，散則為死」、〈達生〉：「至人潛行不窒，蹈火不熱，行乎萬物之上而不慄。……是純氣之守也」、〈刻意〉：「邪氣不能襲，故德全而神不虧」；可知「氣」純則成，「氣」雜則毀。而〈田子方〉云：「（陰陽）兩者交通成和」，陰陽二氣交通、涌搖摩盪而成平和之氣，似亦符合「攖擾而後寧成」之意。所以，真正殺生、生生者，應為陰陽之氣，且陰陽之氣固然聚而生生，散而殺生，但其實是「合則成體，散則成始」（〈達生〉），故「氣」本身是「不死不生」的。因此推論，〈大宗師〉所謂「其

〔註134〕〈知北遊〉云：「道不可聞，聞非道也」，而女偊卻說：「吾聞道矣」：這是什麼緣故？或許，「道」固不可以心知，不可以耳聞，然可以「聽之以氣」；亦即，透過心齋一志的修養工夫，使「氣」虛柔純粹，「道」即入集於此「氣」中，而通過聽「氣」，就猶如聞「道」；且所聞者即〈天地〉言：「無聲之中，獨聞和焉」之「和」，「和」代表「道」的作用。而聞「道」的最後境界是見獨。劉武：《莊子集解內篇補正》曰：見獨，即見「道」也。

〔註135〕語出王叔岷：《莊子校詮》，頁239。

〔註136〕所謂「攖」，注家解釋不盡相同。成玄英：《南華真經注疏》：「攖，擾動也。寧，寂靜也」、劉武：《莊子集解內篇補正》：「攖毀而後寧成也」、郭嵩燾云：「孟子趙注：『攖，迫也』。」

〔註137〕〈大宗師〉此言，對照〈應帝王〉：「至人之用心若鏡，不將不迎，應而不藏，故能勝物而不傷」來看；雖謂不將不迎，因有應而不藏，所以，仍有所將迎，只是，以明鏡應物般的態度來將迎（物來將迎，物去明鏡依然如故，因不藏物）。故而，「不將不迎，應而不藏」的是得道至人的用心，並非至人之心；換句話說，至人以其為得到者，所以至人之心能夠保持「虛靜恬淡，寂漠無為」的「心齋」狀態，此亦是其心如鏡之故，而如此之心，在有所用時，亦只是任物之來去，不送不迎。因此，言心之用，才可以說「不將不迎，應而不藏，故能勝物而不傷」或「無不將也，無不迎也；無不毀也，無不成也。其名為攖寧」；若言心之體，則當是虛靜、寂漠、純淨、平易之屬。依此可知，殺生、生生者實是指稱「道」之用。

為物」之「物」，乃是「道」之用，而此「道」之用應為「陰陽之氣」。

其次，據〈大宗師〉曰：「陰陽於人，不翅於父母」與〈達生〉云：「天地者，萬物之父母也。合則成體，散則成始」；所謂「天地」、「陰陽」皆為「生」萬物者，並非萬物，一如「陰陽之氣」非即是「物」。所以，若謂「天地」合則成萬物之體，「天地」散則萬物之體又復歸於其始——原來的「天地」；然「天地」究是如何合與散。其實，應是「肅肅出乎天，赫赫發乎地」（〈田子方〉）的「陰陽之氣」在合與散著。依莊書，是「道」生「天地」，而後「天地」生萬物；且「天地」實是升騰於上、沉滯於下的「至陽至陰之氣」。並且，依「無為而無不為」的觀點，「道」乃無為，至於可傳與可得，皆是「無為」的妙用；可知「道」生「天地」之後，即由「天地」的「陰陽之氣」來展現妙用，生生萬物。只是，「道」與物的關係（「道」生「天地」）是說明萬物生成變化的作用，而「氣」與物的關係（「陰陽之氣」生萬物）則是使萬物生成變化的依據；是以，「道」與「氣」應是體與用之關係。不過，尚須釐清的是：「道」生「天地」的「陰陽之氣」之「生」，與「陰陽之氣」生物之「生」，應非同質同層之「生」。關乎道家「生」之涵義，學者見解不盡相同，茲將代表性的觀點分述如下：

1. 境界型態義的「不生之生」

牟宗三著《中國哲學十九講》，頁 106～107 言：「這是消極地表示生的作用，……王弼注曰『不禁其性，不塞其源』，如此它自己自然會生長。『不禁其性』禁是禁制，不順著它的本性，反而禁制歪曲戕賊它的本性，它就不能生長。『不塞其源』就是不要把它的源頭塞死，開源暢流，它自會流的。這是很大的無的工夫，能如此就等於生它了，事實上是它自己生，這就是不生之生」。

2. 形式義的「決定性支配力」

勞思光著《中國哲學史》，頁 164 言：「道雖不屬於經驗界，而實以一形式意義之決定力支配經驗界」。

3. 「生」是觀念中的設計

劉笑敢著《莊子哲學及其演變》，頁 110～113 言：「道是中國哲學特有的關於世界本根的設想，是超越物質世界的抽象的絕對思想觀念，是絕對化的觀念性實體。……道既不是對物質存在的概括，也不是對精神主宰的描摹，

道只是思維的構想，是被當作世界本根的抽象化的觀念」。劉先生視「道」爲觀念性實體，純粹是莊子思想系統中的根源，故「生」亦只是觀念中的設計。

4.「道」爲陰陽之氣生物的規範

李存山著《中國氣論探源與發微》，頁 126 言：「『氣母』（〈大宗師〉）就是『道』，這與《老子》『道生一』的思想相符。《則陽》篇亦云：天地者，形之大者也；陰陽者，氣之大者也；道者爲之公。這就是說，『道』比產生天地之形的陰陽之氣更爲根本。李先生以爲莊子的「道」比產生天地之形的陰陽之氣更爲根本，而視「道」爲陰陽之氣生物的規範。

5.「道」「生」物如「氣」「生」物

李志林著《氣論與傳統思維方式》，頁 37 言：「莊子在天道觀上主張『遊乎天地之一氣』……並提出『通天下一氣耳』的命題，以爲道即氣，這是泛神論的觀點」。李先生以爲莊子持泛神論的觀點，而以道即氣，因而，「道」「生」物，就猶如「氣」「生」物，亦即，「道」之「生」物，乃如化學元素合成物般。

以上五類對於「道」與物間「生」之意義的闡述，提供對於道家「生」之涵義的基本瞭解，只是，回歸莊子本意，〈大宗師〉曰：「夫道，……生天生地」，或許莊子並未意識爲其「生」字作特定解釋，不過莊子對此「生」義有一態度，那就是如牟宗三先生所言：「道家的道和萬物的關係，就在負責萬物的存在，籠統說也是創造。……莊子也說：『生天生地』。天地還要靠道來創生，何況萬物？……但要是再進一步了解，就知道創造這個名詞不很恰當」；〔註138〕天地的確須靠「道」來創生，然而，莊子並無「道」生物（形、貌）的說法，即使「形非道不生」，亦只是如牟先生所言「道」就在負責萬物的存在罷了。因此，「道」與「天地」之間存在著「創生」的關係，而「道」與「萬物」之間（如牟先生所言，不宜用創生、創造）乃存在著「生」的關係；並且，「天地」是「生」「萬物」者，不全等於萬物。

所謂生天生地，是言「道」之於物的關係；「道」之生天生地，實即「道」生至陰至陽之氣，而至陰至陽之氣之所以能夠展現「道」之作用，乃因「道」於生至陰至陽之氣時，即已內在於陰陽二氣之中，而展現出「道」的種種妙用。所以，若自「道」的立場而言，「道」是宇宙萬物的形上原理，萬物各有其不同之理，並總以成毀、終始、美醜、高下等相對面相爲其存在現象；而

〔註138〕語出牟宗三：《中國哲學十九講》，頁 105。

萬物之理皆在「道」的統攝之下，離「道」就無理，物若無理就無本質，若無本質就不存在。〈德充符〉曰：「自其同者視之，萬物皆一也」，若以「道」觀之，萬物之個別之理乃自「道」之理而來，所以，萬物之理是可相互融通的。亦且自萬物生成乃「道」之化生，萬物流變乃「道」之作用（陰陽之氣）的展現來看，〈秋水〉云：「萬物一齊，孰短孰長？道無終始，物有死生，不恃其成。一虛一滿，不位乎其形。年不可舉，時不可止。消息盈虛，終則有始。是所以語大義之方，論萬物之理也。物之生也，若驟若馳。無動而不變，無時而不移。何為乎，何不為乎？夫固將自化」；萬物依據「道」之理與自然之理則，生存於宇宙，受同一時空條件之限制，亦同樣依循「消息盈虛，終則有始」之軌跡，循環不息地運動變化。雖然，人有人之理，物有物之理，但萬物殊理並無貴賤高下之分別，統歸於「道」之理，且相輔相成、並行不悖；而人為萬物之一，自應依理順物而化，也就能夠齊一地對待萬物。

　　依此，就萬物根本、貫通萬理之「道」的層面來看待萬物，就能釐清是非的爭議，平息世道的混亂。〈齊物論〉曰：「彼是莫得其偶，謂之道樞。樞始得其環中，以應無窮」，自「道」的立場來掌握認知的關鍵，萬事萬物間，乃至與「道」之間，並非相互對立，不同事物有其不同之理，雖彼此有別，卻都展現「道」之某一面向，彰顯「道」之豐富內涵，因而，只有互補而不會有扞格。至於，所有的對立衝突，其實都是認知主體執著主觀立場所導致，若能回歸「以道觀之」（〈秋水〉），即可明瞭宇宙天地之萬事眾理，乃道體之彰顯，道用之表現，因而，無論是「莛與楹，厲與西施，恢恑憰怪」，皆能「道通為一」（〈齊物論〉）。不啻是「以道觀之」，萬物齊一，若自氣化觀點而言，萬物乃自渾然「一氣」而來，亦是「無古無今，無始無終」（〈知北遊〉），超越時間與空間之限制，若自「氣」之超越層面來看有形有限之宇宙萬物，則「通天下一氣」（〈知北遊〉），萬物自無貴賤高下之別，所謂「其分也，成也；其成也，毀也。凡物無成與毀，復通為一」（〈齊物論〉），當萬物有了固定之形，物成之時即開始趨向毀滅，此由成至毀的變化過程，因著「氣」之恆動，變化也就永不停息。但是，所產生變化的僅是外在形體，而萬物之共同材質之「氣」，仍是本質不變地周遍流行，故自「氣」之立場而言，萬物乃「一氣」之成，變化是「一氣」之行。

（五）「道」具有神鬼神帝的神妙變化

　　「無為」之「道」之所以稱為「造化」，是說明「道」之「無不為」的作用中，不僅有生生之造，尚有變幻莫測之化。關乎「道」的神妙變化，莊書

多藉實際例證來展現，以下即舉三個以「道」為名之神妙事例，來探討「道」與神妙事例間之關係。首先，〈達生〉云：

> 仲尼適楚，出於林中，見佝僂者承蜩，猶掇之也。仲尼曰：「子巧乎，有道邪？」曰：「我有道也。五六月累丸二而不墜，則失者錙銖；累三而不墜，則失者十一；累五而不墜，猶掇之也。吾處身也，若厥株拘；吾執臂也，若槁木之枝。雖天地之大，萬物之多，而唯蜩翼之知。吾不反不側，不以萬物易蜩之翼，何為而不得！」孔子顧謂弟子曰：「用志不分，乃凝於神。其痀僂丈人之謂乎！」

此「佝僂者承蜩」的故事中，丈人以竹竿黏蟬，猶如拾取般地容易，丈人謂之「我有道也」；此「道」可說是方法技巧，但孔子之問「有道邪」，是以「道」與「巧」對舉，以明其不同層級。因而，丈人之所以能夠承蜩，依丈人之自述，「吾處身也，若厥株拘；吾執臂也，若槁木之枝」，似說明其具有「墮四肢，黜形體」之得道工夫。並且，丈人亦言「雖天地之大，萬物之多，而唯蜩翼之知。吾不反不側，不以萬物易蜩之翼」，此更是廣成子要求黃帝要「無視無聽，抱神以靜」（〈在宥〉）才能達到「至道」的修養工夫。此莊學借孔子評之曰：「用志不分，乃凝於神。其痀僂丈人之謂乎」，則丈人之無所視於天地，即為用志不分之工夫，而處身如斷木根，執臂若槁木之枝，就是凝於神的境界，且依「心齋」段（〈人間世〉）所言，「一志」能使心臻於「心齋」之境，而成為「道」所集的虛氣；可見丈人的用志不分，不但可凝於神，實亦可為「道」所集。如此，丈人之謂「我有道」，即可理解以用志不分與凝於神的工夫，使身、心、手之官能皆無所用，而為「道」所棲止，故謂有「道」。

其次，〈達生〉亦云：

> 梓慶削木為鐻，鐻成，見者驚猶鬼神。魯侯見而問焉，曰：「子何術以為焉？」對曰：「臣，工人，何術之有！雖然，有一焉。臣將為鐻，未嘗敢以耗氣也，必齋以靜心。齋三日，而不敢懷慶賞爵祿；齋五日，不敢懷非譽巧拙；齋七日，輒然忘吾有四枝形體也。當是時也，無公朝。其巧專而外骨消，然後入山林，觀天性，形軀至矣，然後成見鐻，然後加手焉，不然則已。則以天合天，器之所以疑神者，其是與！」

所謂「以天合天」是指梓慶在不敢耗「氣」（即守氣）與「齋以靜心」多日之後，已達天的境界。爾後，再以所達之「天」的境界，入山林去觀察木的「天」，

如果有合於己天的木天，才動手去做（「不然則已」，木之天性若不合於己之天的境界，就捨去），那麼，凡做成的鐻，都是梓慶之天與木之天相合的。莊學此以「天」表達境界，即視「天」為「道」之現象。〔註139〕

　　若將此兩段合看，梓慶齋至七日，「輒然忘吾有四枝形體」，正與丈人之「處身也，若厥株拘；吾執臂也，若槁木之枝」，意境相同。而梓慶將所有外來足以滑亂心志之事也都消退淨盡（「外骨消」），此與丈人無視於「天地之大，萬物之多」，工夫一致。且梓慶之「未嘗敢以耗氣也，必齋以靜心」，亦形同丈人之「用志不分，乃凝於神」。依此，梓慶所達之「以天合天」的最高境界，就是丈人之「我有道」的生命境界。這兩段故事都同時強調得道合天的必要條件，是必須通過收斂心知官能，以求不受外物攪擾之用志不分、凝神、守氣與齋心等工夫。依此，能否得「道」，仍與「氣」有著密切之關連。〔註140〕

　　至於，守氣凝神而得「道」後，即有轉化工藝技術至於「道」的實例。〈養生主〉曰：

> 庖丁為文惠君解牛，手之所觸，肩之所倚，足之所履，膝之所踦，砉然嚮然，奏刀騞然，莫不中音。合於桑林之舞，乃中經首之會。文惠君曰：「譆，善哉！技蓋至此乎？」庖丁釋刀對曰：「臣之所好者道也，進乎技矣。始臣之解牛之時，所見無非〔全〕牛者。三年之後，未嘗見全牛也。方今之時，臣以神遇而不以目視，官知止而神欲行。依乎天理，批大卻、導大窾，因其固然，技經肯綮之未嘗，而況大軱乎！良庖歲更刀，割也；族庖月更刀，折也；今臣之刀十九年矣，所解數千牛矣，而刀刃若新發於硎。彼節者有間，而刀刃者無厚：以無厚入有間，恢恢乎其於遊刃必有餘地矣。是以十九年而刀刃若新發於硎。雖然，每至於族，吾見其難為，怵然為戒，視為止，行為遲。動刀甚微，謋然已解，如土委地。提刀而立，為之四顧，為之躊躇滿志，善刀而藏之。」文惠君曰：「善哉！吾聞庖丁之言，得養生焉！」

〔註139〕莊子視「天」為「道」之自然，猶見之於：〈齊物論〉：「因是因非，因非因是，是以聖人不由，而照之於天」；〈德充符〉：「道與之貌，天與之形」與〈大宗師〉：「其一，與天為徒」。

〔註140〕「守氣」臻於「虛」，「齋心」使「生白」，同樣可為「道」所集。

此言「庖丁解牛」的故事，庖丁認爲自己解牛的境界，是一種進乎技藝之「道」的境界，且此「所好者道也」之「道」，並非一般方法或特殊技巧，乃是「依乎天理、因其固然」超越（進乎）技藝之層次者。然而，庖丁爲何而能依乎天理與因其固然，依「臣以神遇而不以目視，官知止而神欲行」，可知解牛之時，無論是眼睛的官覺、肢體的觸覺與心智的感受等，都被擱置不用，只有神之遇與行；因而，是欲行之神依乎天理與因其固然地在解牛。而庖丁之所以「以神遇」來詮釋解牛之境界，是因其能「怵然爲戒」地收斂心知，視覺爲之停止，肢體行動爲之遲滯地捨棄感官功能所致。故與梓慶之「不敢耗氣，齋以靜心」、承蜩丈人之「用志不分，乃凝於神」，是同樣的工夫，故能以神、行於大郤大窾之間，仍「恢恢乎其於遊刃必有餘地矣」。而此以神遇物的境界，莊子認爲是超越技巧層次而臻於「道」的境界。

依據以上三段論述，承蜩丈人因能用志不分，所以「凝於神」；梓慶因能不耗氣、齋以靜心，所以能使鐻「疑神者」；〔註141〕庖丁因能「不以目視，官知止」，所以能「神欲行」；承蜩丈人、梓慶與庖丁同樣都將「神」視爲在心知官能不起作用時，即自然運作的東西。如此之「神」，時與「形」對舉，〔註142〕亦常與「精」連用或代用。只是，「神」之凝、疑（擬）、行，既是展現「道」或得「道」之先決條件，自然「神」便不是「道」，而且，「神」須在心知官能不起作用之時，形體四肢如同無物之後方才呈顯出來；可見「神」亦非形軀或官能，「神」應是較接近無聽之以耳或無聽之以心之聽之以「氣」，此因「聽之以氣」之前，亦須先不使耳與心發出作用，則能有「道」集於已臻心齋境界的虛柔之「氣」。由此推知，「神」與心齋義之「氣」，〔註143〕皆是介於「道」與「形」之間。

〔註141〕「疑神者」：一解爲疑其爲神所製成；另一解爲比擬爲神。而王先謙：《莊子集解》曰：「言順其性則工巧若神」，故解爲比擬爲神。

〔註142〕「神」「形」對舉，見於〈知北遊〉：「油然不形而神」、〈在宥〉：「抱神以靜，汝神將守形」、〈天地〉：「形體保神」與「形全者，神全」。

〔註143〕「神」與「氣」之關係，楊儒賓謂：「『神』和構成萬物本質的『氣』兩者自然頗爲契近。但分開來看，『神』可以說是心靈最深層的妙用。人要使它徹底呈現，需透過層層遮撥的工夫，讓情感的波動靜止，使心靈從感性之熾肆及外界之對象中，遊離回到自體。只有達到心靈一無依傍，自主自耀時，『神』才可以和心齋境界的『聽之以氣』的『氣』相同，而與構成萬物本質之氣混合同流」，語出楊儒賓：〈先秦道家『道』的觀念的發展〉，《台大文史叢刊》（台北市，第七十七期，1987），頁247。

其次，精純不雜之「氣」須守之使純，而「神」亦須純白，若純白不備就會神生不定。〔註144〕顯然，莊學之「氣」應如〈刻意〉所言：「純粹而不雜，靜一而不變，惔而無爲，動而以天行，此養神之道也」，也就是說「神」應即是至純至精之「氣」。易言之，因「氣」之精純至極即具有神妙奇特之作用，故莊學將此至純至精之「氣」稱爲「神」。

再者，精純之「氣」實乃具有「化」的作用，故而，精純能化之「氣」亦或許是得「道」之人翻轉技藝而爲「道」境之關鍵所在。以上承蜩丈人、梓慶與庖丁是屬於「化」之「外化而內不化」的類型，而此形身部分被化的原因，有來自所處之外在環境，亦有來自於個人內在之修養工夫的。〔註145〕承蜩丈人之「處身也若厥株拘；執臂也若槁木之枝」，丈人之身臂已不只是軀體四肢，亦不再是一般之身臂官能，而是由「神」來承蜩，故能累丸不墜，承蜩若掇。同樣的，梓慶亦是於齋戒七日之後，因著不耗氣（守氣）而使滑亂心知之外在事物完全消盡，且因「齋以靜心」，而使所守之氣臻於至純，故而心知已爲精純之「氣」所化，「加手焉」之手，亦非僅是一般性之官能，而展現爲「神」，所以使所成之鐻擬於神。相同地，庖丁解牛時「不以目視，官知止」、「怵然爲戒，視爲止，行爲遲」，也都是出於一志齋心的工夫，因而能夠守氣精純地由「神」來視與行，庖丁固然形容解牛是「進乎技」之「道」，但是，此又何嘗不是「神」乎其技。承蜩丈人、梓慶與庖丁皆以自己所獲致的是「道」的境界，此一方面是因「神」即是精純陽氣，而精純陽氣又是「心齋」義的「虛氣」，能有「道」來集，「神」雖不即是「道」，但卻能得「道」；另一方面是因「道」是「氣」具有精純能化之作用的本體，故而「氣」在展現神妙作用時，直接被視爲道體的現象。因此，「夫道……神鬼神帝」之鬼、帝，亦有得於「道」之妙用——「氣」，所以成爲神妙神奇的。至於，「道，生天生地」是生至陰至陽之「氣」，因而，至陰至陽之「氣」才擁有「生」的能力；同時，「道，神鬼神帝」亦是「神」之精純陰氣與陽氣，所以，精純的

〔註144〕參閱〈天地〉漢陰丈人將爲圃畦：「爲圃者卬而視之曰：『奈何？』曰：『鑿木爲機，後重前輕，挈水若抽，數如泆湯，其名爲槔。』爲圃者忿然作色而笑曰：『吾聞之吾師，有機械者必有機事，有機事者必有機心。機心存於胸中則純白不備，純白不備則神生不定，神生不定者，道之所不載也。吾非不知，羞而不爲也』」。

〔註145〕「外化而內不化」是來自個人內在之修養的，一如〈在宥〉之言廣成子「抱神以靜」之工夫，而得以化形軀之「氣」爲精純陽氣，故形未嘗衰（宣穎曰：形神相守，長久之道）。

陰陽之氣，才擁有「神」的能力。總之，「道」之神妙變化的特性，是就「神
鬼神帝」之「神」來定位的，而鬼、帝則為使之神的對象；至於，「凝於神，
而承蜩若掇」、「守氣齋心，而成鐻擬神」與「官知止，而神欲行」，則皆是「道」
之作用──「氣」之精純性質與所展現之神妙變化的作用。

　　總而言之，莊子之「道」於建構天地之外，尚提供了天體運行與天地不
墜之保障，〔註146〕並且，「道」與「氣」，同樣具有能容、能動、能生、能化
之特質，而每一特質都是同中有異，且其異又都指向一為體一為用。「道」之
生天生地，實即「道」生至陰至陽之氣，而至陰至陽之氣之所以能夠展現「道」
之作用，乃因「道」於生至陰至陽之氣時，即已內在於陰陽二氣之中，而展
現出「道」的種種妙用。因而，「道」無不容也，「氣」則虛而待物；「道」運
動變化，「氣」則通貫天下；「道」生天生地，「氣」則化生萬物；「道」神鬼
神帝，「氣」則變化若神。正因具有體用關係，即不免出現所以跡與跡的混淆
現象，因此，就必須加以廓顯，澄清莊子並無「道」即「氣」之意。

　　然而，基於「道可道，非常道」（〈一章〉），應如何認知「芒芴」（〈至樂〉）
之道體與玄妙之道用；馮友蘭先生嘗據認知「道」之特質，稱「道」之知為
「無知之知」：

　　　所謂道，有兩意義：照其一意義，所謂道，是指一切事物所由以生
　　　成者。照其另一意義，所謂道是指對於一切事物所由以生成者底知

〔註146〕〈大宗師〉列舉得道之人的種種情況，曰：「狶韋氏得之，以挈天地；伏戲氏
　　　得之，以襲氣母；維斗得之，終古不忒；日月得之，終古不息……傅說得之，
　　　以相武丁，奄有天下，乘東維，騎箕尾，而比於列星」；說明「道」於生天生
　　　地之後，天地之運行仍有所得於「道」，足證天體及天體之運行與存續，皆因
　　　「道」而生，此即牟宗三著《中國哲學十九講》，頁105所言：「道和萬物的
　　　關係，就在負責萬物的存在」之意。其次，「道」在神鬼神帝後，鬼帝（如狶
　　　韋氏）之神妙變化能力，亦是有所得於「道」之展現。依此可知，「道」創生
　　　天地，神鬼神帝之後，即由天地、鬼神續展現「道」的作用──陰陽之氣；
　　　狶韋氏得於「道」以維持天地，而不說「道」維持天地，這就是「道」與「道
　　　的作用」之區別（所謂某某得之，都是得到「道的作用」，而得之之後如何如
　　　何，則是「道之作用的展現」）。而此「道」與「道的作用」之嚴分，亦見之
　　　於〈知北遊〉：「邀於此者，四肢彊，思慮恂達，耳目聰明。其用心不勞，其
　　　應物無方，天不得不高，地不得不廣，日月不得不行，萬物不得不昌，此其
　　　道與」；「邀於此者」即順此「道」者（既為昏默無為之「道」，自只能順之循
　　　之），只是此「道」意指「道之用」，而邀即得到之意；故而可謂得於「道」
　　　之妙用者，四肢彊……，亦指〈大宗師〉所述之傅說等人。至於，天地、日
　　　月、萬物皆有所得於「道」之妙用，所以展現其高、廣、行、昌。

識。一切事物所由以生成者是不可思議，不可言說底。因爲若思議
言說之，則即加以一種性質，與之一名。但它是無名，不可以任何
名名之。他既是如此，所以他是不可知底。所以對道底知識，實則
是無知之知。〔註147〕

宇宙萬物由「道」化成，有形狀，有顏色，有本質，是有限的「存有」。〔註148〕
依〈天地〉云：「泰初有無，無有無名」，莊子之「道」是不可名狀，無法言傳，
是一切「存有」的極全，超越一切限制的無限。是以，對於「道」之認知已經
超出感官理知作用之限度，須以主體之心靈予以體悟，故言「無知之知」。而「無
知之知」正如〈齊物論〉所言：「故知止於其所不知，至矣。孰知不言之辯，不
道之道？若有能知，此之謂天府」，由於「道」是無法稱說、不能言辯，更無法
以感官掌握全貌，以理性思維予以透徹，與一般知識型態完全不同，〔註149〕雖
然如此，「道」之內容無所不藏，所以稱之爲「天府」。莊子之「道」之爲萬物

〔註147〕語出馮友蘭：《新原道》，頁75～76。

〔註148〕西方最基本亦最重要之「存有」概念，象徵一物只要是些什麼，就必然分受
「存有」，而不可能是虛無（存有的否定，必依存有而存在：若無「存有」，
存在就不存在，虛無也就不成其爲虛無）。而「道」亦是人類認知與思辨最重
要也最根本的對象：「道」之根源性與本根性，就如同西方最基本的概念——
「存有」，是無法以更原始、更基本、更普遍的概念來與之對比而加以定義的。
而「存有」概念是依西方形上學「存有自身或存有之所以爲存有的種種問題」，
所探討之「萬有所由之而成的那個最根本而普遍的原理」（參閱李震：《中外
形上學比較研究》下冊，頁5）。「存有」與宇宙萬物的存在有著密不可分的
關係，因而，無論是有形的無形的，精神的物質的，社會的歷史的，人文的
道德的，只要「是」什麼，都必須先要是「存有」，否則就成了什麼都不是的
空無，亦是人類理智所無法認知的。因此，「存有」不但是一切實現的基礎，
更是人類知識之根本，而探討以此基本而普遍之存有本身爲對象之知識，即
爲形上學的主要內容。中國哲學思想雖無「形上學」一詞，但自廣義角度而
言，卻有著精深豐富的形上思想。

〔註149〕或有依據莊子之「知止於其所不知」，論斷其以感官之知爲浮面粗淺的，而以
道之知爲終極目標的說法，即爲懷疑的不可知論者；果眞如此，此無疑是莊
子思想體系之解構，因爲，人若不能明道、體道，與道相合，則人生將會失
去方向與目標，生命之意義與價值亦隨之淪喪。實際上，莊子曾明確肯定所
謂不知之知，〈天地〉：「黃帝遊乎赤水之北，登乎崑崙之丘而南望。還歸，遺
其玄珠。使知索之而不得，使離朱索之而不得，使喫詬索之而不得也。乃使
象罔，象罔得之」，意謂認知「道」之過程，不能僅依理智思辨（知），亦不
能全靠感官功能（離朱），而言詞之描述（喫詬），也只能針對有形之物，因
道是超乎形象之「玄珠」，唯有藉由修養工夫（象罔），超越知覺言辯的束縛，
方可知道，此求道之知與追求一般知識之殊異。

根本的重要意義，即是藉由「氣」化生成萬物，此氣化生生之特性，彰顯「道」之動化流行而非恆寂，亦使宇宙萬物充滿活力而非虛無。雖然，言語未能賅括「道」之內涵，思辨未能涵蓋「道」之面相，即使感官理智不能全然闡明何為「道」，但至少可指出「道」不是什麼，此如〈知北遊〉云：「不形之形，形之不形，是人之所同知也」、「道不可聞，聞而非也；道不可見，見而非也；道不可言，言而非也！知形形之不形乎！道不當名」。依理智思辨所歸結之原則，「有不能以有為有，必出乎無有」（〈庚桑楚〉），無形之「道」生成有形之物，此是不可聞見、不可言語的，因永恆無限之「道」，不是人之言語理智所能盡意，小知之見在求道過程中有其限度，〔註150〕只能言道而未能明道，只能近道而未能是道，只能以理智語言分析判斷，而未能與生命合而為一，而此正是以「道」不是什麼的方式來說明「道」之特性。雖則，對「道」之認知乃是「知者不言，言者不知」（〈知北遊〉），唯有「無思無慮始知道，無處無服始安道，無從無道始得道」（〈知北遊〉），心與道直接溝通，相互契合，透過心靈的直觀（明道）與內心之體悟（體道），〔註151〕人心方能通貫於「道」之真實面相。

二、莊子之「德」

　　關於《莊子》一書「德」之論述，實際上「德」即是「性」，〔註152〕「德」

〔註150〕此如〈養生主〉言：「吾生也有涯，而知也無涯。以有涯隨無涯，殆已。已而為知者，殆而已矣」，〈秋水〉云：「計人之所知，不若其所不知：其生之時，不若未生之時；以其至小求窮其至大之域，是故迷亂而不能自得也」。

〔註151〕求道與明道，關乎認知主體內心之呈顯，是必須倚靠自我的努力與作為，因而莊子強調「獨」的概念，以凸顯個體之獨特與重要。〈齊物論〉曰：「其我獨芒，而人亦有不芒者乎」，「道」在人心的朗現，只有普遍的可能性，並無一致性的結果，端視有否內修之工夫而定，故求道只能獨成，明道只能獨明，一如〈德充符〉所言「獨成其天」、〈大宗師〉所謂：「朝徹而後能見獨，見獨而後能無古今」，與〈在宥〉云：「出入六合，遊乎九州，獨往獨來，是謂獨有。獨有之人，是謂至貴」。而得道境界之描述亦有〈天下〉之「獨與天地精神往來」與「澹然獨與神明居」，及〈山木〉之「獨與道遊於大漠之國」。

〔註152〕《莊子》內篇無一「性」字，大多數學者都認為《莊子》內篇的「德」字，實際上就是外雜篇中的「性」字：徐復觀：《中國人性論史》〈先秦篇〉，頁373～374曰：「莊子一書的用詞，以採取廣泛的用法時為多。因之，不僅在根本上，德與性是一個東西：並且在文字上，也常用在同一層次，而成為可以互用的。性好像是道派在人身形體中的代表。因之，性即是道。道是無，是無為，是無分別相的一：所以性也是無，也是無為，也是無分別相的一。更切就人身上說，即是虛，即是靜。換言之，即是在形體之中，保持道地精

與「性」實由「道」而來。是以，欲透過「德」之五項意涵，進一步說明「德」與「道」「氣」之關係。

1. 「德」，得也。〔註153〕
2. 以「生」譬喻「德」〔註154〕
3. 以「水」的特色比喻「德」。
4. 以「和」作爲「德」之定義。〔註155〕
5. 以「不得已」作爲「德」之具體表現。〔註156〕

（一）「道」與「德」之關係

「道」與「德」之關係，可自莊子以「不得已」作爲「德」之具體表現的內容論述，予以闡明。茲舉〈天地〉與〈人間世〉爲例，說明莊子如何以「動以不得已」與「不可奈何而安之若命」的觀點來詮釋何謂「德」，並進一步解析「道」與「德」之間的關係。

首先，〈天地〉云：「夫王德之人，素逝而恥通於事，立之本原而知通於神，故其德廣。其心之出，有物採之。故形非道不生，生非德不明。存形窮生，立德明道，非王德者邪」；所謂「形非道不生，生非德不明」，即言形之所以生者，道也；性之所以彰顯者，德也。究其實，無論是形或性，皆是「道」之用；只是，「德」得於「道」，「性」得於「德」，所以說「德」較「道」更能具體而明確地影響「性」（故言「生（性）非德不明」，而非「生（性）非道不明」）。依於此，「存形窮生」即是保存「道」賦予之「形」，並極盡所能地展現「德」所彰明之「性」；〔註157〕「立德明道」就是立於本原〔註158〕而

神狀態」。
〔註153〕《說文》：「德，升也」；段注云：「升當作登，……登讀言得，……得者德也」。
〔註154〕〈天地〉：「物得以生，謂之德」。
〔註155〕〈德充符〉：「德者，成和之修也」；「成和」乃「物生焉」的契機。〈繕性〉：「德，和也」；和是最能表現「德」之所以爲「德」之境界者，也是說明和是「德」的最佳狀況。
〔註156〕〈庚桑楚〉：「動以不得已，之爲德」；此是說明心在有物採之的情況下，才不得已而動的，而此不得已而動稱之爲德。依此，人之心若能符合「德」之不得已而動之特色，即謂之王德之人。
〔註157〕「存形窮生」之「窮生」若解爲窮盡生命，則只不過是物散爲氣罷了，是無法以之彰顯王德的。
〔註158〕「本原」即是「道」，參閱徐復觀：《中國人性論史》，頁 368：「道是萬物之所由生，有如樹的枝葉出自根本一樣，所以凡莊子一書中所稱的根本，也是道的意義」。

知通於神，〔註159〕也就是立於「道」而表現於「德」；〔註160〕所謂王德之人即是恥於使心知外馳（「恥通於事」），而能立於「道」，並使心知通於神，以彰顯「德」之不得已而動之特性的人。

其次，〈人間世〉曰：「天下有大戒二：其一，命也；其一，義也。子之愛親，命也，不可解於心。臣之事君，義也，無適而非君也，無所逃於天地之間。……知其不可奈何而安之若命，德之至也」；將「子之愛親」視爲出自天然，自然衷心遵循（「不可解」），認爲是命，而不管走到哪裡都有管理人民之君，這亦是身處天地之間之人所無法逃脫的，這是義。並且，無論愛親之命或事君之義，皆是人間之必然，若出於反抗此必然現象，其後果就不免落於憂患哀樂，一如葉公子高之有陰陽之患。基於〈大宗師〉：「死生，命也」，與〈德充符〉：「死生存亡、窮達富貴、賢與不肖、毀譽、饑渴、寒暑，是事之變，命之行也」；可知莊子對「命」的理解是被決定的，亦是人所不能奈何的。唯有徹底瞭解什麼是不可能改變的事，抱持著安然處之的態度，看作是命定且必要接受或遵守的，才是將「德」發揮到極致的人。此以必然接受或遵守之事，視爲被決定之命而言「德」，而此「德」被「德」所從來之「道」所決定，即言「德」亦具有被決定之性格。

〔註159〕知通於神之所以爲「德」之表現，乃因虛靜如鏡之心，只有在物探之之時，才會出而應之：也就是心的認知功能，已爲精純寧靜之神所化，故能知通於神。參閱前註，既能立於「道」又能彰顯「德」之特性的人，就是王德者：而王德者之心知所以能夠通於神，就是因爲能夠彰顯「德」之「不得已而動」之特性。

〔註160〕依此而言，似乎是「立道明德」更爲貼切：關此，不排除有傳抄誤置的可能，然亦因莊子不刻意區分「道」與「德」所致。針對道與德非二的看法，焦竑著《莊子翼》頁342引陸西星云：「生我者，道也。明我者，德也。……然道與德非二也」：王叔岷先生詮釋「道流而不明居，德行而不名處」（〈山木〉）曰：「此言道之流行而不顯然居之，德之流行而不顯然處之。釋名：『名，明也』」，依居即處，明即名而言，可見的確有以視「道」與「德」爲等同現象。不過，一般而言「德」是得之於「道」：若謂道與德非二，應著眼於「德」所得之於「道」，乃是整全之道。換句話說，「道」之所以爲「道」的特質，皆爲「德」所得，並不等同於「道」之所以爲「道」的價值，亦爲「德」所取代：此如〈徐無鬼〉曰：「故德，總乎道之所一，……道之所一者，總不能同也」，總乎即歸向於，所一是所始（道尚未有所萌始之無），這是說明德要歸向於道之所始，而此道之所始固可爲「德」所得，然就道而言，則非「德」所能同的。因此，「德」是有所得於「道」，且又終須回歸於「道」者：道與德雖非二，然亦非絕對的同一。

是以,「道」與「德」之關係〔註161〕是「德」有所得於「道」,且爲物得以生之關鍵。至於,「德」得於「道」之內容爲何,與物得「德」爲何而生之問題,則進一步藉由〈徐無鬼〉與〈庚桑楚〉之「德」與陰陽二氣和而物生之現象,予以解析「德」與「氣」之間所存在之關係。

(二)「德」與「氣」之關係

〈徐無鬼〉云:「神人惡眾至,眾至則不比,不比則不利也。故無所甚親,無所甚疏,抱德煬和以順天下,此謂眞人」;此言周遭群聚的人過多時,對其中一個比較親密,即很容易引起其他人的反彈,所以,只有表現出對誰都不親密的模樣,但這又會顯得冷漠。因此,神人並不喜歡大家都來找尋他,最好是保持不與人太過親近,也不特別疏遠的態度,這樣就不會受到人際關係的干擾,而能抱持所得於「道」者,並涵養得自於「道」之「德」的最佳狀態——和(「抱德煬和」),〔註162〕以順應天下之人。並且,依〈德充符〉曰:「德者,成和之修也」而言「德」之最佳狀態——和,是必須通過修養工夫始得以成的,〔註163〕但是,須修養何種工夫以使之成和,〈田子方〉則云:「兩者交通成和」,是說陰陽二氣的交通互動,可成其和,〔註164〕此亦直接指出能

〔註161〕關於「道」與「德」,〈庚桑楚〉云:「道者,德之所欽也;生者,德之光也;性者,生之質也」;所謂「道者,德之所欽也」,乃因「道」是本體,而「德」是得於「道」之至陰至陽之氣者,所以「道」自爲「德」之所欽;所謂「生者,德之光也」,乃因「道」內在於陰陽二氣中,而至陰至陽之氣因具有離合之運動性,而於成和之時,則有物生焉,故而陰陽二氣(或言天地)之生物,即是得到「德」之光輝(亦即最佳狀態)——和,所照耀之故;所謂「性者,生之質也」,乃因性爲物在成形之後,此是該物與他物之不同標誌,故是該物之本質。

〔註162〕「抱德煬和」之「煬」爲養,王叔岷:《莊子校詮》,頁980:「比訓親,利當訓和。人近則轉疏,故眾至則不親,不親則不和。……煬假作養。列子黃帝篇:『煬者避灶』……是煬亦司炊也。煬、養音義並同,故可通用」。而和是「德」的最佳狀況,也是最能表現「德」之所以爲「德」之境界者;「抱德煬和」即可理解爲,抱持所得於「道」者,並涵養此得自於「道」之「德」的最佳狀態——和。

〔註163〕〈德充符〉:「平者,水停之盛也。其可以爲法也,內保之而外不蕩也。德者,成和之修也」;此言靜止至極之水面的平,可作爲法度;若欲得此平的狀態,須以內保之而外不蕩爲前提,亦即,「德」之成和一如水之平,成和的境界是須透過「內保之而外不蕩」之工夫來修養的。

〔註164〕《老子》〈四十二章〉:「沖氣以爲和」,使「氣」涌搖激盪可得爲和。〈庚桑楚〉:「兒子終日嗥而嗌不嗄,和之至也」,黃錦鋐著《新譯莊子讀本》,頁276謂:「這是心氣和順的極致」;余培林著《新譯老子讀本》,頁91亦曰:「這是因爲和氣淳厚的原因」。

和的其實是「氣」。因此，所謂「德者，成和之修也」，是指向修養陰陽二氣而爲和一之意，〔註165〕亦即是說，「德」所得於「道」者，就是這陰陽二氣，而物又自「德」得此和合之氣，是以，「德」得陰陽二氣於「道」，同時使之交感（修之）成和，物則得此和（陰陽二氣交通至最佳的狀態）而生。依此可謂「德」是修養陰陽二氣，並使之交通成和，而如此隨順聽任沉滯下降之陰氣與蒸騰上升之陽氣之交會涌搖而趨於平和，對於「德」之意涵，亦可自「氣」的角度來加以說明。

〈庚桑楚〉云：「欲靜則平氣，欲神則順心。有爲也。欲當則緣於不得已，不得已之類，聖人之道」，如果希望得到靜與神，而作平氣與順心的工夫，這是有爲的作法；只有出自「不得已」地依順「氣」本然的平靜與心本有的靈明，自然能夠恰如其分（當）地至於靜與神。因此，「緣於不得已」的工夫才是成爲聖人之道的關鍵，顯見聖人或有德者，其實都只是安於「氣」之特質，如如地呈現「氣」所本有之面貌與樣態。

總之，「德」乃通貫上下之概念，得至陰至陽之「氣」於「道」，修養陰陽二氣以成和，萬物則生焉，此即萬物得此「德」之和以生之意。

三、莊子之「心」

莊子論「心」，意義深刻，以下即就「心」之「知」、「心」之「遊」、「心」之「化」與「養心」之道等四大面向，分別闡述之。

（一）「心」之「知」

莊子認爲「心」有知的作用，固可成就經驗知識，但亦適足以造成生命的損傷；此因「心」本爲自由且無限的生命主體，然「一受其成形」，就必然爲形軀所限定而無可避免地須同時面對「成形」與「形化」等問題。「成形」產生的是彼是之別，無論是彼或是，都會自是非他，且在相刃相靡中，產生人我之間的是非問題；「形化」帶來的是人會在歲月中老去，形軀會走向生老病死，無限自由之「心」落在有限不自由之「形」中，而有生死問題。因著，

〔註165〕「和」是陰陽二氣交通所獲致互不偏勝的狀態，因此不再顯出其爲陽爲陰之性，此亦即〈應帝王〉之「衡氣」，故又有以「一」稱此和合之氣。而且，「和」既是「德」的最佳狀態，故亦可以「一」稱「德」：此如〈知北遊〉：「聖人故貴一」與〈庚桑楚〉：「衛生之經，能抱一乎」，兩處之「一」，即是和合不偏勝之和氣，爲使此和不受滑亂，所以要貴一、抱一。

心知會執著成形而有是非，執著形化而有生死，於是非之執與生死之惑的交纏陷溺中，生命主體因此失落，〔註166〕故而，心知之執取，也就是成心，確是生命困頓之所在。所謂成心，歷來註家各有不同的解讀：

　　　　憨山大師曰：「現存本有之真心」〔註167〕

　　　　陳壽昌曰：「天理純全，無少缺欠之心」〔註168〕

　　　　宣穎曰：「成心之中妙道存焉」〔註169〕

　　　　成玄英曰：「夫域情滯著，執一家之偏見者，謂之成心」〔註170〕

顯然，成玄英自偏執心態來解「成心」一詞的說法，較為適切。「成心」即分別心，執著的心，也就是自以為是的成見、固執歧出的偏見，而為是非的根源。唐君毅先生即言：「人之是非，皆由其成心之先在」〔註171〕且「人之情恆以己為主，而欲他人與物之從己。欲他人與物之從己者，歸根究柢，即欲他人與物之合于我所視為是者，或我心之所知為是者。則如他人與物不合于我所視為是者，我必以之為非」。〔註172〕陳鼓應先生亦曰：「『成心』在齊物論是個很重要的概念，物論之所以自我中心，引發無數主觀是是非非的爭執，產生武斷的態度與排他的現象，歸根究底是由於『成心』作祟」。〔註173〕甚而，一任成心並產生執著，就會導致大道在人間隱退，真言在人世消失，人生因而陷溺沉淪在是非真偽的迷亂之中，是以，〈齊物論〉曰：

〔註166〕王邦雄老師對此有其深刻精湛之解析；參閱《中國哲學論集》，頁81說道：「同體真君，一受其成形，落於形軀異物，即面對了兩個問題：一是人我交接中，透過耳目官覺，但見萬有世界彼此形象不一，歲有人我的『相彼』；另一是在形軀生命的自然流行中，有『死生存亡，窮達富貴，賢與不肖，毀譽飢渴寒暑，是事之變，命之行』之『陰陽之患』與『人道之患』的雙重壓迫（德充符），不亡以待盡，遂成為其必然的終局，此即有生必有死的『物化』。這一人我不同的官覺印象，與形軀的生滅變化，又為人的心知所固著執取，一者分個你是你，我是我，產生形軀的障隔，在『與物相刃相靡』中，斬斷了人我生命的感通相知之路，並自以為是，由是而有『是非』的無窮；二者以形軀的存在為其生命之所寄，皆悅生而惡死，遂有『其形化，其心與之然』的大哀，阻隔了物我生命的自然流行，由是而有『死生』的桎梏。人之生命的有限與困頓，皆由心知的是非之執與死生之惑而來」。

〔註167〕語出憨山：《莊子內篇憨山註》，頁211。

〔註168〕語出陳壽昌：《南華真經正義》，〈齊物論〉篇解，頁11。

〔註169〕語出宣穎：《南華經解》，頁59。

〔註170〕引自郭慶藩：《莊子集釋》，頁61。

〔註171〕語出唐君毅：《中國哲學原論》〈導論篇〉，頁254。

〔註172〕語出唐君毅：《中國哲學原論》〈原道篇〉，頁355。

〔註173〕語出陳鼓應：《莊子今註今釋》，頁56。

> 道惡乎隱而有眞僞？言惡乎隱而有是非？道惡乎往而不存？言惡乎
> 存而不可？道隱於小成，言隱於榮華。故有儒墨之是非，以是其所
> 非而非其所是。欲是其所非而非其所是，則莫若以明。

此言人間的是非是「特未定也」（〈大宗師〉），既然未定，也就不具客觀意義，
而僅爲主觀的執著；人我之間之所以而有「儒墨之是非」，乃起因於「以是其
所非而非其所是」，亦即，成心所導致。成心不但招來主觀是非的心知執取，
亦帶動悅生惡死的情識糾結，使人產生「喜怒哀樂，慮嘆變慹，姚佚啓態」（〈齊
物論〉）等失眞情態，由是而深陷好惡愛憎之攪擾情緒中而無法自拔，甚至，
「惟其好之也，以異於彼，其好之也，欲以明之彼」（〈齊物論〉），自是彼非，
爭辯不已，不但生命因而失落，天下亦因此大亂，一如〈天下〉所云：「天下
大亂，賢聖不明，道德不一。天下多得一察焉以自好」。可見世間萬象雖然殊
異，但皆出於同一本源，自「道」或「一氣」層面言，並未有大小、壽夭、
貴賤之差異，所有區別皆因落於有限時空之比較而來，充其量僅具相對意義，
一般人無法自無限時空層面而以「道」觀之，只能偏執於自己有限角度（成
心偏見）來分別差異、認定是非，因此，是是非非，非是是非，論辯不休，
也就離「道」愈遠，此即〈齊物論〉所謂「是非之彰也，道之所以虧也。道
之所以虧，愛之所以成」。

　　依上論述，成心即是分別心，分別心所成的是生死之別與是非之分，而
且，心中一旦形成是非與生死問題，就會爲生命帶來損傷，一如〈齊物論〉
所言：「其分也，成也；其成也，毀也」（成心執著分別，雖成了心知，卻毀
了生命）、「是非之彰也，道之所以虧也」（是非是出於成心，當是非彰顯之時，
即是天道隱退之時）。由於，成心「其寐也魂交，其覺也形開，與接爲構，日
以心鬥」（〈齊物論〉），其活動是睡眠時心魂交錯，覺醒後透過形軀感官與外
在物象互相交接，把物象留在心中，構成心象，以致引發種種好惡情識與內
心爭鬥，終日勾心鬥角，未能暫止。設若，據此智巧言論去認知事物，執著
己是而論斷是非，絕非「知通爲一」的「以明」〔註174〕（〈齊物論〉）境界。

〔註174〕「以明」依王先謙注爲「以本然之明照之」（《莊子集解》，頁12）：乃虛靈本
　　　　心觀照一切，完全順應物性之自然，深切會通事事物物所蘊含之理，無人我
　　　　是非之對待，上通宇宙萬物的最高原理，眞正達到萬物齊一的境界。易言之，
　　　　本心虛靈即朗現「道」之狀態，謂之「以明」。此外，值得注意的是，郭象解
　　　　莊之「莫若以明」爲：「欲明無是無非，則莫若還以儒墨反覆相明。反覆相明，
　　　　則所是者非而所非者非非矣。非非則無非，非是則無是」（引自郭慶藩輯：

因而，無論因形軀官能的執取，使人悅生而惡死，或為心知情識的糾結，使人定著於是非之分，這一切皆與人心有關，追根究柢實乃人心對於事物的執著所產生的相對分別（生死、是非、善惡、美醜、得失、貧賤等）。故而成心之偏的結果，有如〈齊物論〉曰：

> 夫隨其成心而師之，誰獨且無師乎？奚必知代而心自取者有之？愚者與有焉，未成乎心而有是非，是今日適越而昔至也。是以無有為有。無有為有，雖有神禹，且不能知，吾獨且奈何哉！

此言人因成心的定執，人間才有是非、有爭辯，有各種相對的執著，所謂「物無非彼，物無非是。自彼則不見，自知則知之」、「自我觀之，仁義之端，是非之塗，樊然殽亂，吾惡能知其辯」（〈齊物論〉）。假定，人未有心知成見，而人間仍有是非紛爭，那就如同「今日適越而昔至」，這是絕對不可能的。因著是非起於人心的執著，當人心執著是，就必然引出非，當人心執著非，就必然引出是，如此無所窮盡地延伸演變，致使「是亦一無窮，非亦一無窮」且「日夜相代乎前，而莫知其所萌」（〈齊物論〉），且此愈執愈深之成心，亦即是「近死之心」（〈齊物論〉），不但使得生命枯乾，並且無法「反其性情而復其初」（〈繕性〉）。關此，唐君毅先生亦有其相應之描述：

> 人生之無窮禍患之源，則正在此種種故智、機心、成心，與人自然生命之情欲之相結合：乃有其種種非自然而不自然之情識意念之火馳而不反，以成心屬、賊心，而導致人之靈台之心於死亡，人乃失其自然之性命之情矣。〔註175〕

顯見成心所帶來的是非成毀，不但傷生害性，且由成心所引發之情識，更是「人生之一切擾動之本」，〔註176〕故而，莊書不斷指出，人的生命之所以不安、悲痛乃至於流落，是皆出於成心：

> 太多政，法而不諜，雖固亦無罪。雖然，止是耳矣，夫胡可以及化，猶師心者也。（〈人間世〉）

> 兵莫憯於志，鏌鋣為下；寇莫大於陰陽，無所逃於天地之間。非陰

《莊子集釋》，頁65），所謂以彼明此、以此明彼之反覆相明，似非莊子「以明」之最高本義。此因反覆相明，仍是落在是非層面上，作釐清對錯之努力，如此並未能去除偏執障蔽，能否真正解消是非值得商榷。故而，「以明」當解為以「道」明之，唯有自「道」下視，超越是非，方能平齊物論。

〔註175〕語出唐君毅：《中國哲學原論》〈原性篇〉，頁56。

〔註176〕語出唐君毅：《中國哲學原論》〈導論篇〉，頁122。

陽賊之，心則使之也。(〈庚桑楚〉)

汝慎，無攖人心。人心排下而進上，上下囚殺，淖約柔乎剛彊，廉劌
彫琢，其熱焦火，其寒凝冰，其疾俛仰之間而再撫四海之外。其居也
淵而靜，其動也縣而天。僨驕而不可係者，其唯人心乎！(〈在宥〉)

即因成心正是人心混亂、社會動盪的根源，所以，莊子至終之大用心，乃在
於將分別執著的成心轉化而爲無執著無分別的道心。〈德充符〉曰：「以其知
得其心，以其心得其常心」，以分別作用的知，得其分別作用的心，再以分別
作用的心，得其無分別作用的常心，由知到心再至常心，生命即能不再紛馳
而回歸眞實。依此可知，消解人生困苦之道，就在於從知的狀態進到不知的
狀態，即如〈齊物論〉曰：「凡物無成與毀，復通爲一」、「故知止其所不知者
至矣」。而徐復觀先生亦認爲：「莊子對於心的警惕，特爲突出，主要原因，
是因爲『知』的作用，是從心出來的。而知的作用，一則擾亂自己，不合養
生之道；一則擾亂社會，爲大亂之源。所以他要『外於心知』」。〔註177〕總言
之，成心之知執著於是非死生等分別，徒然導致生命的流落失眞，唯有由知
進到不知，〔註178〕才能使心超離於物，回到心的本身，以虛靈本心觀照一切，
完全順應物性之自然，不強加分別，無心於得失，亦無人我是非之相互對待，
如此方能通達於萬物齊一，回歸無分別之道的境界。

此外，人之有認知能力，此能力源自於心，故「心」才是認知主體，〔註179〕
生命的主宰，精神的能力，亦是虛靈之氣的凝聚，不但能夠感知外在事物，更
能透過自身靈動之氣(「心」若指身體的一部分，當然是由「氣」而成)，順合
天地之氣，經由不斷地修養，上達於與道合一之境界。所以，就氣化層面而言，
「一氣」流行於天地，遍達於萬物，萬物雖有生滅，然人之「心」是認知主體，
此心若與渾然未分之「一氣」相互感應，與流行於天地萬物之氣相互交通，則
「道」即於「常心」(〈德充符〉)〔註180〕中朗現，此之謂「知之盛」(〈大宗師〉)。

〔註177〕語出徐復觀：《中國人性論史》〈先秦篇〉，頁380。

〔註178〕參閱王邦雄師：《人人身上一部經典》，頁118 說道：「知是成心，成心執著人
間的是非，有成就有毀；不知是道心，無執著無分別，無成亦無毀。道心虛
靜，一如天道明照，可以照見萬竅怒號的每一籟，皆眞而無僞，皆是而無非」。

〔註179〕認知活動除了能知之主體，尚須有認知的客觀對象。然而，「氣」是無形無象
之形上原理，已是不易把握的事實，萬物雖有形有象，但隨「氣」之流轉變
動，「若驟若馳」(〈秋水〉)，主客關係常處於變動之中，此是認知主體之局限。

〔註180〕由於達到最高境界時必感覺至樂，所以莊子常以「游」稱之。此如〈德充符〉：
「游心乎德之和」、〈應帝王〉：「游心於淡，合氣於漠」、〈外物〉：「心有天游」；

是以，莊子論「心」，並不重視生理意義之探討，而是著重在「心」依氣化理則所發揮之作用，除卻心靈之物欲障蔽，以「心」去感應，依「氣」去順合，修養工夫都是經由「心」而成。同時，莊子亦以心靈是人類最能呈顯道性之所，宇宙生成之初，充滿「氣」之虛明靈動之特性，自然成爲一切官能之主宰，甚至以「靈府」（〈德充符〉）、「靈台」（〈達生、庚桑楚〉）而爲代稱。不過，因分別執著逐導致稟受於「道」之自然眞性，猶如秋多之氣般地日漸衰殺；類此心靈枯竭淪喪之負面意義的「成心」之意者，另有「師心」（見〈人間世〉，以自己成見爲師，固執不化之心）、「厲心」（見〈人間世〉，以言語相欺而產生忿戾之心）、「滑心」（見〈天地〉，心靈受外物攪擾所產生浮動急躁之心）、「機心」（見〈天地〉，耍技巧手段，背離眞性純樸之心）與「賊心」（見〈天地〉，違背自然，傷害他人之心）。依此，不斷指點心靈之種種障蔽，期以工夫修養轉化之，而回復虛靈明覺之「常心」（見〈德充符〉，呈現氣之靈明作用之心），乃莊書之精神與意義所在。

（二）「心」之「遊」

依〈人間世〉「心齋」段所言：「無聽之以耳而聽之以心，無聽之以心而聽之以氣」，顯見形、心、氣是遞升的關係。形乃陰陽二氣和合而生，具有物形物理之物，也就是百骸、九竅；「氣」能「虛而待物」，且因「一志」之工夫而具有精純之至陽之氣，成爲「道」所棲集之「神」；而「心」的定位，以其同爲五臟（心肝脾肺腎）之一來看，「心」應與百骸九竅同一層級，也就是應爲〈天地〉「泰初」段所言之「形」。〔註181〕然而，依循形心氣之思維脈絡而言，「心」實非物質性的，且依〈人間世〉蘧伯玉告訴顏闔曰：「形莫若就，心莫若和」〔註182〕、〈大宗師〉孟孫才之母死而「哭泣無涕，中心不戚，居喪不哀」，〔註183〕此兩段引言亦皆以形、心相對而言，此外，自「乘物以遊心」（〈人間世〉）、「遊心乎德之和」（〈德充符〉）、「遊心於物之初」（〈田子方〉）

可知，「常心」不旦是認知主體，更是游於氣和之精神主體。

〔註181〕〈天地〉：「泰初有無，無有無名。一之所起，有一而未形。物得以生，謂之德；未形者有分，且然無間，謂之命；留動而生物，物成生理，謂之形；形體保神，各有儀則，謂之性；性脩反德，德至同於初」。

〔註182〕此言心以和爲優先，而與形之宜於遷就不同。參閱王叔岷：《莊子校詮》，頁147：「外形莫若遷就，内心莫若寬和」。

〔註183〕孔子認爲，此因孟孫才已領悟其母之死是有骸型而無損心；參閱劉武：《莊子集解内篇補正》，頁174：「言彼死者有駭變之形，而無損於心」。

等，亦視「心」乃具有超越意義。依此，「心」確是超越物質的存在，故而，
〈外物〉云：「胞有重閬，心有天遊。室無空虛，則婦姑勃谿；心無天遊，則
六鑿相攘」；〔註184〕軀體好像一層其中是空曠的（閬）浮膜（胞），可以容納
五臟六腑，而五臟六腑之內也是中空的，可以容納血液、食物。而「心」也
是一個只有純白的虛氣且不容任何物的空間，因心之遊，乃是從容自然的天
遊。是以，一個家庭若沒有足夠的空間，婆媳就會起爭執；「心」不能從容自
然地天遊，六根（耳目口鼻心知）就會成為鑿傷本性、相互攪擾的六鑿。因
此，推而知之，「心」與形軀（胞）仍有相同之性質，那就是擁有空間的要求，
然而，胞有所容，「心」則不欲容物而欲「遊」，且「心」與形軀之種種官能
（六根）有相對性（心不得其所求，可使六根鑿性相攘），所以，「心」雖為
形之一，卻與其他百骸、九竅、六臟等物質性形軀不同。因為，「心」要求從
容自然地天遊，否則會使六根鑿性，說明「心」的層級高於六根，且天遊為
「心」的本質之一。所謂「天遊」，〈德充符〉言：

> 魯有兀者王駘……常季曰：「彼兀者也，而王先生，其與庸亦遠矣。
> 若然者，其用心也獨若之何？」仲尼曰：「死生亦大矣，而不得與之
> 變；雖天地覆墜，亦將不與之遺。審乎無假而不與物遷，命物之化而
> 守其宗也。」常季曰：「何謂也？」仲尼曰：「自其異者視之，肝膽楚
> 越也；自其同者視之，萬物皆一也。夫若然者，且不知耳目之所宜，
> 而遊心乎德之和；物視其所一而不見其所喪，視喪其足猶遺土也。」
> 常季曰：「彼為己，以其知得其心，以其心得其常心。」〔註185〕

此言不起分別作用之知，反而能夠反映出物象的原貌（皆一），並且，知使本
具分別之「心」，不再隨物遷化，因萬物既為一，物之遷化與否亦為一，「心」

〔註184〕此段註解參考自林西仲：《標注補義莊子因》，頁543：「胞，人身浮膜也，重
　　　　閬，空曠之地，所以行氣者。人心亦然」，與宣穎：《南華經解》，頁473：「勃
　　　　谿，逼塞相乘也。蓋勃，爭也；谿，空也。爭踐空處也。謂無餘地則尊卑逼
　　　　塞相乘踐也。六鑿，六根之鑿性者也。無閒適處，則六根用事而鑿性」。
〔註185〕此段註解參閱劉武：《莊子集解內篇補正》，頁124：「故夫官骸百體者，物
　　　　也。命物順化以待盡，惟遊心於德之和，不隨物以俱化。……此所謂『命
　　　　物之化』者，外化也，與物化也。所謂『守其宗』者，內不化也，一不化
　　　　也。……守其天也」。此外，王叔岷：《莊子校詮》，頁175：「此謂王駘內
　　　　通之修養，以其分別作用之知，得其起分別作用之心，更以其起分別作用
　　　　之心，得其無分別作用之常心」，而如何能自知得其心，孔子說是一知之所
　　　　知，也就是將起分別作用之知與所知對象，等同視之（「自其同者視之，萬
　　　　物皆一也」）。

已無從發用其分別能力，而此即達「命物之化，而守其宗」的境地。是故，此令物自化〔註186〕且能守其宗之「心」，即提升而爲「常心」，〔註187〕而遊於德之和。不過，雖然「遊心乎德之和」，即〈外物〉所謂「心有天遊」之意，但若是「心無天遊」，「心」外鶩於天地之覆墜、生死之變與萬物之遷化，並爲外物所壅入，而不再是虛室，無法生純白之虛氣，此不僅無法「遊心乎德之和」，更將因此帶動耳目等六根，爲求所宜而互鑿之不宜結果。

（三）「心」之「化」

「常心」亦關聯及「化」的問題，〈知北遊〉云：

> 顏淵問乎仲尼曰：「回嘗聞諸夫子曰：『無有所將，無有所迎。』回敢問其遊。」仲尼曰：「古之人，外化而內不化；今之人，內化而外不化。與物化者，一不化者也。」

此言古人能內不化，是因其「心」對物無有將也無有迎，亦即，「心」猶如明鏡之映照萬物，並不納藏物之來去，而古人如此之「心」即能守其宗地護守住「神」，故能不隨萬物而遷化。至於，古人之所以外化，乃因古人將自己之外（形身）與萬物等同看待，故聽任形身與萬物遷化（「與物化者」）；此同王駘視「喪其足，猶遺土也」（〈德充符〉）之意。依此，古之人與王駘乃皆視喪足如遺土，故聽憑其與萬物遷化，而有外化現象，然而，更加重要的是，古之人與王駘都是「令物自化，而守其神」（〈德充符〉），故能「遊心乎德之和」，故使其內（心）不化。

（四）「養心」之道

關於養心之道，〈在宥〉云：

> 心養。汝徒處無爲，而物自化。墮爾形體，吐爾聰明，倫與物忘，大同乎涬溟。解心釋神，莫然無魂。萬物云云，各復其根，各復其根而不知。渾渾沌沌，終身不離。若彼知之，乃是離之。

此言雲將遭天難，鴻蒙告之以「心養」來避難；而養心的具體作法，只是一無

〔註186〕依〈在宥〉云：「汝徒處無爲，而物自化」，故解「命物自化」爲令物自化、使物自化，且令與使皆非役使之謂，而是聽憑之意，否則又將回歸原來起分別作用之「心」了。

〔註187〕所謂自守其宗之宗，即本也。就人之本而言，即指得於「道」之「一」；因而，自守其宗是說守其「心」，使「心」成爲生白（虛氣、神）的虛室（心齋），如此之「心」，方可謂常心（「道」棲集之，始能常而不變），遊乎德之和。

作爲（「徒處無爲」），進一步分析，就是要「忘」四肢形體（含官能）、耳目聰明、人倫庶物。而「忘」之成效，狹義而言，是使萬物自遷自化，廣義言之，則能同於自然的渾然之氣（「大同乎涬溟」），進一步還能使紛紜眾多之萬物，都回歸於本根（「道」所起之一）。〔註188〕若再更深推敲「養心」之道的實質，可知杜塞心知，使耳目返視內聽，其「心」之「氣」，由靜至純，再由純養之而臻於至同（涬溟〔註189〕、渾融之氣、神、一），故能與來舍之精純的至陽之氣渾然融合，而爲「道」所集之「心齋」。是以，「心齋」之「心」並非僅是陰陽和合而生之物質性之形，而是充滿純陽精氣之「神」，因其仍保有與「萬物皆一」之知，故稱之爲「常心」或「心齋」。並且，若不持守此「常心」，而聽憑知之運作，就又會回到心的原來狀態。因此，鴻蒙說明芸芸眾物，於養心者「大同乎涬溟」而後，因其心不再與其他之心或物知知識識，故皆如各復其本根一般，只要永遠不開知識，〔註190〕就能終身不離於涬溟，反之，若心發用認知能力且用知（起分別作用），就等同於離開「道」之涬溟。依此可知，「常心」仍是心，但「常心」較一般義之心更爲精緻化，即使養心至「常心」境界，一旦用知就又回到心的原來狀態；此間之關係樣態，就如同「虛而待物」之「氣」，與「心齋」之「氣」一樣，亦與一般的純陽之氣與精純的至陽之氣間相同。

　　然而，「心」何以能夠通過涵養而爲「常心」，答案就在於心的本質是靜且柔，即使心有所遊，也是任由純白虛氣流通之天遊。關於心之靜柔本質的描述，〈在宥〉云：

> 崔瞿問於老聃曰：「不治天下，安藏人心？」老聃曰：「女慎，無攖人心。人心排下而進上，上下囚殺，淖約柔乎剛彊，廉劌彫琢，其熱焦火，其寒凝冰，其疾俛仰之間而再撫四海之外。其居也淵而靜，其動也縣而天。僨驕而不可係者，其唯人心乎！」

此言人心本是沉靜、淖約柔弱的，因而人心是不可攖的；淖約柔弱之心的表現，排抑之則能使之下，推進之則能使之上，無論是排或進，皆已是攖動之，

〔註188〕依此，養心之成效是使自己同於渾然之氣，收斂心知，不擾於物，物即自遷自化而歸於本根；而此實等同於「徇耳目內通而外於心知，鬼神將來舍」（〈人間世〉）與「唯神是守。守而勿失，與神爲一。一之精通，合於天倫」（〈刻意〉）之意境。

〔註189〕參閱陳壽昌：《莊子正義》，頁178：「元氣渾然，無朕無兆，謂之涬溟」。

〔註190〕參閱宣穎：《南華經解》，頁227：「渾渾沌沌，不開其知識」。

使原本柔靜之心，在上下之間，或如受囚繫，或如受傷殺，〔註191〕在此之時，原本柔靜之心將勝過任何剛強之物，如稜角般銳利刻削、焦火般熾熱、凝冰般寒瑟，〔註192〕而且，一旦違逆人心的靜柔本質，心或就疾速地在俯仰之間來回四海之外兩趟（再撫），或是倏而深伏如居靜淵，或倏而遠揚如飛昇天；〔註193〕依此可知，人心之本質既是又靜且柔的，在受不當之攖擾〔註194〕後，是會混亂且彊傲而不可禁係。莊書如此強調，「心」若是沉靜、綽約而柔弱，就能「徒處無爲」、墮形體黜聰明、忘人倫庶物（〈在宥〉語），亦即可養而至於「常心」，而爲「神」所舍，以遊於德之和而不化；但若發用心知功能而使之起分別作用，有所親、競、變之現象，就會造成種種傷害。此傷害一如〈庚桑楚〉云：「兵莫憯於志，鎮鋣爲下；寇莫大於陰陽，無所逃於天地之間。非陰陽賊之，心則使之也」；陰陽之氣若有沴亂，即成邪氣傷人，而天地之間莫非陰陽之氣，根本無法閃躲，所以，陰陽之氣可說是最大的敵人（寇）。然而，事實上，陰陽之氣並不會無故而沴亂傷人，應是「心」役使陰陽之氣所導致的傷害；這就像是兵器固是慘毒的工具，可是，兵器並無傷人之必然性，而是因人存心以兵器傷人所致，是以，傷人之主因乃爲存心（志），而非鎮鋣等兵器。同理可知，形構人身之陰陽之氣，本是得和而生，若「心」有所旁騖，而使心中之氣躁動，此即違逆「心」之本質，致使心中之氣寒凝如冰、焦熱如火、倏起倏落，或剛強如稜利之刃（此如《老子》〈五十五章〉所言：「心使氣曰強」），也就會招致如成玄英所說：「兵起內心，如何避邪」〔註195〕之結

〔註191〕參閱宣穎：《南華經解》，頁219：「遭排抑則降下；稍進步則亢上。上下之間，係之若囚，傷之若殺」。

〔註192〕參閱郭慶藩：《莊子集釋》，頁445：「能淖約則剛強者柔矣。……夫焦火之熱，凝冰之寒，皆喜怒並積之所生」。

〔註193〕參閱王叔岷：《莊子校詮》，頁382：「竊疑此文本作『其居也而淵靜，其動也而縣天。』而猶『如』也。縣天猶遠天。言其深伏，言其遠揚」。

〔註194〕關於人心之攖擾，〈天運〉藉老子提出許多具體的例子：「黃帝之治天下，使民心一」，故人皆淳一而不獨親其親、子其子。堯以後則「使民心親」，而使人有親親、子子之偏私現象；舜則「使民心競」，故人始有早夭現象；禹則「使民心變」，造成天下大駭；到了當代，竟出現「丈夫而有婦女之道」；所以，老子之結論言「名曰治之，而亂莫甚焉」。此治之反亂之因，即是使民心親、競、變地攖擾了人心，亦正應驗老子認爲欲藏之則反攖之之謂。

〔註195〕語出成玄英：《南華眞經注疏》，頁950：「寇，敵也。……夫強敵巨寇猶可逃之，而兵起內心，如何避邪？……此非陰陽能賊害人，但由心有躁競，故使之然也」。

果。因此，眞正應該對治的，並非天地之氣，而是起於「心」之執著的陰陽之氣。

至於，本質靜柔之「心」，爲何會使「氣」，也就是導致心知發用運作的原因到底是什麼，而此〈外物〉有言：「物之有知者恃息。其不殷，非天之罪。天之穿之，日夜無降，人則顧塞其竇」，說明物是依待氣息與心以外之部分（包含形軀之內）交流而有知的，因而，此心知功能須有一個空間，〔註196〕且要有可供氣息流通之竇。〔註197〕假使聽憑心知功能外馳，使外在事物紛紜來赴，那麼，「心」的空間必受撐觸且將堵塞其竇；倘若如此，原本日夜不停地在竇內外穿梭著的天地之氣，就會被阻絕在外，而已入竇的天地之氣〔註198〕卻又因鬱閉不流而無法自清，〔註199〕此時不是「忿滀之氣……不上不下，中身當心，則爲病」（〈達生〉），就是「心」也會跟著「困焉而不能知」。〔註200〕依此可知，心知功能是因「心」中之氣息流動所產生的，且氣息之流動是有其必要性的，如果反而壅塞其竇（使外物紛紜來赴），不使流動，就無法引天地之氣穿流而入。簡言之，「心」是藉著「氣息」之穿流而能知的。〔註201〕然而，眞正應該捐棄的亦非感官本身（如心）或其功能（心知），關此，〈外物〉云：「目徹爲明，耳徹爲聰，鼻徹爲顫，口徹爲甘，心徹爲知，知徹爲德」，心知並非必須摒棄的，如能徹底發揮耳目等感官之

〔註196〕所謂空間，即宣穎：《南華經解》，頁39：「心必有閒處以適天機」之「閒處」，也就是「心有天遊」（〈外物〉）之意。

〔註197〕參閱成玄英：《南華眞經注疏》，頁1160：「竇，孔也」。

〔註198〕參閱焦竑：《莊子翼》，頁771：「夫生物之有息，所以通一身之氣。交天地之和，作爲以壅閼之，則非與天地元氣流通之道」。

〔註199〕參考〈刻意〉所言：「水之性，不雜則清，莫動則平，鬱閉而不流，亦不能清，天德之象也」。

〔註200〕參考〈田子方〉所言：「心困焉而不能知，口辟焉而不能言」。

〔註201〕如謂莊子以「心」藉「息」之穿流以達知之目的，似有違〈在宥〉所言：「墮爾形體，吐爾聰明……若彼（心）知之，乃是離之（淳溟）」；只是，這些都應是方便的說法，《莊子》有更多的例子說明，並未排斥形、心等官能。此如〈天地〉言及所行雖異之盜跖與曾史，「然其失性均也」時，指出五項失性的原因：「一曰五色亂目，使目不明；二曰五聲亂耳，使耳不聰；三曰五臭薰鼻，困惾中顙；四曰五味濁口，使口厲爽；五曰趣舍滑心，使性飛揚。此五者，皆生之害也」；說明耳目心等器官各有其性，卻因五色、五聲、趣舍等失其性，所以，眞正應予摒棄的是使之失性的五個外因，而非否認各感官的官能，更不是否定各感官的本身。

功能，仍是可以進到德之境界的。〔註202〕因此，耳聰、目明、心知等，實非「離形去知」（〈應帝王〉）之對象，真正需要「離形去知」的是使耳不聰、目不明與心受滑之因；而這些原因都起於過多外來事物侵入所致（因過多外物入侵，耳目心與外界溝通之管道，便被阻絕）。〈天地〉即云：「且夫趣舍，聲色以柴其內」，聲色、趣舍等，如柴般堵塞其心，而不是說耳目口鼻以柴其內；易言之，聲色、趣舍等由心知之執著而來，並非耳目官能之本身，依此，莊書並未認為形為必黜之惡。那麼，「離形去知」的最好方法又是什麼，〈繕性〉有言：「古之治道者，以恬養知。知生而無以知為也，謂之以知養恬。知與恬交相養，而和理出其性」，就是全生養知。所謂恬即靜也，〔註203〕靜則無所偏好，無所偏好之知只是如如地知之，不起分別作用，不生好好惡惡之分別，使知之亦不累其靜（恬在養知之後，不妨礙「心」仍保有恬靜之本質；以恬所養之知，因無所偏好，故能愈養愈明白天下本無可好者，則愈能靜矣），此則知雖生，卻無所作為，象徵知在養恬之後，並不影響「心」發揮知之功能（此「心」所具之本質與功能，就不是必然牴牾的）；而於知與恬的交相養之下，即能得真知之「常心」，也就有和自其性分中出。然則，「心」與志之間的關係又是如何，〈繕性〉云：

> 古之行身者，不以辯飾知，不以知窮天下，不以知窮德，危然處其
> 所而反其性已，又何為哉……故曰，正己而已矣。樂全之謂得志。
> 古之所謂得志者，非軒冕之謂也，謂其無以益其樂而已矣！

此欲修身養生之古人，是獨然正己地處於恬靜本性中，使知無所用，並避免使知淪為窮德與窮天下之媒介與工具，即使自己一無作為，亦只是危然地正己，不過，卻能得到全其性之志。依〈繕性〉對於得志之見解云：「非軒冕之謂也，謂其無以益其樂而已矣」，並非來自外求之功名，因為不能增加生命的快樂；且〈人間世〉亦曰：「若亦知夫德之所蕩而知之所為出乎哉？德蕩乎名，知出乎爭」，可見使德流盪不歸的即是名。則莊書所言得志，並非軒冕之謂，而當是德之謂。而德乃是物得一，故能合理成形者，是與外求之名相對的內在真實；人若能保全其內，就是最大的滿足，沒有比這個更快樂的事。至於，

〔註202〕「知徹」已跳脫執著之知，而進至無執著之不知（不知乃無心）。可一併參閱王先謙：《莊子集解》，頁424：「按智慧通，則能自得也」。

〔註203〕參閱成玄英：《南華真經注疏》，頁660：「恬，靜也。……是故恬由於知，所以能靜。知資於靜，所以獲真知：故知之與恬交相養也。斯則中和之道，存乎寸心，自然之理，出乎天性」。

保全其內為何就能令人感受得志的最大快樂，此〈庚桑楚〉謂：「徹志之勃，解心之謬……貴富顯嚴名利六者，勃志也。容動色理氣意六者，謬心也」，「心」的本質暫隱而作用凸顯之時，稱之為志，所謂志，即「心」之所之；〔註204〕若是「心」之所之，在富貴等外物之上，不但無法顯現「心」之靜柔，亦且還會使「心」受到容動色理氣意等攪動與束縛，久而久之將會塞其竇（孔），而使心竇中之氣，鬱閉不流而不清。故而，若於「心」有所之之時，能夠一之（不分），使之只通向形軀之內，那麼，恃息而與心之外（形之內）交流之知，依然仍在形軀內流通，如此，即等於撤去勃志之富貴等形軀之外的事物，而使得「心」免於容動色理氣意之糾繆。因而，由恬靜所養之知的功能，加上有息穿梭於「心」之竇，又保有由真知所養之靜柔本質，無外在事物攪繆，並通過恬知之交相養，此「心」即為「常心」，且「心」中穿梭日夜無降之氣息，也就自靜而純且精。至此，心知即與天地之氣交流（此即為神人、至人、聖人之「乘雲氣」而調攝陰陽之氣的階段），並且，此時「心」中之「神」具有精純能化之作用，即使外物隨知而入，因已由真知等同視之，亦因為「神」所化，而仍能不使「神」勞弊而虧，如此境界，其實就是一志的顏回可以達到心齋而有道來集（〈人間世〉），也就是用志不分的承蜩丈人能凝於神而承蜩猶掇（〈達生〉），更即是未嘗敢耗氣的梓慶可以齋以靜心而忘四肢形體（〈達生〉）的主要原因。

　　總而言之，「心」受形於「氣」，故與耳目等同層次而具有物質性，即如耳目之於視聽，六臟、九竅、百骸等各自具有不同功能，因「心」本為「神」所舍之虛室，只要守神勿失，即可掌控「心」的方向（得志），免受糾繆羈絆，而保持其柔靜綽約之本質，而此亦是「心」所具之超越物質之性。

四、莊子之「氣」

　　對於人類生命的關注，東西方哲學總針對宇宙萬物的起源問題，給與不同的思考與反省：阿納克西曼得（Anaximandros）認為宇宙原質是極為抽象的「無限」（apeiron）；德謨克利圖斯（Democritos）指出宇宙原質應是真空中運動的「原子」（atom）；〔註205〕而莊子則肯定形構宇宙萬物的原始材質是來自

〔註204〕參閱焦竑：《莊子翼》，頁 664。
〔註205〕中國「氣」論與古希臘原子論的基本思想與歷史意義並不相同：原子是被虛空間斷的（間斷性）、有形的、不可分、不可入的微小粒子；而「氣」則是充

於無邊無際的「氣」（aera）。然則，哲學家爲何將「氣」視爲構成宇宙萬物之共同材質，關此，亞里斯多德就曾指出：「有些人把氣當作別的事物的本原，因爲氣和別的事物比起來感覺上的差異最小」〔註206〕、「最基本的元素物質應該是由它們的併和來組成最初的事物的。這種質性應是屬於實體中精細的微粒。以火爲原理的人與這論點最爲符合。其他各家所講實體元素的稟賦也與此意相近。至少是這樣，凡主張基本元素只一種的人沒有誰曾舉出『地』爲這唯一元素，明顯地這因爲地的粒子太粗」〔註207〕其次，黑格爾亦曾評論曰：「土看來很像是許多個別元素的集合體。水則與土相反，是統一體，是透明體，我們很明顯地看得出他表現著統一的形式，空氣、火物質等也是這個樣子。原則應該是一個，所以必須在自身中具有統一性；如果它像土一樣，顯示出多樣性，那就不是自身統一性，而是雜多的了」。〔註208〕依此可知，最初的哲學家是以感覺上差異最小、最精細的物質、透明體、表現物質統一性之形式的東西，作爲構成宇宙萬物之基本元素；此一原則不僅適用古希臘哲學，同時，亦適用於中國古代哲學的認識與發展。自古以來，中國哲學家賦予「氣」以其大無外，其小無內的屬性，自宏觀上論是要解決「六合爲巨，未離其內」（〈知北遊〉）之問題，從微觀上講是要面對「秋毫爲小，待之成體」（〈知北遊〉）的情形，〔註209〕此因最精細者最易流動之特質，足能體現物質自身運動的原則，所以，亞里斯多德曾說：「自然哲學家……把水和氣或它們的中間體當作一個無限，其理由的確就在這裡，因爲火和土所在的空間顯然是確定的，

盈無間（連續性）、無限的、能動的、可入的存在物。其次，原子論在古希臘羅馬的奴隸制度社會中產生與發展，爲牛頓機械力學爲代表之近代自然科學提供哲學基礎；而「氣」論則是在中國古代從奴隸制度走向封建制度的歷史過渡期所產生與發展的，在中國漫長的封建社會中得到了長足的承繼與延續，也爲居於世界領先地位的中國古代科學技術提供哲學基礎。

〔註206〕語出《物理學》，頁32。
〔註207〕語出《形而上學》，頁20。
〔註208〕語出《哲學史講演錄》第一卷，頁199。
〔註209〕從微觀上講是要面對「秋毫爲小，待之成體」的狀況，正如亞里斯多德所言「由它們的併合來組成最初的事物」之問題。亞里斯多德以爲火最精細，「以火爲原理的人與這論點最爲符合。……那些主於地、水、氣以及主於某種密於氣而疏於水的元素的講法，都不如主於火爲正確」（參閱亞里斯多德：《形而上學》，頁20）。但是，亞氏此說卻不符合中國古代哲學的狀況。中國古代哲學家孔穎達《禮記》〈月令疏〉認爲：「氣」至精無形，其次，「水體最微，火比於水嚴屬著見，木比火象有體質，金比木其體堅剛，土載四形又廣大」：顯然，「氣」之於中國的地位更爲重要。

而水和氣或向上或向下兩可」。〔註210〕中國古代氣論哲學家，與希臘早期埃歐尼亞學派〔註211〕哲學家一般，視萬物與運動、萬物與精神爲相互關聯的觀點；《呂氏春秋》〈盡數〉篇說道：「精氣之集也，必有入也。集於羽鳥與爲飛揚，集於走獸與爲流行，集於珠玉與爲精朗，集於樹木與爲茂長，集於聖人與爲瓊明」；此精氣即爲一切運動與精神活動之泉源。

　　回歸中國哲學之氣論思想，談「氣」不能不談莊子！而且，莊子的「氣」概念的確對於後世的「氣論」影響相當深遠；植基於此定調，則釐清並還原莊子「氣」概念之多重意義，分辨且拓深莊子「氣」概念之層層義蘊，即爲凸顯莊子「氣」概念思想的當務之急。

　　莊子以「道」爲體，以「氣」爲用，並由「氣」建構天地、化生萬物；但是，莊子爲何將「氣」概念置於「道」與萬物之間，亦即無爲無形、窈冥昏默、不生生、不殺生之「道」，何以不由「得道之一」的「德」，來展現「道」之作用，〔註212〕依據莊子文本可有以下之說明：首先，基於對老子「氣」概念之探討，老子之「道」乃是「無爲而無不爲」（〈三十七章〉），不過，「無爲」又何以能「無不爲」，《老子》書中並未明白表述，然莊子思維縝密，爲解決此思想困境與考量萬物生成須具有存在之意義，〔註213〕故賦予「氣」

〔註210〕語出亞里斯多德：《物理學》，頁 83。希臘早期哲學家都有某種「物活論」的傾向：泰利斯以爲萬物都充滿著「靈魂」（靈氣），亞里斯多德也根據關於泰利斯的記載來判斷，「他似乎是把靈魂看成某種具有引起運動的能力的東西」（參閱《古希臘羅馬哲學》，頁 5）。

〔註211〕埃歐尼亞哲學家主張世界的本原是「一」，而水、氣、火都是連續的「一」，此連續的「一」，其內部是流動的，因而是由部分組成的「多」：「一」與「多」的對立統一，正是水、氣、火能夠存在且自身能夠運動的必要條件。在古希臘原子論產生之前，尚未有不可分的原子被虛空所間斷之思想，那時的人們對「一」與「多」就只能想像成連續的、可以分割的。依亞里斯多德：「如果『一』是指的連續的事物，那麼『一』就是『多』，因爲連續事物可以被無限地分割」（語出《物理學》，頁 19）。而《莊子》〈天下〉篇亦有關於無限分割之記載：「一尺之捶，日取其半，萬世不竭」。

〔註212〕「德」所得於「道」，乃是未形之一：雖然萬物確是有所得「德」始生，若謂由「德」直接生物，當中的理論架構過於跳躍，而且，生成萬物者應是具備物質之性，如謂由「德」直接生物，不僅「德」成爲物質性的概念，「德」所得而生物之一，亦有物質性意義之虞，而此無法呼應「道」爲先驗性之無的涵義。所以，宜於無形之「道」與得於「道」之一的「德」後，加入有所分之二（陰陽）的「氣」；而此理論架構可表述爲：「道」（無）→「一」（有）→「二」（「氣」）→萬物。

〔註213〕由於「道」之先驗性之無，無法作爲生成萬物之材質，且以莊子當時代之思

以細微流動且不具象之特質，具體落實「道」「無不爲」之作用。其次，莊子深悉心知之執著與情識之負累，最終乃來自生死問題之不安與攪擾，因而，如何自不可奈何走向安之若命，唯有於萬物底層相同之意義下，方能使得萬物之間的轉換成爲可能，換句話說，只有訴諸萬物皆以「氣」爲生存依據之意義，由「氣」聚合而生，離散而死，「氣」乃能成爲萬物之間相互轉換之主導關鍵。再者，輕而升、沉而降，相互吸引且通於天地四方之「氣」，載「道」以內在於萬物之中，實已將宇宙（形上之「道」與形下之物）聯屬爲整體。

莊子所謂「氣」，依〈人間世〉曰：「若一志，無聽之以耳而聽之以心，無聽之以心而聽之以氣！聽止於耳，心止於符。氣也者，虛而待物者也。唯道集虛。虛者，心齋也」，是指「虛而待物者」，也就是人的內心能夠虛靜地應對外界事物的精神狀態；而虛靜即是不好不惡、恬靜無欲、虛懷若谷的心靈境界，而此虛靜的心靈境界，能夠超脫利欲而提昇道德人格，達致精神自由的境地。是以，莊子亦言「唯道集虛」（〈人間世〉），只有得「道」的人，專心一志，「無聽之以耳而聽之以心，無聽之以心而聽之以氣」，才能達到「虛而待物」的虛靜境界。莊子肯定以「氣」而非用耳朵與心智來對應事物，這是強調人的精神作用；此因只有基於精神作用的前提，方能泯滅物我界線，成爲與天地精神合而爲一的聖人、神人。所以，莊學非常重視持守「純一之氣」，〈達生〉云：「是純氣之守也，非知巧果敢之列。……壹其性，養其氣，合其德，以通乎物之所造。夫若是者，其天守全，其神無郤，物奚自入焉」，得道之人，能在水中行走而不被窒息，在火上行走而不覺得燠熱，高升於萬物之上而不害怕，這樣的作爲，不是因爲英勇果敢，而是能守「純氣」之故。是以，守「純氣」，一其性，專其志，而與萬物合德，與化生萬物之「氣」相通，與天地精神合而爲一，這就是至人的生命境界。

莊子言虛靜以持守「純氣」，是精神境界的「氣」概念思維，而氣功理論亦可證明，人能通過練功而赤腳在火炭與燙石上行走，表明莊子所言並非妄論。況且，「虛而待物」之說，不僅說的是德性的涵養，更是針對治國愛民而言；〈應

考，足以代表物之材質者，非五行即六氣。五行除具有尊崇象徵之火，不宜作爲最基本之材質，其他如金木水土，則過於具體而無法解釋液態與固態以外之存在現象（風、煙、氣息等）；而與之相對之六氣（陰陽春夏秋冬、陰陽風雨晦明）正可克服此缺憾。

帝王〉所謂：「游心於淡，合氣於漠，順物自然而無容私焉，而天下治矣」，莊學要求治國者，心氣合於淡漠，無私無欲，順物自然，無爲而治，以達天下之大治。整理莊子言「氣」之特質，歸納分述爲「氣」之「動」、「氣」之「虛」、「氣」之「精純」、「氣」在「和」的狀態能「生成」萬物、「氣」具有主體性格、「氣」之「遊」、「氣」之「化」與「氣」爲修養的先決條件等八項：

（一）「氣」之「動」

在莊子思想中，「氣」不僅是萬物生成變化的原因，更是生命的泉源，因而，「氣」具有往來健動之功能，展現出活潑的生機與蓬勃的朝氣。莊子直接言明「氣」之運動現象的描述是〈知北遊〉云：「天地之強陽氣也」。就「強陽」之意，〈寓言〉亦云：「彼來則我與之來，彼往則我與之往」，此眾罔兩與景（影）之對答，影子向罔兩表達形來往，我即隨之來往，形強陽，我即隨之強陽；此強陽頗有來來往往、運動健動之意，〔註214〕意謂天地的「強陽」即是吾人的「強陽」，二者相繫不離且關係就如同影子與形體永不可分般地密切。

至於「氣」之能動性，可就兩方面言之：其一是「氣」之離合，陽氣與陰氣是互相吸引的，故出現動的現象，這就是合；而相互吸引的陰陽二氣，亦同時受到天地四方固有的陰性與陽性的吸引，亦會造成動的現象，這就是離。整個天地的結構是「天」爲「陽」，「地」爲「陰」，且天地間的四個方位，是東、南方爲「陽」，西、北方爲「陰」，〔註215〕故陰陽二氣在相互吸引的同時，亦會受到天地四方之陰性或陽性之吸引。易言之，陰陽二氣互吸而趨向對方，於合在一起後，又受到天地四方之吸引，分離而去，此離合之間，即是「氣」之能動的根源，〔註216〕並且，只要陰陽相吸的本質不變，此離合現

〔註214〕「強陽」無論是郭象注、成玄英疏或陸德明音義，皆明指爲「運動」之意；參閱郭慶藩：《莊子集釋》，頁740。

〔註215〕古人具有將陰陽之氣與方位配合之概念，雖然，各家對陰陽之氣所代表的方位認知不盡相同。《禮記》〈鄉飲酒〉：「天地嚴凝之氣（陰氣），始於西南而盛於西北……天地溫厚之氣（陽氣），始於東北而盛於東南」、《淮南子》〈詮言訓〉：「陽氣起於東北，盡於西南；陰氣起於西南，盡於東北」、李志林：《氣論與傳統思維方式》，頁26～27：「季風與寒暖緊密相連，季風來自四方，所以季節配以方位，這是我國典型的北半球溫帶季風氣候的產物。……在日常生活中，人們注意到熱氣升騰，寒氣低沉，所以中國古代又用陽氣表示天氣，用陰氣表示地氣。……中國古代既用『陰陽』表示四方之氣，又用『陰陽』表示天地之氣。這樣就把上下四方，六合宇宙看成是一個陰陽二氣相互作用並且普遍聯繫的整體」。

〔註216〕參閱李志林先生言：「莊子看出氣分陰陽。而『交通成和』則是從哲學上將氣

象便會持續，「氣」之動源亦不致匱乏。此外，「氣」之能動性的另一層面，是指「氣」之聚散，〈知北遊〉云：「人之生，氣之聚也；聚則爲生，散則爲死」，時聚時散之「氣」，在聚而爲人且尚未散去之前，內在於人的陰陽之氣，仍在體內聚散上下；若是一個人之「氣」本應盈滿結聚，結果卻散而不反，就會有不足之虞。因此，「氣」若只上不下、只下不上，或善怒，或善忘，終究導致不上不下而鬱積於心，這就會使人生病，如〈達生〉言及齊桓公自以爲見鬼，故誐詒爲病之事。依此可知，當「氣」之聚散混亂，且維持一段時間之後，由「氣」聚而生之人，就會因著「氣」的散去而死，因而，聚而爲人的陰陽之氣，於人體內仍保持著聚散上下之運動能力，且此能動特質若遭阻礙，即反應爲人體的疾病，甚至死亡。至於，人以外的其他物，亦是由「氣」之聚散而決定該物之成毀，〈達生〉云：「天地者，萬物之父母也。合則成體，散則成始」，這是說明正陽正陰的天地，因陰陽二氣的升降交通而生成萬物，故謂之萬物的父母，當陰陽二氣涌搖成和即合成某物，此物又會散而爲原來（始）的「氣」，這「氣」再經涌搖成和，又成爲他物。因而，某物之「氣」散開來時，即爲他物之開始，此「氣」聚而生，「氣」散而死的論點；〈大宗師〉以譬喻的方式說道：「彼以生爲附贅縣疣，以死爲決疣潰癰。夫若然者，又惡知死生先後之所在」，[註217] 孔子敘述遊於方外的子琴張等人對生死的看法，子琴張等人因體認到生是「氣」聚而得，故視之如贅疣腫瘤，當「氣」逸散而亡時，就有如疣瘤破裂而潰爛，因而，實在無須好生惡死，尤其，「氣」何時得聚，何時將散，抑或是先聚後散，或是先散後聚，此皆無從得知，也就是說，是先有生而後死，或先死而後有生，仍是無法了解的。生死先後之所以難解，宣穎認爲是「一氣」循環的緣故，所謂循環故謂「氣」聚而散，散而聚的現象，亦間接呈顯出「氣」具運動之特質。

（二）「氣」之「虛」

〈人間世〉曰：「唯道集虛」，只有「道」集於這個「虛」，但此時之「虛」，並非「氣」所具有之虛柔而已，乃是「心齋」義之「虛」；亦唯有道集於虛，此時之「虛」，才是「心齋」。即因「氣」本具有「虛而待物」之性質，故而無論是「道」或知巧果敢等邪雜之氣，皆能襲入，因此，唯有通過「徇耳目

與陰陽看成是二而一的東西。然後將陰陽二氣看作是『離合』的關係」；《氣論與傳統思維方式》，頁38。

〔註217〕《郭象注》，頁323曰：「此氣之時聚，非所樂也。此氣之自散，非所惜也」。

內通而外於心知」（無聽之以耳的耳目內通與無聽之以心的心知不外馳）之「心齋」「一志」（〈人間世〉）的修養工夫，方能使心闊廓如虛室，而生純白之氣，亦能使吉祥止之、鬼神舍之；亦唯有通過「合氣於漠」（〈應帝王〉）之修養工夫，使心平易恬淡，使「氣」合於至虛，方能隨順萬物之自然之性而不存私心。因此，「氣」是「虛而待物」的，但所入者爲何，端視是否做修養工夫而定。其次，「氣」之「虛」的性質，具有無限的包容性，雖因個人的齋心一志與否，而使入集於「氣」的內容有所差別，但在理論上，「氣」本身就是最大的空間。〔註218〕

是以，「氣」以其爲「虛」，故能容物；「氣」以其爲「和」，故能生物。此「氣」所容者爲「道」與非道者（「道」是集於「心齋」狀態之「虛」；非道者是入襲於一般之虛氣）。而萬物則是陰陽二氣交通至和所生，在陽氣或陰氣偏勝時，至爲精純細微，故相對於粗糙有罅隙之物，即產生滲透或替代轉化現象，故造成萬物之變化。

（三）「氣」之「精純」

莊子強調「氣」之精純，〔註219〕所謂「精純」，即言「氣」之至精無形，至純無雜；且因「氣」之細微純粹，故有滲透他物之可能。此外，無論是陽氣或陰氣，仍可細分爲一般之陰陽與至陰至陽，誠如〈田子方〉：「至陰肅肅，至陽赫赫」與〈大宗師〉：「陰陽之氣有沴」；前者即是所謂精純的陰陽之氣，後者則是一般的陰陽之氣。不啻陰陽之氣是如此，〈人間世〉「心齋」中的虛氣與虛而待物之氣，亦有所差別；虛氣乃言「心齋」之虛氣，唯有「道」可集之（他物則不能集之），因「心齋」之虛是至陽之氣（精純之陽氣），而精純之氣具有化物之作用，他物若來集之，將被滲透或甚而被取代（轉換而化），故而，於他物入集之時隨即被轉化爲精純陽氣，也就無所謂他物來集的情況，更無所謂「道」

〔註218〕〈天下〉談及惠施「至大無外，謂之大一」之最大空間義的描述，「天地」則可謂空間的具象化概念。

〔註219〕所謂精純之氣，仍能再細分爲化物的純陽或純陰之氣，以及爲「道」所集之虛氣。由於，陰陽之氣和合，即有物生焉，然則，物與物間受命不同，故循不同之儀則、顯不同之性、成就不同之理，而爲不同之物。甚而，陰陽離合消長之過程中，因機遇與環境之不同，陰陽之氣之組合亦不相同；一般陽氣與陽氣或陰氣與陰氣的組合，即非和而爲純，如此即能化物；而至陽與至陽或至陰與至陰之組合，其化物應是全面性取代式地轉換，至於，至陽與至陽之組合，更是「道」所集之氣。

化與不化的問題；僅只有「道」集此「心齋」之虛氣中的情狀。並且，既不欲雜且無不容之「道」，唯有集於精純之氣，方能不爲他物所雜。

此外，莊子之謂「神」，純而無雜、靜一無爲，是令庖丁等人展現神妙技藝之關鍵所在，[註220] 莊子亦曾以「道」稱之。[註221] 因而，「神」既可符應「道」的昏默無爲，又能展現「道用」的無不爲，所以說是「載道」。而〈天地〉「泰初」段之「形體保神」，說明泰初（道）下貫，乃有「一」起於至無之中，此「一」即是「道」內在於物的代表，而由形體保護著，並特稱此「一」[註222] 爲物之「神」，且此「一」即是「道」用以建構天地及天地生成萬物之「氣」，亦正是參與成就物形物理之「氣」。因此，此之謂「神」正是「唯道集虛」之「虛」，而「虛」亦即是「氣」，是較一般之氣更爲精緻之「氣」；[註223] 此因心中之氣，由待物而了無一物，故唯「道」集之，而稱之爲「虛」。「虛」既是精微無形、精純無雜，雖有而似無、至虛而若無（不是眞的無，亦非無本身）之「氣」，且此精純至極之「氣」，具有滲透與轉換萬物之神妙作用。總之，「神」與「虛」之作用相似，故又將「虛」稱爲「神」。

[註220] 所謂「神」，須藉形軀保障其存在，所以，似是可散溢出形軀之外之輕盈流動的存在體；且「抱神以靜」時，則能守形並使形長生，若以「精神」之意來理解「神」，如〈養生主〉：「澤雉十步一啄，百步一飲，不蘄畜乎樊中。神雖王，不善也」；是說澤雉寧可艱困地在沼澤求生，也不願被蓄養在樊籠中，此因被蓄養雖可整天吃得飽飽的，羽毛也是光鮮亮麗的，精神亦是顯得飽滿旺盛的，可是，就是覺得不夠愉快。此之謂「神」，即使處於旺盛的狀態下，仍有可能令人有「不善」的遺憾，所以，此之謂「神」想必並非爲「道」所集之「神」，而是傾向於心理層面「精神」義之「神」；因此，恐未能符合莊子所謂「神」之原意。

[註221] 莊子直以「道」稱「神」，見於〈養生主〉庖丁曰：「所好者道也，進乎技也」，與〈達生〉丈人曰：「我有道」，梓慶曰：「以天合天」。

[註222] 「神」即是「道」所起之「一」，而此「一」內在於萬物成爲「道」的化身，具有道無不爲的作用。老莊皆重視此「一」，《老子》〈十章〉：「載營魄抱一，能無離乎？專氣致柔，能嬰兒乎」、〈二十章〉：「我獨泊兮，其未兆，如嬰兒之未孩」、〈二十八章〉：「常德不離，復歸於嬰兒」；《莊子》〈庚桑楚〉：「衛生之經，能抱一乎？能勿失乎？能无卜筮而知吉凶乎？能止乎？能已乎？能舍諸人而求諸己乎？能翛然乎？能侗然乎？能兒子乎？兒子終日嗥而嗌不嗄，和之至也；終日握而手不掜，共其德也；終日視而目不瞬，偏不在外也」；以上所引皆以甫得「氣」而生之嬰兒說明此「一」之種種現象。

[註223] 虛之氣與一般之氣不同。一般之氣是「虛而待物」，而此「氣」就只是「虛」（通過「一志」工夫後雜染淨盡而呈顯爲虛之氣）；依〈人間世〉：「虛者，心齋也」，此虛之「氣」是居於「一志」工夫後之心中的，只因此時之心就彷彿是齋戒者之心一般，特稱之爲心齋。

其實，視「神」爲精微純粹的至虛之氣，於莊子原典並不易找出直接的例證，不過，「神」字除作爲形容詞與名詞之使用而外，其中如凝、守、抱、全之見解，很顯然地是將「神」視爲極須抱持守護，使其全而不虧者，而此或可視爲「神」即是「道」所集之「虛」的間接佐證。

至於，莊子所肯定神人之形態與境界，衡之〈逍遙遊〉藐姑射山之敍述（專一凝注其神，其肌膚若冰雪，能遊乎四海之外，且使物不疵癘而年穀熟，大浸稽天而不溺，大旱金石流、土山焦而不熱），此謂神人於凝聚精純陽氣之時，一則守形，一則化洪潦高溫爲無所傷於己者，即是守「神」之效。〔註224〕而〈天下〉云：「不離於精，謂之神人」，此處之「精」，依〈秋水〉：「精者，小之微也……無形者，數之所不能分也」之意，亦唯有「氣」之義方能符合。是以，陰陽之氣是「道」所顯現之作用，陰陽之氣於命物成形之同時，「道」即隨其所起之「一」而內在於物中。所謂「道」，昏默杳冥且不欲雜，是故內在於物即是集於他物所不能入之精純的至陽之氣，而此精純的至陽之氣，即承載著「道」而爲該物之實質，稱之爲「神」，若是謹守此「神」，方能固守住「道」，亦且能夠發揮無不爲之效，即成爲神人。因而，「神人」應爲愼守而不稍離於精純之氣者，亦爲守「神」至嚴且使「神」發揮無不爲作用（化）之人。

（四）「氣」在「和」的狀態能「生成」萬物

「氣」之能生，是因陰陽二氣具有相互吸引的根本特質，所以，促成了陰陽二氣的交通，且在交通的過程中，相互激盪而漸趨諧和，此時之諧和即是陰陽二氣之平衡狀態，平衡狀態之「氣」亦是包含陰氣與陽氣，故仍擁有「氣」之流行的運動性格，此諧和且流行之「氣」，遂展現出「道」所下貫之「命」，並呈現此「命」所含之理，而生成爲物。並且，流行之「氣」亦可能因離而純，成爲具滲透力的精純之氣，此精純之氣使成形之物，轉化爲他物。諧和流行之「氣」是爲中性狀態的尚無一物，而精純至極之「氣」則是細微到不可分割的無有一物。由於，「氣」具有諧和與精純之特質，故是不含任何一物的，〔註225〕

〔註224〕神人如此化物之現象，並非刻意之作爲，而是其神凝之時，精純之至陽之氣所必然產生之效應。故而，〈逍遙遊〉之連叔即言神人是：「孰弊弊焉以天下爲事」（王先謙著《莊子集解》，頁 6：「簡文云：『弊弊，經營貌』」）、「孰肯以物爲事」；〈在宥〉亦曰：「抱神以靜，形將自正」、「甚守汝身，物將自壯」（神靜形即自正：形守身中之神，物即自壯）。而此皆說明了「神」本具之必然性，而非神人有意之作爲。

〔註225〕平和與精純之「氣」雖同樣無一物，但平和之「氣」是極廣大而能容任何物，

因而顯得虛，虛而又虛，即成「橐籥」〔註226〕之象（「虛而不屈，動而愈出」）。因離合所產生運動變化之陰陽二氣，即能恆定地聚散循環，此虛而又虛，卻呈現恆動現象的說法，亦載於〈天道〉：「虛則靜，靜則動」。

萬物在未生之前，通過陰陽二氣之和合而「生」，既生之後，內在於萬物的陰陽二氣，亦必須在「和」的狀態下，才能使萬物得以持續地生存下去；此即莊子藉孔子指出死生窮達、飢渴寒暑等是「事之變，命之行」（〈德充符〉）也，對此外於生命本身之問題，認為即使是有智之士亦是無法規度的。〈德充符〉曰：「故不足以滑和，不可入於靈府。使之和豫通而不失於兌，使日夜無隙而與物為春，是接而生時於心者也」，是說不值得讓「事之變，命之行」等問題，滑亂內在之和，亦不可使之侵入宅處精神的心，因而，若能使得和氣日月無隙逸豫地流通於靈府之內，不從耳口鼻等兌（穴）處散逸出去，即能與物同受春氣滋潤，並且接續地生此春和之氣於心，如此，才能達到保全本性（才全）的目的。

（五）「氣」具有主體性格

莊學之「主體」，可分為普通的自我（亦即未經「氣化」意義的自我），與真實的自我（亦即與物之「氣」無隔的自我）兩類。普通的自我見於〈齊物論〉曰：「偃，不亦善乎，而問之也！今者吾喪我，汝知之乎？汝聞人籟而未聞地籟；汝聞地籟而未聞天籟夫」，此言南郭子綦回答顏成子游，謂「我」是妄我或小我，而「吾」是真實的自我；「我」與「吾」是修養前後，主體之我的兩種不同表現。〔註227〕所謂「吾喪我」象徵通過修養工夫所欲達到的理想境界（〈齊物論〉之「道通為一」），而與「無己」〔註228〕、「虛己」〔註229〕、

只是就尚未容物前，言其無一物；而精純之「氣」是極細微而無任何空間以容物，故無一物。

〔註226〕《老子》〈第五章〉：「天地之間，其猶橐籥乎？虛而不屈，動而愈出」。參閱余培林：《新譯老子讀本》，頁 24：「橐籥」就是現今的風箱，風箱內空虛而能生風不已。「不屈」即不盡，不窮。

〔註227〕通觀《莊子》，除「吾喪我」一義，莊子並未將「吾」與「我」作為「真我」與「妄我」之專名。無論是作認知主體、修養主體或形骸主體，「吾」與「我」常是混用的，且無價值高低之區別；此如〈齊物論〉：「天地與我並生，萬物與我為一」之「我」是指真我；〈大宗師〉：「夫大塊載我以形，勞我以生，佚我以老，息我以死」之「我」是指形軀我；〈養生主〉：「吾生也有涯，而知也無涯」之「我」是指生命我，與形軀我意義相近。

〔註228〕參閱〈逍遙遊〉：「至人無己，神人無功，聖人無名」、〈秋水〉：「道人不聞，至德不得，大人無己」、〈在宥〉：「頌論形軀，合乎大同。大同而無己。無己，

「忘己」〔註230〕、「忘我」〔註231〕亦相關聯。南郭子綦並未正面回答何謂眞我，只是以「天籟」、「地籟」、「人籟」比喻說明之；其實，眞我之所以爲眞，在於這是主體之我通過修養工夫達於明道境界的表現，因而，除了人籟、地籟，更能體悟天籟。

所謂「天籟」、「地籟」、「人籟」，〈齊物論〉曰：「子游曰：『地籟則眾竅是已，人籟則比竹是已。敢問天籟。』子綦曰：『夫吹萬不同，而使其自己也，咸其自取，怒者其誰邪』」。「地籟」是大地各種孔竅所發出的聲音，「人籟」則似竹製吹管樂器所發出的聲音，而「天籟」則是地籟與人籟發聲時所依循之依據，毫無絲毫的人爲造作，完全依自性發聲。莊子以聲音爲比喻，「天籟」無形，以眾形爲形，「天籟」無聲，以眾聲爲聲，如此方能將聲音發揮到最完美的境界。易言之，「天籟」即道性自然之展現，是氣化過程中所依循之依據，不論是「地籟」或「人籟」，都不能違反「天籟」的自然之性，亦就是不能違反「自然」。然「天籟」雖是「吹萬不同」，而「使其自己」並「咸其自取」的根源力量則是來自「怒者」，因而，「怒者」亦非超越「萬竅」之存在，而是自爲行爲原因的「使其自己」並「咸其自取」。事實上，「怒者其誰邪」蘊含著宇宙萬物自生自長、自在自得的特性，故而，郭象〈齊物論注〉：「故天者，萬物之總名也，莫適爲天，誰主役物乎？故物自生而無所出焉，此天道也」，意謂宇宙萬物都「自得」而已。倘若，追問「自得」之始，那麼，將毫無疑義地指向「氣」，因爲「氣」，宇宙萬物得以展開運動，子綦曰：「夫大塊噫氣，其名爲風。是唯無作，作則萬竅怒呺」（〈齊物論〉）。此猶指出「氣」的主體性格——不但是宇宙萬物內在的動力因，且是宇宙萬物生成變化的依據，同時，「氣」亦爲未經「氣化」意義之普通自我，與物之「氣」無隔之眞實自我的雙重主體。因而，通過「吾喪我」、「天籟」、「自得」、「萬竅怒呺」，「氣」爲「眞我」之所以然，且「氣」爲「萬物」的形構原理、存在依據，故「氣」爲「萬物」的「眞我」之論述，益發凸顯「氣」所以而爲宇宙萬物之主體性格。依此可知，即使莊子謂「無己」、「虛己」、「忘己」與「忘我」，亦只是欲呈顯「氣」之爲主體的特性論述，並且，莊子所謂的「物化」，其「萬

　　惡乎得有有」。

〔註229〕參閱〈山木〉：「人能虛己以遊世，其孰能害之」。

〔註230〕參閱〈天地〉：「忘乎物，忘乎天，其名爲忘己。忘己之人，是之謂入於天」。

〔註231〕參閱〈天運〉：「以敬孝易，以愛孝難；以愛孝易，以忘親難；忘親易，使親忘我難；使親忘我易，兼忘天下難；兼忘天下易，使天下兼忘我難」。

物」決不僅是孤立單獨的物象，而是能夠隨順主體之「氣」之變化而改變的對象。〔註232〕

　　莊子以「天籟」代表道性自然之展現，亦是氣化歷程中所依循之依據。「天籟」所倚靠的並不是感官或理性的分辨與判斷，而是通過「無己」、「虛己」、「忘己」之修養工夫所達到的境界；若無工夫，就無境界可言。而「氣」之主體性格，除了「天籟」觀念之外，尚表現於真實的自我，也就是「真宰」與「真君」的觀念上。關於「真宰」，〈齊物論〉曰：「非彼無我，非我無所取。是亦近矣，而不知所爲使。若有真宰，而特不得朕。可行已信，而不見其形，有情而無形」，此「非彼〔註233〕無我」與「非我無所取」各是雙重否定，「是亦近矣」亦可推論「氣」與我並不相遠。關於「真君」，〈齊物論〉曰：「百骸、九竅、六藏，賅而存焉，吾誰與爲親？汝皆說之乎？其有私焉？如是皆有爲臣妾乎？其臣妾不足以相治乎？其遞相爲君臣乎？其有真君存焉？如求得其情與不得，無益損乎其真」，此言「百骸、九竅、六藏」各司其能，無所謂輕重與貴賤。因而，是否能將「百骸、九竅、六藏」視爲臣妾與君臣的關係，如果這樣看待，都可爲臣妾嗎？臣妾能否相互支持？君臣可否相互替換？其實，莊子意欲超離君臣與臣妾的關係，進至「真君」的義旨。易言之，「真君」使宇宙萬物的「百骸、九竅、六藏」普遍存在且完整活動（「賅而存焉」）。然而，是什樣的東西能夠使宇宙萬物完備？那就是「氣」。是「氣」的具體性與運動性，使宇宙萬物的存在得以完備。繼而，〈齊物論〉曰：「一受其成形，不忘以待盡。與物相刃相靡，其行盡如馳，而莫之能止，不亦悲乎！終身役役而不見其成功，苶然疲役而不知其所歸，可不哀邪！人謂之不死，奚益！其形化，其心與之然，可不謂大哀乎？人之生也，固若是芒乎？其我獨芒，而人亦有不芒者乎」，莊子說明何爲「真宰」之時，提及超脫「形」的情狀（「不見其形，有情而無形」）；說明何爲「真君」之時，且以身體爲主要論題（「「百骸、九竅、六藏」」）。據此可謂，「真宰」與「真君」即爲「形」（「成形」與「形化」）之主宰與統帥。由於，莊子所言之「形」與「氣」，是來自於「天

〔註232〕關於「氣」爲主體之說明，參閱鄭世根：《莊子氣化論》，頁137～139。
〔註233〕有關「彼」的解讀，眾說紛紜。憨山以爲「彼」字應指「真宰」；參閱憨山：《老子道德經憨山解・莊子內篇憨山註》，頁16～17。郭象解釋「彼」爲「自然」，成玄英疏同之；參閱郭慶藩：《莊子集釋》，頁56。陳榮捷以爲「彼」是指莊子「喜怒哀樂，慮嘆變慹，姚佚啓態」所提及的種種「情緒」；參閱陳鼓應：《莊子今註今釋》，頁52～53。

地」與「陰陽」，如此，「成形」與「形化」亦不外乎「氣」的作用。因此，自「一受其成形」至「其形化」為何物，是因「天地」與「陰陽」之關係，也就是因有「天氣」、「地氣」（〈在宥〉），以及「陰陽之氣」（〈大宗師〉）所致。

　　基於上述〈齊物論〉的引文，可知莊子是以「真宰」與「真君」而為「形」（「成形」與「形化」）之主宰與統帥。不過，真正的重點乃在於「其形化，其心與之然」的「形」，是與「氣」相關連的「形」，而且，有見於莊子習以「靈府」〔註234〕或「靈台」〔註235〕來描述「心」，故而，採取以「氣」為君宰的進路。〔註236〕自「真宰」與「真君」所蘊含的「氣」概念特徵，詮釋「氣」概念的「主體」性格，且進一步闡明，主體性之「氣」之為「真宰」與「真君」，當變化「主體」之「氣」產生變化，繼而宇宙萬物之「對象」亦隨「氣」之變化而變化。

　　此外，值得特別關注的是，郭象之注釋及其對「自然」的看法。郭象言：「無既無矣，則不能生有；有之未生，又不能為生。然則生生者誰哉？塊然而自生耳。自生耳，非我生也。我既不能生物，物亦不能生我，則我自然矣」，〔註237〕郭象以為存在皆是「有」，而「無」就是不存在，既然是不存在的東西，又如何能產生存在的東西，所以說「無既無矣，則不能生有」，若能生「有」，又何以稱之為「無」；「此有」若是未生，自亦無法生出「彼有」，然宇宙萬物究竟是如何產生的，郭象的解答就是「自生」，也就是萬物純以自己為因，自己存在，沒有更高的原因令萬物存在，一切變化都是自然而然的，沒有原因亦無須追究原因，是，以，郭象謂：「自然而然，則謂之天然。天然耳，非為也，故以天言之。以天言之所以明其自然也」。〔註238〕郭象以莊子之「天籟」即「自然」，但將「自然」解讀為萬物在完全排除因果關係下之自生、自有與自化。這樣的理解頗有商榷之處。首先，是郭象視「無」為「虛無」，什麼都沒有，什麼都不是，很顯然無法契應於老莊以「道」為萬物本根、最真實存有之原意（老子以「無」名「道」，是因「道」恍惚窈冥、無形無象，但「道」之「無」並非虛無，反而是具有化生萬物無限妙用之實有，故莊子名之曰「無有」，以

〔註234〕參閱〈德充符〉。
〔註235〕參閱〈達生〉、〈庚桑楚〉。
〔註236〕至於，以「心」釋「真宰」與「真君」的說法，參閱馮友蘭：《中國哲學史》、陳鼓應：《莊子今註今釋》，上冊，頁53～54。
〔註237〕引自郭慶藩輯：《莊子集釋》，頁50。
〔註238〕引自郭慶藩藩：《莊子集釋》，頁50。

免「道」落入頑空）。其次，假定萬物不依賴「道」即能自生、自有與自化，則每一物皆爲自成自足無待之絕對實有，此說法亦無法貼近老莊之自足無待只能是「道」的特性之思想。由於，萬物必受時空規範，是此即非彼，必然相對而有待，故有形之物不能是自己的原因，亦不能是另一有形之物的究極原因，這也就是莊子所謂「有不能以有爲有，必出於無有」（〈庚桑楚〉）之緣由。再者，自因果關係的角度而言，宇宙萬物皆是屬於有限的存在，而任何有限存在都是有條件、有原因，且是會變化的。依郭象萬物皆是自生、自有與自化的說法，那麼萬物變化都不須經由潛能以至實現的歷程，萬物之存在，是在沒有存在以前已經存在，沒有實現以前已經實現，此是矛盾不合理的。雖然，郭象試圖另提解釋，以爲「自然」是萬物變化皆依其「自性」而爲，也就是「無爲」，〔註239〕但是，此說法仍是未脫因果律之範疇，因爲仍可繼續追問，萬物「自性」之賦予者是誰，還有「自性」之依據何在，是以，比較相應老莊思想之詮釋應爲，「自然」乃「道」之本性，亦爲氣化萬物所賴以變化之依據。

（六）「氣」之「遊」

莊子所以肯定「天地一氣」、「大塊噫氣」，〔註240〕天地之間都是「氣」，其眞正的目的是欲點出「氣」中可「遊」；也就是說，「遊」是建基於「天地一氣」之基礎上的。並且，〈內篇〉屬於自然現象之氣的論述，有四處出現「遊」字，可見，「遊」在莊子「氣」概念理論的重要性。

《說文解字》並無「遊」字，只有「游」字，許愼曰：「游，旌旗之流也」；段玉裁注：「引伸爲出游、嬉游，俗作遊」。〔註241〕《論語》〈述而〉曰：「志於道，據於德，依於仁，游於藝」，此「游」意謂玩物而適情。《莊子》文本「遊」字即出現了百餘次，而「遊」於莊學中有其特殊的用法，並非意指傳統的遊歷或遊戲，而是用以形容超然於物累之外，自在自適的精神狀態。故而，《莊子》「遊」字的基本意義，正如郭象所言：「遊，不係也」。〔註242〕此外，「遊」字的確解亦見於：

〔註239〕參閱郭象〈天道〉注曰：「率性而動，故謂之無爲也」，引自郭慶藩：《莊子集釋》，頁466。
〔註240〕「大塊噫氣」是指「氣」本身的功能，將宇宙視爲「人體」的擬人化表現，是大地的呼吸之意。
〔註241〕語出段玉裁：《說文解字注》，頁314。
〔註242〕引自郭慶藩：《莊子集釋》，頁941。

　　徐復觀先生曰：「得到自由解放的精神狀態，莊子稱之爲『遊』，亦
　　即開宗明義的『逍遙遊』。」〔註243〕

　　王叔岷先生言：「天地萬物自然之理，即所謂道。與此道浮沉俛抑，
　　因謂之遊。舉凡莊子所謂之遊，皆根於其道之義而發。蓋道以立其
　　極，遊以妙其用。」〔註244〕

　　陳鼓應先生云：「莊子哲學中，特別喜歡用『遊』、『遊心』及『心遊』
　　等來表達一種精神的安適狀態。透過散見於《莊子》各篇的諸如『遊
　　於無窮者』、『乘物以遊心』、『遊心乎德之和』、『遊乎天地之一氣』、
　　『遊心於淡』、『遊無何有之鄉』、『遊心於無窮』、『遊心於物之初』、
　　『心有天遊』等語句，我們可知莊子所謂『遊心』乃是對宇宙事物
　　做一種根源性的把握，從而達致一種和諧、恬淡、無限及自然的境
　　界。在莊子看來，遊心就是心靈的自由活動，而心靈的自由其實就
　　是過體道的生活，及體道之自由性、無限性及整體性。總而言之，
　　莊子的『遊心』就是無限地擴展生命的內涵，提升『小我』成爲『宇
　　宙我』。」〔註245〕

依三家之見解，可知「遊」字象徵莊子精神狀態最能契合於「道」的境界。
自「以遊無窮者」（〈逍遙遊〉）、「而遊乎四海之外」（〈逍遙遊〉）與「而遊乎
天地之一氣」（〈大宗師〉）而言，莊子所遊者爲「無窮者」、「四海之外」或「天
地之一氣」，其所指涉的境地皆是無限的絕對世界，且此無限的絕對世界，並
非是身之所委，而只能是心之所寄。是以，「遊」之主體在心不在身，是心靈
或精神之遊，亦即是「遊心」之意。故而，〈人間世〉曰：「且夫乘物以遊心，
託不得已以養中，至矣」、〈德充符〉云：「不知耳目之所宜，而遊心乎德之和」、
〈應帝王〉言：「遊心於淡，合氣於漠，順物自然而無容私焉」與〈田子方〉
謂：「吾遊心於物之初」；凡此皆指心靈的無執無待、自在自得。以心爲主體
之「遊」，透過超相對而歸絕對之修養工夫，能夠不爲俗物所累，超然物外而
透顯出無待的精神自由，達到絕對虛靜的道心境界。因此，莊子之「遊」或
「遊心」，乃是遊於道，是與道爲一的，而此無繫無累之心遊，亦即「天地與
我並生，萬物與我爲一」（〈齊物論〉）之理境，落實於吾人生命中之體證。

〔註243〕語出徐復觀：《中國人性論史》〈先秦篇〉，頁389。
〔註244〕語出王叔岷：《莊學管闚》，頁188。
〔註245〕語出陳鼓應：《老莊新論》，頁266。

　　其次，依〈逍遙遊〉曰：「若夫乘天地之正，而御六氣之辯，以遊無窮者，彼且惡乎待哉」，因「乘天地之正」與「御六氣之辯」，方能遊於無窮，所以，自「氣」概念思維出發，宇宙萬物是「無窮」，也就是無終始的。〈應帝王〉中無名氏曰：「予方將與造物者爲人，厭，則又乘夫莽眇之鳥，以出六極之外，而遊無何有之鄉，以處壙垠之野」，「遊無何有之鄉」是莊書生命中的理想，然而，〈應帝王〉亦言：「汝遊心於淡，合氣於漠，順物自然而無容私焉，而天下治矣」，「遊心」與「合氣」仍須「順物自然」（「淡」、「漠」皆表示「自然」狀態）。除「遊心」〔註246〕之外，莊書亦強調遊於物；陽子居蹴然問「明王之治」時，老子回答說：「明王之治：功蓋天下，而似自己，化貸萬物而民弗恃；有莫舉名使物自喜；立乎不測，而遊於無有者也」（〈應帝王〉），其中，「遊於無有者」就是遊於民與物，亦就是使物自喜、物我一體。而此亦爲莊書「天地與我並生，萬物與我爲一」（〈齊物論〉）、「通天下一氣」（〈知北遊〉）之意。

　　再者，〈田子方〉云：「遊乎至樂」，可見莊書之「遊」蘊含天地之「樂」。〈徐無鬼〉之子綦感嘆其子的命運謂：「吾所與吾子遊者，遊於天地。吾與之邀樂於天，吾與之邀食於地，吾不與之爲事，不與之爲謀，不與之爲怪；吾與之乘天地之誠，而不以物與之相攖，吾與之一委蛇而不與之爲事所宜，今也然，有世俗之償焉」，表明子綦非常愜意，從天地所得之樂趣與食物，所以，不需要人爲之事的世俗補償。由於，子綦具足於天地之中，因而，得享宇宙萬物共樂的心情。「委蛇」是表示與自然合而爲一，可快樂地行遊的人生。當然，莊書亦言「天樂」之樂（〈天運〉：「咸池之樂」）、「天籟」〔註247〕之樂（〈齊物論〉）或「至樂」無樂（〈至樂〉）。同時，莊書亦不贊同本性之外的名利歡樂與破壞自然的禮樂教化。

　　人生存於宇宙之中與天地之間，其生命價值之所在，即是離不開與「氣」

〔註246〕參閱「乘物以遊心」（〈人間世〉）、「遊心乎德之和」（〈德充符〉）、「遊心於物之初」（〈田子方〉）、「遊心於無窮」（〈則陽〉）。

〔註247〕〈齊物論〉子游問「人籟」、「地籟」、「天籟」，南郭子綦答曰：「夫大塊噫氣，其名爲風。是唯無作，作則萬竅怒呺，而獨不聞之翏翏乎！山林之畏佳，大木百圍之竅穴，似鼻，似口，似耳，似枅，似圈，似臼，似洼者，似污者；激者，謞者，叱者，吸者，叫者，譹者，宎者，咬者，前者唱于而隨著唱喁。泠風則小和，飄風則大和，厲風濟則眾竅爲虛。而獨不見之調調，之刁刁乎？」因著天地的運作，「前者唱于而隨著唱喁」像是個合唱團，「泠風則小和，飄風則大和，厲風濟則眾竅爲虛」像是個交響樂團，莊子視宇宙萬物爲自然界間管樂之和鳴。

概念息息相關之生活模式，一如〈讓王〉舜以天下讓善卷，善卷所云：「予立於宇宙之中，冬日衣皮毛，夏日衣葛絺。春耕種，形足以勞動；秋收斂，身足以休食。日出而作，日入而息，逍遙於天地之間而心意自得。吾何以天下爲哉！悲夫，子之不知予也」。如此混同於「一氣」之大化，而「逍遙於天地之間而心意自得」〔註248〕的心靈寫照，正是莊子「遊乎塵垢之外」（〈齊物論〉）、「乘物以遊心」（〈人間世〉）、「遊心乎德之和」（〈德充符〉）、「遊無極之野」（〈在宥〉）、「遊乎萬物之所終始」（〈達生〉）、「遊心於物之初」（〈田子方〉）、「上與造物者遊」（〈天下〉）、「遊乎六和之外」（〈徐無鬼〉）之生命境界的至高彰顯。

　　此外，莊子之「遊」亦含有「化」之意，〈知北遊〉云：「古之人，外化而內不化，今之人，內化而外不化。與物化者，一不化者也。安化安不化，安與之相靡，必與之莫多。……聖人處物不傷物。不傷物者，物亦不能傷也。唯無所傷者，爲能與人相將迎」；「化」不只是「變化」，而是「深化」。所以，仲尼向顏回解釋「無有所將，無有所迎」之道理，說到可以「外化」而不可以「內化」；而「物物者非物」（〈知北遊〉）、「物物者非物於物」（〈山木〉），則指生命主體在「一氣」之中「遊」與「化」。

（七）「氣」之「化」

　　依〈齊物論〉：「昔者莊周夢爲胡蝶，栩栩然胡蝶也，自喻適志與，不知周也。俄然覺，則蘧蘧然周也。不知周之夢爲胡蝶與？胡蝶之夢爲周與？周與胡蝶，則必有分矣。此之謂物化」，雖言莊周與蝴蝶在夢中，然而，問題不在於「莊周夢爲胡蝶」的事實，而在「不知周之夢爲胡蝶」或「胡蝶之夢爲周」的疑慮。其實，「萬物」之所以能齊，是因莊子與蝴蝶之間，沒有固定之自我；自氣變而化的立場來看，莊周是「一氣」，蝴蝶也是「一氣」，因而，即言莊周蝴蝶皆一也、天地一莊周也、萬物一蝴蝶也、莊周一蝴蝶也、蝴蝶一莊周也，似乎也不爲過。所有「萬物」因「一氣」之化，可自此物到彼物、從彼物到此物，因此，「一氣」而化是「萬物」的存有根據，而「物化」則是此物與彼物間的轉化。透過憨山大師對於「物化」的解讀，可進一步了解「物化」之爲「齊物」的必要條件；〈莊子內篇註〉：「物化者，萬物化而爲一也。

〔註248〕「心意自得」是指心理與情感上自由自在與自得其樂的感受，以郭象的語言形容就是「適性」；參閱楊儒賓：〈向郭莊子注的適性說與向郭支道林對於逍遙遊義的爭辯〉，《史學評論》（台北市，第九期，1985 年 1 月）。

所謂大而化之之謂聖，言齊物之極，必是大而化之之聖人。萬物混化而爲一，
則了無人我是非之辯，則物論不齊而自齊也。齊物以一夢結，則破盡舉世古
今之大夢也」；〔註249〕此言「物化」是宇宙萬物化而爲一的前提，「物化」而
後沒有「人我是非之辯」，故而，物論於表面上雖是不齊（「周與胡蝶，則必
有分矣」），然實際上已是自齊了（以「一氣」之化的「氣」概念，而爲「物
化」之主體）。

「莊周夢蝶」之喻透露出莊子認爲，因著通天下之物，皆爲「氣」聚所
生，因而，各個具體的存在物（如莊周與蝴蝶）是可以藉由「化」而互相涉
入與轉換的。依莊子，所謂「化」應是「氣」精純至極時之神妙作用；徐復
觀先生云：「化是隨變化而變化。它有兩方面的意義：一是自身的化；一是自
身以外的化。自身以外的化，莊子採取觀化的態度。……自身的化，即所謂
『化及己』，則採『物化』的態度。……物化，亦即司馬談在《論六家要旨》
中所說的『隨物變化』。自己化成了什麼，便安於是什麼」。〔註250〕徐先生此
言對莊子之「化」體會相當深刻，亦清晰地明辨出「化」之兩方面的涵義，
關於自身以外之化，莊書順應萬物之性，採取觀化，而關於自身之化，莊書
隨順萬物變化，強調物化，且眞正的物化是不爲當下的形體所拘執，隨造化
之化而俱化。

其次，莊子亦有「造化」之說。誠如，宇宙萬物是因「氣」而「變」，由「氣」
而「化」，就在「變」與「化」之世界中，莊子將如此變化的世界，稱爲「造化」。
〈大宗師〉曰：「偉哉，造化！又將悉以汝爲，將悉以汝適？以汝爲鼠肝乎？以
汝爲蟲臂乎」，前此子輿有病時，莊子說的是「偉哉夫造物者，將以予爲此拘拘
也」，現在子來將死時，莊子提及「偉哉，造化」。顯然，「造物」與「造化」是
同義複詞的關係，只是「造化」較之「造物」，其人格義已不再被強調。〈大宗
師〉亦曰：「父母於子，東西南北，唯命之從。陰陽於人，不翅於父母；彼近吾
死而我不聽，我則悍矣，彼何罪焉！夫大塊載我以形，勞我以生，佚我以老，
息我以死。故善吾生者，乃所以善吾死也。今之大冶鑄金，金踴躍曰：『我且必
爲鏌鋣』，大冶必以爲不祥之金。今一犯人之形，而曰：『人耳人耳』，夫造化者
必以爲不祥之人。今一以天地爲大鑪，以造化爲大冶，惡乎往而不可哉」，子來
認爲人之形即如大冶鑄，天地猶如大鑪，「造化」就像大冶，大冶是無人格、無

〔註249〕參閱憨山：《老子道德經憨山解・莊子內篇憨山註》，二卷，頁86。
〔註250〕語出徐復觀著《中國人性論史》，頁392。

－132－

情意、無選定的大熔爐；因而，「造化」可說是宇宙萬物的自然變化，正如陰陽變化一般。此言「造化」是因「陰陽」變化所引起之宇宙萬物的現象，而且，構成人與宇宙萬物的本始物質，都是陰陽二氣。

　　莊子所謂「陰陽」，分為兩種：其一是有關「人」的「陰陽」，此義之「陰陽」是指人的喜怒。〔註251〕〈人間世〉曰：「凡事若小若大，寡不道以懽成。事若不成，則必有人道之患；事若成，則必有陰陽之患。若成若不成而後患者，唯有德者能之」，人道之患與陰陽之患，都是意指人間世界的患難與人類情感所引發的毛病，成玄英則疏云：「喜則陽舒，憂則陰慘」；尤其〈人間世〉曰：「且以巧鬭力者，始乎陽，常卒乎陰，大至則多奇巧；以禮飲酒者，始乎治，常卒乎亂，大至則多奇樂」，於此成玄英直疏云：「陽，喜也。陰，怒也」。其次是有關「天地」的「陰陽」，此義之「陰陽」是指宇宙萬物的生成、變化與調和。由於「陰陽」常與「天地」做為前後相應的對句，而由「陰陽」來說明「天地」〔註252〕、「萬物」〔註253〕、「四時」〔註254〕、「寒暑」〔註255〕、「動靜」。〔註256〕在相關「陰陽」的說法之中，以〈則陽〉篇為例，其「陰陽」之說涉及「天地」、「萬物」、「四時」與「六氣」等義，此可謂「陰陽」是說明天地萬物、春夏秋冬、冷熱寒暑之生成與變化，最為基本的概念。因此，依莊書，「陰陽」為「氣」的顯現特性、「陰陽」為「萬物」的存在依據、「陰陽」為「宇宙」的生存原理，可知「氣」概念與「陰陽」說關係密切。〔註257〕至於，天地二氣何以作用，陰陽造化從何而來，莊子則訴諸「聽造化之自然而已，謂自身變化」〔註258〕之「自化」，亦即宇宙萬物之生成變化是隨著天地二氣與陰陽造化之變化而變化。因而，宇宙萬物於「一氣」變化的世界之中，當求順其自化。

〔註251〕「陰陽」何以成為人的「喜怒」象徵，一如〈大宗師〉：「陰陽於人，不翅於父母」，人的疾病是來自於「陰陽」的不調和。此外，心理學家兼《易經》研究者榮格（C.G.Jung）所說的心理與物質之「同步化」（Synchronization）原則，亦可為佐證；參閱 C.G.Jung 為 Richard Wilhelm，《The I Ching or Book of Changes》（Princeton：Princeton Univ. Press.1967）之前言。

〔註252〕參閱〈秋水〉、〈知北遊〉、〈庚桑楚〉、〈在宥〉、〈則陽〉、〈外物〉。

〔註253〕參閱〈天運〉。

〔註254〕參閱〈秋水〉、〈徐無鬼〉、〈說劍〉。

〔註255〕參閱〈寒暑〉。

〔註256〕參閱〈天道〉、〈刻意〉。

〔註257〕參閱第四章第三節「陰陽之氣」。

〔註258〕語出嚴靈峰：《莊子選注》，頁 21。

（八）「氣」為修養的先決條件

莊子言「心」，可分別以「常心」與「成心」爲代表。理想性〔註 259〕的「常心」，是來自對於本然之心的信念與把握；而否定性〔註 260〕的「成心」，則是起源於儒墨所謂的「仁義」與「禮義」。莊子之謂「心」，是將「成心」修正而爲「常心」；此如「心若死灰」〔註 261〕、「不以心捐道」〔註 262〕、「解心之謬」〔註 263〕、「君子不可以不刳心」。〔註 264〕然而，莊子論及「人心」，卻無否定之意；此如〈在宥〉：「昔者黃帝始以仁義攖人心，天下脊脊大亂，罪在攖人心」，與〈田子方〉：「中國之君子，明乎禮義而陋於知人心。中國之民，明乎禮義而陋於知人心」。由此可知，莊書強調已受外物影響之「心」，須能重新調整回到普遍的、自然的、理想的所謂「初心」狀態；猶如〈繕性〉：「復其初」、〈天地〉：「同於初」、〈田子方〉：「物之初」。

所謂「初心」，事實上乃是「常心」，也可說是「無心」；只是，「初心」、「常心」與「無心」之義爲何，〈天道〉乃云：「言以虛靜推於天地，通於萬物，此之謂天樂。天樂者，聖人之心，以畜天下……通乎道，合乎德，退仁義，賓禮樂，至人之心有所定矣」，唯有聖人、至人之「心」，方能保持「常心」，亦唯有聖人與至人，以「常心」育養天下，是爲人心的標榜。而「常心」的狀態，即〈天道〉所云：「聖人之靜也，非曰靜也，善，故靜也。萬物足以鐃心者，故靜也。水靜則明燭須眉，平中準，大匠取法焉。水靜猶明，而況精神！聖人之心靜乎！天地之鑑也，萬物之鏡也」，聖人之「靜心」乃因「心靜」，而非因外物寂寥而爲「靜」，而「天地之鑑」與「萬物之鏡」則是回復「靜」的必然修養。依此，〈庚桑楚〉更謂：「欲靜則平氣，欲神則順心」，欲「靜」是必須經過「平氣」的修養，所以，「氣」爲「靜」之修養的先決條件，

〔註 259〕理想性之「心」，包含「常心」（〈大宗師〉）；「靈府」（〈德充符〉）；「靈臺」（〈達生〉、〈庚桑楚〉）。

〔註 260〕否定性之「心」，包含「成心」（〈齊物論〉）；「日以心鬥」（〈齊物論〉）；「不肖之心」（〈人間世〉）；「機心」（〈天地〉）；「心屬」（〈天地〉）；「賊心」（〈天地〉）；「凡人心險於山川」（〈列禦寇〉）。

〔註 261〕參閱〈齊物論〉：「形固可使如槁木，心固可使如死灰乎」、〈知北遊〉：「身若槁骸，心若死灰」、〈庚桑楚〉：「身若槁木之枝，而心若死灰」。

〔註 262〕參閱〈大宗師〉：「古之眞人，不知說生，不知惡死；其出不訢，其入不距；翛然而往，翛然而來而已矣。不忘其所始，不求其所終；受而喜之，忘而復之。是之謂不以心捐道，不以人助天，是之謂眞人」。

〔註 263〕參閱〈庚桑楚〉：「徹志之勃，解心之謬，去德之累，達道之塞」。

〔註 264〕參閱〈天地〉：「夫道，覆載萬物者也，洋洋乎大哉！君子不可以不刳心焉」。

而此亦足以說明「氣」與「靜」的密切關係。

即使形軀與精神在生命之中各有所司，亦展現出不同功能，然而，莊學更重視「氣」與精神之關係，期許人能藉由精神的發用，超越來自形軀所展現之差別相，因著重視精神，「精神」一詞被廣泛運用至不同層面上，說明「氣」與「精神」之關係；或作爲萬物始動的靈明之氣，或用於與形軀相對之精神作用，或直指人之生命主宰，甚或採用大量同義詞作爲輔助說明（如以「精」、「神」、「精氣」、「神氣」、「神明」）等。分別說明如下：

「精神」一詞，在莊子思想中具有三重涵義：一是指生成萬物之「一氣」，此是「道」的重要內涵；二是指「一氣」運動變化之特性，此是「道」的德能與作用；三是指與形軀相對之精神，此是人與「道」相合，與「氣」相通的重要媒介。

其一，「精神」作爲生成萬物之氣的同義詞，見於〈知北遊〉云：夫昭昭生於冥冥，有倫生於無形，精神生於道，形本生於精，而萬物以形相生。莊學宇宙生成之原則是，「昭昭生於冥冥，有倫生於無形」，有形的東西乃自無形中生出。而「精神生於道」之「精神」，基於人是萬物之一，於「化生」程序中應屬「萬物以形相生」之層面，故依《管子》〈心術〉所釋之「一氣能變曰精」，與〈內業〉之「精也者，氣之精者也，……一物能化謂之神」，視「精神」爲生成萬物之氣。亦因「道」、「氣」有形上的先後關係，「道」是萬物根本，「一氣」由「道」所生，故言「精神生於道」。而「形本生於精」之形，非指人之形軀，因著形軀與精神之同爲「氣」成，彼此未有互生之關係，因而不能解釋爲形軀由精神所生；所謂形，當指現象世界之具體存在物的普遍形式，萬物皆因有形，方爲具體實現。是以，「萬物以形相生」，應自「物成生理謂之形」（〈天地〉）之角度來解讀，意謂當氣化流行成就萬物之後，萬物必有所本之理，因有此理，萬物才具固定之本質與意義。所謂宇宙萬物，人有人之理，物有物之理，萬物各依其理而生成變化，形成生生不息之宇宙情境。

其二，「精神」代表「一氣」運動變化與作用之描述，〈刻意〉云：精神四達並流，無所不極，上際於天，下蟠於地，化育萬物，不可爲象，其名爲同帝。此言「精神」是神妙能動的「氣化」作用，無所不及，包含天地，遍佈萬物。因著「氣」本是無形無象，所以，「氣」之精神作用亦是無跡可尋，但在無形之中，萬物已然化成。

其三，「精神」是爲與形軀相對之人之精神，而此見於〈德充符〉曰：今

子外乎子之神，勞乎子之精，倚樹而吟，據槁梧而瞑。此言莊子指責惠施好辯的作為，違反自身「氣化」的自然律則，背離「道」之無為順化的究極原理，以致精神勞頓，心力交瘁。除此而外，當精、形對舉，精很顯然的是指人的精神，形指人的形軀；〈達生〉云：「棄事則形不勞，遺生則精不虧。夫形全精復，與天為一」，若不勞動形軀，虧損精神，人就能與「道」合一，身體之氣與運行於天地之氣就能和諧交流，進而能夠「反以相天」（〈達生〉），發揮「氣化」流行之大用，參贊天地化育萬物。

其次，莊書〈外篇〉之中，亦多有將「精」、「神」單獨使用，或是「精」與「氣」、「精」與「神」連用，以說明「氣」之變化的例子。如〈刻意〉之「一之精通，合乎天倫」、〈在宥〉之「願合六氣之精，以育群生」、〈天地〉之「神之又神，而能精焉」，皆謂因「氣」之「精」（動），萬物因而化生，因「氣」之「神」（化），萬物生生不息。是以，唐君毅先生言：「氣乃一流行的存在，或存在的流行，為義」，〔註265〕適為「氣」之「精」、「神」特性的說明。由於能動之「精」，「氣」乃一流行的存在，因著能化之「神」，「氣」方為存在之流行；就氣之生成特質而言，能動之精是生物之能，而能化之神則造就變化之功。

再者，《莊子》有關「神」內容的敘述頗多，通過莊學所謂「神」及何為神人之生命境界，可助吾人深入理解「神」與「氣」直接而密切之關係。所謂「神」即是使物成形、含理之「一」，而此「一」已為「道」內在於物之表徵，所以稱之為「神」。由於，「神」為「道」所化生之「一」，對於「神」在物中之地位與作用，〈天地〉言曰：「執道者德全，德全者形全，形全者神全。神全者，聖人之道也」，執道之人得「一」且保有此「一」之整全，而後其人始能保全由「一」所命之形，擁有完整形體，抑且，能夠保有整全之「神」，〔註266〕是以，形神俱全，方能成為聖人。於此有一思考，是否形全而後能神全；〔註267〕也就是說，「神」是否必須憑藉固定軀殼之形體來保障其存在，而此〈天運〉有言：「吾又奏之以陰陽之和，燭之以日月之明。其聲能短能長，能柔能剛，變化齊一，不主故常。

〔註265〕語出唐君毅：《中國哲學原論》〈原道篇〉，頁249。

〔註266〕形體整全，是「神」能受護持而全的必要條件。〈德充符〉：「使之和豫通而不失於兌」；依劉武：《莊子集解內篇補正》，頁138：「使和氣逸豫流通於內，而毋使散失於耳目口鼻之穴也」，可知，兌即穴也。〈天地〉所謂之「形全」，當指不使耳目口鼻成為兌之意，而非指謂五官四肢之健全或殘缺。

〔註267〕〈天地〉泰初段將「神」列於「物成生理，謂之形」之後，即有此形全而後能神全，須由形體來保神之意。

在谷滿谷，在坑滿坑。塗卻守神，以物爲量」，所謂「陰陽之和」、「日月之明」是譬喻樂音律調，說明具有和、明之效的音樂，能使天地間之坑谷爲之滿盈，使人之耳目口鼻等孔竅爲之彌合，而得以固守其「神」；使坑谷滿盈，即無視於天地間的高低差別，使耳目口鼻等孔竅爲之彌合，則是爲了不使「神」由耳目口鼻等孔竅溢散出去。所以，自形全而神全之意義而言，形體之重要職責就在於保神。〔註268〕此外，〈天地〉亦云「神定」始能「載道」：「機心存於胸中則純白不備，純白不備則神生不定，神生不定者，道之所不載也」，此言機事入於心，而使心中純白的虛氣受到雜染，受到雜染的心就會外馳，外馳的心就會引來紛擾（〈繕性〉言「憂患」、〈達生〉言「知巧果敢」），如此就會神生不定，神生不定即未能載道；而此眞正的涵義是說，寧靜的「神」是可以載道的。然而，使「神」寧靜的方法，誠如〈天地〉所謂：「明白入素，無爲復樸，體性抱神」，不使機事入於心，而使心中純白虛氣回歸於素樸，如此無求於外（無爲），又可復歸於純樸（復朴），即能體道而守「神」。

　　檢視《莊子》一書，關於「神」之義，有「道」所棲止之精純的至陽之氣，因內在於萬物而爲物之實質，而有作爲描摹精純陽氣之神妙作用的形容語彙之意；另有以「精」形容「神」，並轉以「精」字代稱精純陽氣者，而出現「精」、「神」互通混用之現象。〔註269〕以「神」作爲形容詞使用，而「精」借爲「神」且轉爲能發生神妙作用之動詞之例，見之於〈天地〉：「視乎冥冥，聽乎無聲。冥冥之中，獨見曉焉；無聲之中，獨聞和焉。故深之又深而能物焉；神之又神而能精焉」，窈冥無聲之「道」，於冥冥之中，只見「一之所起」之「曉」；〔註270〕在無聲中，只聽見涌搖激盪之陰陽二氣沖而成「和」；深邃靜寂之「曉」與「和」，即物所得之「一」（曉）與「一」所分（〈天地〉「泰初」段之「未形者有分」）之陰陽和合之氣（和）；既有「一」（之精純能化）

〔註268〕其實，「神全」也是保形的必要條件。〈在宥〉黃帝問得至道之精的廣成子「敢問治身，奈何而可以長久」時，廣成子回答說：「無視無聽，抱神以靜，形將自正。……目無所見，耳無所聞，心無所知，女神將守形，形乃長生」；此言將耳目心等縫隙塗起來（不使發用），即是使「神」寧靜的作法，而「神」靜則形正（寧靜的神可以守形），可以使形長生。依此，「神」與形是互爲保障的。

〔註269〕「精」、「神」互通混用之現象或因「神」即是精純至極之陽氣，且此精純陽氣又唯「道」可棲止，自是具有神妙之作用。

〔註270〕即何以在冥冥之中只見一個「曉」，〈天地〉云：「泰初有無，無有無名。一之所起，有一而未形」；所謂「有一而未形」，雖言未形，然而，既已起而有，故已非無，因而可見。

與陰陽之氣（和合生成萬物）的神妙作用，故能精生萬物。〔註271〕其次，以「精」作爲名詞以代稱「神」之例，則見之於〈德充符〉曰：「道與之貌，天與之形，無以好惡內傷其身。今子外乎子之神，勞乎子之精，倚樹而吟，據槁梧而暝，天選子之形，子以堅白鳴」，說明惠施終日高談闊論以自鳴，有如公孫龍之言堅白，實因有所好惡而內傷其身的作法；由於惠子的好辯，使心外馳，心中之虛氣（「神」）因而有間隙，故隨之外馳，馳而不返，自然勞弊不堪。所謂「外乎子之神」即是「勞乎子之精」，強調「神」在外馳後會勞而損且不全了。再者，以「神」作爲動詞使用之例，見於〈大宗師〉曰：「夫道，有情有信，無爲無形；可傳而不可受，可得而不可見；自本自根，未有天地，自古以固存；神鬼神帝，生天生地」，言「道」由其陰陽之氣的作用，使鬼、帝具有「神」妙能力〔註272〕（此「神」即使之神）。此外，《莊子》書中「精」與「神」混用的例證，尚有〈逍遙遊〉：「唯達者知通爲一，爲是不用而寓諸庸。……勞神明爲一，而不知其同也，謂之朝三」〔註273〕、〈達生〉：「棄事則形不勞，遺生則精不虧。夫形全精復，與天爲一」〔註274〕、〈刻意〉：「平易恬

〔註271〕「精」之意，亦見之〈達生〉：「形精不虧，是謂能移。精而又精，反以相天」；成玄英：《南華眞經注疏》，頁763：「相，助也。夫遺之又遺，乃曰『精之又精』，是以反本還元，輔於自然之道也」；而此「精之又精」，實乃神之又神（遺去雜染，恢復精純之氣）。此外，徐復觀：《中國人性論史》，頁387亦曰：「此一『精』的存在，就其妙用無窮之作用而言，則謂之神」。

〔註272〕至於，鬼與神所具之神妙能力是否相同，綜合整理《莊子》書中鬼、神涵義的三大分類來理解。其一，鬼與神並列複合詞：〈天地〉：「通於一而萬事畢，無心得而鬼神服」，言通觀萬物如一又能無得之之心者，應爲得道者，所以屬於「鬼神」皆服者。其二，偏鬼義複合詞：〈繕性〉：「陰陽和靜，鬼神不擾，四時得節，萬物不傷，群生不夭」，陰主殺，陽主生，會擾而使群生傷夭的，當是陰氣；而神爲精純至陽之氣，則鬼即是精純至陰之氣；此鬼神不擾，應爲「鬼」不擾之意。其三，偏神義複合詞：〈人間世〉：「徇耳目內通而外於心知，鬼神將來舍」，使虛室生白（虛氣）之工夫，不但是精純陽氣之「神」的居所，更有「道」會來棲止（集之）；此鬼神將來舍，應爲「神」將來舍。總之，鬼神之詞，「神」乃精純的至陽之氣，而只取鬼意之時，即指精純的至陰之氣；且因皆爲「道」所神，故兩者皆有神妙之作用，只是鬼的神奇是在於使物弱、疵厲、死等，莊子較少提及。

〔註273〕此言只有達者能夠通觀萬物，通觀萬物與知萬物是一樣的，因而不用己見，都能寄託在平常的道理之中，如果，不知萬物本就同一，而勞己之神去使萬物成爲同一，那就像是狙公怒朝三而喜朝四一樣（不知朝三暮四之本同也）。〈逍遙遊〉此段之「勞神明爲一」與〈德充符〉之「勞乎子之精」，皆用「勞」，然一用「神」字，一用「精」字，原因就在「精」與「神」可互稱。

〔註274〕此言不任事則形驅不會勞頓，不以生命壽夭爲意，就不會勞「精」去追求養

淡，則憂患不能入，邪氣不能襲，故其德全而神不虧」；〔註275〕凡此皆在說明
形全、德全、神全者，即如〈天地〉：「執道者德全，德全者形全，形全者神
全」所言之執「道」者，亦正是〈達生〉所謂「形全精復」、「與天爲一」之
意，是以，「形全精復」者，「形全神復」〔註276〕也。總之，「精神」連用起於
莊子，〔註277〕無論以「精」形容「神」的奇妙，或將「精」、「神」視爲同義
複詞，皆符合莊子之意。〔註278〕

　　至於，莊子所著重的養「神」之道，〈刻意〉云：「純粹而不雜，靜一而
不變，惔而無爲，動而以天行，此養神之道也」，〔註279〕以「純粹而不雜」言
形之通體澄澈，以「靜一而不變，惔而無爲」言性之靜一恬淡、柔弱淖約，
以「動而以天行」言純陽之表現；無論靜態或動態的養「神」歷程，皆與陰
陽之氣的活動相關，而通過凝養之工夫修養，即可臻至「神」之境界。〈刻意〉
亦將此「神」之境界，稱之爲「精神」，並言此「精神」狀態爲：「四達並流，
無所不極，上際於天，下蟠於地，化育萬物，不可爲象，其名爲同帝」，所謂

生之道，所以能「精」不虧（意同〈刻意〉之言：「形勞而不休則弊，精用而
不已則勞，勞則竭」；勞而不休宜解爲不使勞頓，若未能遺生，則使「精」用
不已，就會虧）。

〔註275〕此言無所在意之人，內心無憂無患、平易恬淡，邪雜之氣無法入侵，故能得
　　　　於「一」（德），保全完整之形軀；由於心無旁騖，心中虛氣（「神」）即無所
　　　　虧。

〔註276〕成玄英：《南華眞經注疏》，頁762：「形神全固」；亦視「精」、「神」爲一義。

〔註277〕參閱徐復觀：《中國人性論史》，頁387：「在莊子以前，精字神字，已很流行。
　　　　但把精字神字，連在一起而成立『精神』一詞，則起於莊子」。

〔註278〕此如〈刻意〉言：「精神四達並流，無所不極，上際於天，下蟠於地，化育萬
　　　　物，不可爲象，其名爲同帝」：神人能夠遊乎四海，化育萬物的關鍵，即是神
　　　　人之「精神」——精純的至陽之氣，也就是「道」所棲止而內在於物之「神」。

〔註279〕若以〈刻意〉所言養「神」之道，對照養「神」有得之藐姑射山之神人（〈逍
　　　　遙遊〉）：因形體之純粹而不雜，故能「肌膚若冰雪」，而純粹不雜之因，則
　　　　端在「不食五穀，吸風飲露」，風與露都是陰陽之氣的不同表現，故攝食風
　　　　露的陰陽之氣，對於神人所嚴守之「神」就能不受汨雜；因　純靜恬弱之
　　　　性，故能「淖約若處子」（淖約即是老子所謂「弱者道之用」之「弱」，道
　　　　之用則言虛柔、和合、精純、運動之陰陽之氣），貌似靜一而不變，惔而無
　　　　爲，卻藉陰陽之氣，發揮無不爲之道用；因陰陽聚合之純陽體現，故能「乘
　　　　雲氣，御飛龍，而遊乎四海之外」（在古人觀念中飛龍象徵純陽正盛；劉武：
　　　　《莊子集解內篇補正》，頁21：「易乾卦言陽氣在六位中之變化。故設六龍
　　　　以喻之。……飛龍應五爻而當五位。其上上九，則陽過亢；其下九四，則
　　　　陽未盛。……惟九五之飛龍，純陽正盛，無過不及，非老非嫩，控御此氣，
　　　　所以爲神人」）。

四通八達，上下無所不可至，化育萬物而又無跡象可尋之「精神」，確與「道」極其接近，所以稱之爲「同帝」，此幾與「道」相同，乃因「精神」爲「道」所棲止之緣故。

　　莊學定義通過養「神」之工夫修養與守「神」之效者，可謂之神人，〔註280〕而眞人與至人實亦有此養神守神之工夫境界者，見於〈刻意〉云：「能體純素，謂之眞人」，而「純素之道」即是「唯神是守。守而勿失，與神爲一。一之精通，合於天倫……素也者，謂其無所與雜也；純也者，謂其不虧其神也」，〔註281〕說明守「神」無所失，可使形與神合而爲一，到達合於「道」之理境（天倫）；而持守精純至陽之氣（無所與雜）且不虧其神之眞人，實亦爲凝神之神人。而〈達生〉所謂：「至人潛行不窒，蹈火不熱，行乎萬物之上而不慄」，對於至人之形容，亦如〈齊物論〉對於至人之描述：「大澤焚而不能熱，河漢沍而不能寒，疾雷破山，飄風振海而不能驚。若然者，乘雲氣，騎日月，而遊乎四海之外」，且同於〈逍遙遊〉對藐姑射山之神人的敘述：「大浸稽天而不溺，大旱金石流、土山焦而不熱」。而關尹繼續闡明至人何以至於此之緣由爲：「是純氣之守也，非知巧果敢之列……夫若是者，其天守全，其神無郤，物奚自入焉」，持守純氣之效，其神無隙，並且，守至無隙之時，水之深、火之熱與萬物之高，皆不得入之，由此可見純氣當指精純之至陽之氣（「神」）。

　　總而言之，宇宙萬物由「氣」構成，「氣」是虛無且變動不居的，「氣」之運動變化，成就萬物的存亡。「氣」能生物，又能使該物化爲其他型態，或使該物死亡；「虛」的最大空間性，顯出「氣」乃至大無外，「化」的最高滲透性，則顯出「氣」的至小無內。「氣」之「虛」而能容、「聚散」而能動、「和」而能生、「精純」而能化，在在彰顯出「氣」之特質中所包含的雙向性（生化、離合與聚散），更加意謂著陰陽之氣背後應有其形上本體——道的存在。

　　至於，莊子納「氣」概念於宇宙生成論之思考，劉孝敢先生說明其中原因爲：「首先，在無爲無形的道產生具體有形的萬物的過程中，需要有一個過渡狀態。其次，莊子是強調齊萬物而惟一的，在物質世界之內需要一個體現

〔註280〕如〈逍遙遊〉藐姑射山之神人，即是守「神」之效者；參閱第三章第三節與前註。

〔註281〕此段之註解，參閱成玄英：《南華眞經注疏》，頁655：「純精素質之道，唯在守神。守神而不喪，則精神凝靜，既而形同枯木，心若死灰，物我兩忘，身神爲一也。倫，理也。既與神爲一，則精智無礙，故冥乎自然之理」。

萬物共同基礎的東西。另外，莊子是強調事物的相互轉化的，需要一個能夠貫穿于一切運動變化過程中的概念。適合這些需要的概念必須是可以有形也可以無形、可以運動也可以凝聚、可以上達於道也可以下通於物的，這樣的概念只有氣」。〔註282〕

第四節　由老子到莊子「氣」概念之承傳與異同

　　莊子「氣」概念之興起，有其淵源，亦有其開創性的一面。以下即就同於《左傳》《國語》、承繼《老子》與開創性等三部分，闡明莊子「氣」概念之傳承與開展。

一、同於《左傳》《國語》的部分

　　「氣」字的出現，始於《左傳》與《國語》。《左傳》、《國語》的「氣」意涵，分別為自然之氣與生命之氣；其言自然之氣，如「六氣」、「天地之氣」、「陰陽之氣」，而言生命之氣，如「血氣」、「志氣」、「勇氣」。莊子沿用《左傳》、《國語》之「氣」意涵，亦有自然現象之氣與生命形軀之氣的論述。

　　關於自然現象之氣方面，莊子論及「六氣」、「天氣」、「地氣」、「四時之氣」、「春氣」。《左傳》、《國語》以陰、陽、風、雨、晦、明為「六氣」，用以指稱自然現象的各種變化，莊子則沿用此「六氣」之說，且不出其範域。

　　「六氣」：六氣不調。（〈在宥〉）、今我願合六氣之精。（〈在宥〉）

　　「天氣」：天氣不合。（〈在宥〉）

　　「地氣」：地氣鬱結。（〈在宥〉）

　　「四時之氣」：四時殊氣，天不賜，故歲成。（〈則陽〉）

　　「春氣」：春氣發而百草生。（〈庚桑楚〉）

　　關於生命形軀之氣方面，莊子依循《左傳》、《國語》，論及「氣息」與「血氣」。

　　「氣息」：獸死不擇音，氣息茀然，於是並生心厲。（〈人間世〉）

　　　　　　　容動色理氣意六者，謬心也。（〈庚桑楚〉）

　　「血氣」：矜其血氣以規法度。（〈在宥〉）

〔註282〕語出劉笑敢：《莊子哲學及其演變》，頁137。

「忿滀之氣」：夫忿滀之氣，散而不反，則爲不足；上而不下，則使人善
　　　　　　怒；下而不上，則使人善忘；不上不下，中身當心，則爲病。
　　　　　　（〈達生〉）

「恃氣」：虛憍而恃氣。（〈達生〉）

「盛氣」：疾視而盛氣。（〈達生〉）

「出氣」：孔子再拜趨走，出門上車，執轡三失，目芒然无見，色若死灰，
　　　　　據軾低頭，不能出氣。（〈盜跖〉）

「志氣」：目欲視色，耳欲聽聲，口欲察味，志氣欲盈。（〈盜跖〉）

「定氣」：大王安坐定氣，劍事已畢奏矣！（〈說劍〉）

在形軀生命之氣方面，莊子另外提出，

「人氣」：德厚信矼，未達人氣；名聞不爭，未達人心。（〈人間世〉）

莊子之「氣」概念，意謂著某種心理或生理的狀態（〈說劍〉：「大王安
坐定氣，劍事以畢矣」、〈庚桑楚〉：「徹志之勃，解心之謬，去德之累，達道
之塞。貴富顯嚴名利六者，勃志也。容動色理氣意六者，謬心也。惡欲喜怒
哀樂六者，累德也。去就取與知能六者，塞道也。此四六者不盪胸中則正，
正則靜，靜則明，明則虛，虛則無爲而無不爲也」），有時也指涉人的情意感
受（〈人間世〉：「且得厚信矼，未達人氣，名聞不爭，未達人心。而強以仁
義繩墨之言術暴人之前者，是以人惡有其美也，命之曰菑人」）。此外，莊子
亦將《左傳》、《國語》自然之氣中之「陰陽之氣」，轉義爲生命形軀之氣的
意涵。

「陰陽之氣」：陰陽之氣有沴。（〈大宗師〉）

二、承繼《老子》的部分

司馬遷謂莊子曰：「其學無所不窺，然其要本歸於老子之言」、「以明老子
之術」；的確，莊子許多思想承自老子，而莊子論「氣」，則包含對老子「氣」
概念的承繼與開展。中國古代之「氣」概念思維，將連續性之「氣」，規定爲
清虛無礙而非絕對充實，連續無間而依然可入。〔註283〕《老子》〈四十三章〉

〔註283〕中國古代之「氣」概念，充一切虛、貫一切實。《春秋繁露》〈天地陰陽〉董
　　　　仲舒言：「天地之間，有陰陽之氣，……其無間，若氣而淖於水。水之比於氣
　　　　也，若泥之比於水也。是天地之間，若虛而實，人常漸是澹澹之中」；《正蒙》
　　　　〈太和〉張載曰：「太虛爲清，清則無礙，無礙故神」；《正蒙注太和》王夫之

言:「天下之至柔,馳騁天下之至堅,無有入無間」(《王弼注》:氣無所不入,水無所不經,虛無柔弱,無所不通),與《管子》〈心術上〉曰:「天之道虛其無形,虛則不屈,無形則無所位迕,無所位迕故遍流萬物而不變」;皆言「氣」之可入性,可以遍流萬物,進入無間之物中,而物亦可進入「灑乎天下滿」(《管子》〈白心〉)之「氣」中。

老子「氣」概念思想是先秦道家氣論的創發者,雖然,內容粗淺且系統不夠周延,但仍對承繼老子思想之莊子,產生了莫大之影響。自莊子「氣」概念的產生與老子思想有著密不可分的關係來看,老子所謂「道」實為莊子「氣」概念的基礎。老莊論「氣」概念,有莊子對於老子思想的傳承,亦有莊子個別著重的精采之處,通過老莊對於「氣」概念之解析,論述其間之異同如下:

(一) 老莊言「氣」概念之相同處

1. 皆以「道」作為哲學體系的最高境界,亦作為「氣」的本體與根源

老莊之「道」,是「恍惚」(〈二十一章〉)的,是「無名」(〈天地〉)的,是不可道的「無有」(〈天地〉),而「芒芴」(〈至樂〉)之道體與「玄妙」(〈一章〉)之道用,是宇宙萬物因之以成、由之而化的究極根本。

莊子與老子相同,皆以「道」作為哲學體系的最高原理,亦作為「氣」之本體。莊書論道「自本自根」(〈大宗師〉)、「自古以固存」(〈知北遊〉),說明「道」是最根本的存在;而「氣」卻是「雜乎芒芴之間,變而有氣」(〈至樂〉)。所謂「道」「先天地生」(〈知北遊〉),「氣」亦產生於「道」,「氣」為「道」化生萬物的中介,也是直接構成宇宙萬物形體精神的原始材質。所以,李存山先生形容「道」在老子思想中乃是「世界萬物的總規律」,[註284] 而「氣」總在「道」之規範與引導之下,沖和而生萬物(〈四十二章〉所謂:「萬物負陰而抱陽」)。雖說,老子的「氣」概念是以虛靜自然的「沖氣」與生命形軀的「專氣」為主要內涵,而莊子的「氣」概念則是以整全的「通天下一氣」與自然的「陰陽之氣」為其重要意義。

謂:「氣之未聚於太虛,希微而不可見,故清;清則有形有象者皆可入於中,而(氣)抑可入於形象之中」;凡此皆闡釋「氣」既是充盈無間而又清虛可入。

〔註284〕李存山說道:「《老子》書中也講到了『天之道...行於大道』等等,這些『道』都是道理和規律的意思,是從一般的道理和規律中抽象出一個最高、絕對的、總的道理和規律」;語出《中國氣論探源與發微》,頁83。

2. 老子言「專氣」──莊子論「聽之以氣」

　　儒道兩家對於生命的反省不同，儒家認為是人的形氣之私出了問題，牽動了心，道家則認為是心知出了問題，影響到氣；因此，儒家強調要「克己」、「復禮」，道家老子則主張不要以「心使氣」（〈五十五章〉），而要「專氣致柔」（〈十章〉）。直至莊子，承繼老子觀念並加以發揮，而言「心齋」的修為工夫。所謂「專氣」是相對於心知而言，心會干預助長「氣」，是以，取消心知的人為造作，非以心任使氣的強行，讓氣回歸氣的自己，即是「專氣」。而莊子則提出較「專氣」更為具體之「聽之以氣」的「心齋」工夫。〈人間世〉曰：

> 若一志，無聽之以耳而聽之以心，無聽之以心而聽之以氣！聽止於耳，心止於符。氣也者，虛而待物者也。唯道集虛。虛者，心齋也。

「心齋」意指心的齋戒。使心志專一，不要用耳朵聽，要用心聽；心亂氣就亂，氣會受心干擾，所以，不要用心去聽，要用氣聽。「無聽之以心」，就是無心，無心的話，氣就自如。莊子是以無心來帶動「氣」，而非直接用氣，關鍵還在於「心」。無心就可以回到「氣」的本身，無心才能與天地一體，而這亦正是老子所言「專氣」之意。故而，可由老子「專氣」、「不使氣」來理解莊子「無聽之以心，而聽之以氣」的「心齋」工夫。關此，王邦雄老師即言：

> 聽之以氣，可與老子所說的：「專氣致柔，能嬰兒乎？」（十五章）做比較思考，老子另章云：「心使氣曰強。」（五十五章）物壯強行是不道早已，而強是心知介入氣，心知鼓動氣，故人生修養在心不使氣，心知退出，而氣回歸氣的自己，回歸氣的自然，就是專氣，心不干預不擾亂，氣自然柔和，一如嬰兒般的純真。莊子聽之以氣是老子的專氣，莊子的無聽之以心，就是老子的心不使氣。〔註285〕

老子之「專氣致柔」是心知的退出，讓氣回歸氣的自然、回歸氣的自己，不過，卻易令人以為心氣二分，只重視氣而忽略心。因此，莊子之謂「氣」，則「必虛吾心而始見」，〔註286〕強調去除一切耳目感官的執著造作，心知情識的障蔽負累，使心純一不雜的修養情狀。依此可謂，莊子論「氣」，是緊扣與「心」的關係來發揮的。

〔註285〕語出王邦雄師：〈從修養工夫論莊子「道」的性格〉，《鵝湖月刊》（台北，第二一卷，第6期，總號第二四六）。

〔註286〕語出錢穆：《莊老通辨》，頁275。

3. 老子言「一」──莊書道「一氣」

〈四十二章〉老子言「道生一」，而〈大宗師〉曰：「彼方且與造物者爲人，而遊乎天地之一氣。彼以生爲附贅縣疣，以死爲決疣潰癰。夫若然者，又惡知死生先後之所在」，〈知北遊〉亦云：「生也死之徒，死也生之始，孰知其紀！人之生，氣之聚也；聚則爲生，散則爲死。若死生爲徒，吾又何患！故萬物一也，是其所美者爲神奇，是其所惡者爲臭腐；臭腐復化爲神奇，神奇復爲臭腐。故曰：『通天下一氣』。聖人故貴一」；皆謂宇宙萬物乃「一氣」所生，且生成萬物之材質亦是相同的。依此可推而知，莊書之「一氣」思想即自老子「一」的觀點而來。

春秋時期並無「一氣」概念，《左傳》〈召公二十年〉記載晏嬰論和同曰：「聲亦如味，一氣、二體、三類、四物、武生、六律、七音、八風、九歌，以相成也」，其中之「一氣」，「一」是序數詞，並無哲學涵義。春秋時期之「氣」概念主要是圍繞在「陰陽」與「六氣」上；「陰陽」被視爲決定事物變化的重要因素（產生宇宙萬物的材質或元素），而春秋時期之「六氣」是與「五行」相對，且天與地尚未完全合爲一體。迄至戰國時期，老子說明「道」化生天地萬物的過程，「一生二，二生三，三生萬物」（〈四十二章〉）之思想，方將天地萬物合而爲一，並視陰陽爲化生萬物的材質，這就使得「一氣」概念的提出成爲必然。而戰國時期所提出「一氣」概念的歷史意義，是代表當時人們理論思維能力的提高與對宇宙整體性認識的發展，此亦拈出具有明顯宇宙生成論意義的思考。因而，戰國之後，中國哲學之「氣」概念，雖經許多發展與變化，然「一氣」之涵義卻仍然貫徹其中，且「一氣」之概念亦持續被沿用。〔註287〕如此貫通「一氣」的「氣」概念思想，象徵宇宙萬物皆爲「氣」所生，並且，宇宙因此而爲連續統一的整體──「一氣」，此乃中國氣論哲學最基本的思想。是以，一般所謂之「氣論」，大抵是指「一氣論」或「氣一元論」。

4. 老子言充滿活力之「沖氣」──莊子謂生氣蓬勃的「強陽氣」

老子言「氣」的文本脈絡中，有其表現充滿活力狀態的共通處，此即〈十章〉：「載營魄抱一」、〈四十二章〉：「萬物負陰而抱陽」與〈五十五章〉：「骨

〔註287〕譬如：《淮南子》〈本經訓〉：「天地之合和，陰陽之陶化，萬物皆乘一氣者也」、《董子文集》〈雨雹對〉董仲舒曰：「陰陽雖異，而所資一氣也」、《橫渠易說下》張載曰：「天惟運動一氣，鼓萬物而生，無心以恤物」、《困知記》羅欽順曰：「蓋通天地，亙古今，無非一氣而已」、《讀四書大全說》〈告子上〉王夫之曰：「天人之蘊，一氣而已」。

弱筋柔而握固」等語句。莊子亦論及生氣蓬勃之「氣」,〈知北遊〉云:「是天地之委形也;生非汝有,是天地之委和也;性命非汝有,是天地之委順也;子孫非汝有,是天地之委蛻也。故行不知所在,處不知所持,食不知所味。天地之強陽氣也,又胡可得而有邪」;此是說明「生」、「性命」、「子孫」都是天地之「委和」、「委順」、「委蛻」;人亦是「委形」,委託、託付於「氣」的存在。郭象注釋「強陽」之意為運動,〔註288〕亦即驅使天地能夠「委和」、「委順」、「委蛻」的動力之所在。其實,莊學以「行」、「處」、「食」之為「在」、「持」、「味」,就在於天地間「一氣」的流轉互通,特別是因為「天地之強陽」為「氣」,「氣」的運動即為「天地之強陽」。除此而外,罔兩問景故事中的「強陽」也作運動解;〈寓言〉云:「彼來則我與之來,彼往則我與之往,彼強陽則我與之強陽。強陽者又何以有問乎」,如同隨順「氣」之運動,就是天地之「強陽」,我們與天地之「氣」的運動流轉,就是我們之「強陽」;而此說法象徵身體之於吾人的關係,正如同影子之於形體的關係。〔註289〕

老莊論「氣」,同時都關涉到「氣」的運動性。老子之「沖氣」、莊子之「強陽氣」,說明宇宙萬物的運動性由天地之「強陽」而來,其運動依據即是「氣」。並且,莊學同於老子,亦以「陰陽」詮釋宇宙萬物的生成變化。

5. 老莊皆言「陰陽之氣」

老子認為萬物生命之所以存在,就在負陰抱陽的沖氣之和中,莊子承繼老子「沖氣以為和」的思想,主張「氣」是形構宇宙萬物的基本材質,且以「氣」來解釋宇宙萬物的形成及生死變化。〈至樂〉記載莊子妻死,莊子箕踞鼓盆而歌曰:「察其始而本無生,非徒無生也,而本無形;非徒無形也,而本無氣。雜乎芒芴之間,變而有氣,氣變而有形,形變而有生。今又變而之死。是相與為春秋冬夏四時行也」,說明人與萬物的形體、生命皆來自於「氣」,且在詮釋萬物生成的觀點上,莊學亦與老子相同,將之歸諸於陰陽二氣之和。〈大宗師〉曰:「陰陽於人,不翅於父母」,與〈知北遊〉云:「至陰肅肅,至陽赫赫。肅肅出乎天,赫赫發乎地。兩者交通成和而物生焉」;說到陰陽二氣相互激盪,直到均衡和諧之時,即能生物;此以萬物是由陰陽二氣交感之和諧之氣而生的觀點,乃是承繼老子「萬物負陰而抱陽,沖氣以為和」(〈四十

〔註288〕引自郭慶藩:《莊子集釋》,頁739。
〔註289〕參閱焦竑:《莊子翼》,頁190;江適曰:「身之於我猶影之於形也,彼強陽則我與之強陽」。

二章〉）之思想而來。〔註290〕

　　「陰陽」概念最早起於史官對於自然現象的解釋與說明，《國語・周語上》伯陽父即以陰陽說氣，以陰陽之氣之變化失序解釋地震之因。其後，曾任史官之老子言：「萬物負陰而抱陽」（〈四十二章〉），有以陰陽二氣之和諧來詮釋萬物生成之理念。是以，學本老子之莊子，則相當重視陰陽概念，內篇共出現四次，〔註291〕《莊子》文本凡出現二十三處，〔註292〕甚而，莊學即逕以「陰陽」來代表「氣」。

　　由於，莊子承繼老子「萬物負陰而抱陽，沖氣以為和」（〈四十二章〉）的觀點，認為萬物的形成始自陰陽二氣之和，因此，莊子之「氣」有陰陽之意，一氣化分為陰陽二氣，陰陽是「氣」的兩種型態。到了莊子後學，則兼取莊子「化」的概念，與老子的陰陽之氣，發展而出「氣化宇宙論」。

6. 老子強調「復歸」的修養工夫；莊子則著重「復」的工夫修養

　　雖然，老子的理想人格就像是赤子一般，不過，常人的狀況已不若赤子般地純真無邪，因而，就必須透過修養工夫來回復本然樣態。依〈十四章〉：「復歸於無物」、〈十六章〉：「各復歸其根」、〈二十八章〉：「復歸於嬰兒」、〈二十八章〉：「復歸於無極」、〈二十八章〉：「復歸於樸」、〈五十二章〉：「復歸其明」等可知，老子是以「復歸」為其修養工夫之進路與境界的。

　　重視回復宇宙萬物本性之工夫修養的莊子，亦復如是；〈知北遊〉：「今已為物也，欲復歸根，不亦難乎」、〈山木〉：「既雕既琢，復歸於樸」。此外，莊子尚

〔註290〕此外，李存山先生亦謂，《至樂》篇中之莊學性格，並不是「游乎天地之一氣」，而是「游乎一氣之有無」；由無氣到有氣，此與《老子》「天下萬物生於有，有生於無」的思想，貌似切近，實則並不相符。參閱李存山：《中國氣論探源與發微》，頁127。

〔註291〕〈人間世〉：「事若不成，則必有人道之患，事若成，則必有陰陽之患」、「吾未至乎事之情，而既有陰陽之患矣；事若不成，必有人道之患」、〈大宗師〉：「陰陽之氣有沴」、「父母於子，東西南北，唯命之從。陰陽於人，不翅於父母」。

〔註292〕《莊子》〈外雜篇〉中重要的「陰陽」之說：〈在宥〉：「陰陽並毗，四時不至，寒暑之和不成，其反傷人之形乎」、〈天運〉：「乘雲氣而養乎陰陽」、〈秋水〉：「自以比形於天地，而受氣於陰陽」、〈知北遊〉：「陰陽四時運行，各得其序」、〈則陽〉：「陰陽者，氣之大者也」。其它則散見於〈秋水〉（1則）、〈知北遊〉（1則）、〈則陽〉（2則）、〈天下〉（1則）、〈在宥〉（3則）、〈天運〉（4則）、〈繕性〉（1則）、〈庚桑楚〉（2則）、〈外物〉（1則）、〈說劍〉（1則）、〈漁父〉（1則）、〈列禦寇〉（1則）等篇。

言「精復」、「復心」、「復情」；〈達生〉：「棄事則形不勞，遺生則精不虧，夫形全精復，與天地為一」；此言因「事」所引起「形」的疲勞，因「生」所引起「精」〔註293〕的虧損，都與人的身體無益，因而，「形全」與「精復」皆意指回復人的原形狀態。〈徐無鬼〉亦云：「以目視目，以耳聽耳，以心復心。若然者，其平也繩，其變也循。古之眞人，以天待人，不以人入天。古之眞人，得之也生，失之也死；得之也死，失之也生」，所謂「以目視目，以耳聽耳，以心復心」，意指欲「目」、「耳」、「心」發揮所能，只要回復其本然樣態，此是無須特殊訓練的，所謂「復心」，是包含人的所有感應能力，不單是說心。而〈天地〉云：「上神承光，與形滅亡，此謂照曠。制命盡情，天地樂而萬事銷亡，萬物復情，此之謂混冥」，說明芒為苑風解釋神人能夠「命至情盡」，〔註294〕乃因萬物之情可以回復到本然的狀態；易言之，是神人之盡情導致萬物的「復情」，此情並不限於人之情，而是萬物的普遍本性，因此，「復情」意謂回復萬物本性。而「精復」、「復心」、「復情」都只是標榜回復人性的本然狀態，則莊子所著重的工夫修養，就是修身〔註295〕以復其初。〔註296〕

依上所言，透過修養工夫以回復本然樣態，乃老莊所共同強調的修養工夫意義。只是，遠古而後，「德」即處於衰落的狀態，所以，不免有難以回復本性（「復性」、「復其初」）的憂心與感慨。〔註297〕然而，莊子之所以為莊子，就在於不斷地揚昇生命的深度與廣度，為了落實「復性」、「復其初」，莊書乃強調保存純然之「氣」的重要。

7. 老子看待「養生」的態度影響及莊子

〈五十五章〉言：「益生曰祥」（祥為反訓不祥之意）、「心使氣曰強」；可見老子並不認同隨意行氣的導引之術。莊書也反對養生養形之作為，極力主

〔註293〕陳鼓應先生註釋「精」為精神；參閱《莊子今註今釋》，上冊，頁512。
〔註294〕參閱郭慶藩：《莊子集釋》，頁443，郭象注。
〔註295〕參閱〈天道〉：「以此事上，以此畜下，以此治物，以此修身，知謀不用，必歸其天，此之謂大平，治之至也」。
〔註296〕參閱〈繕性〉：「繕性於俗學，以求復其初；滑欲於俗思，以求致其明；謂之蔽蒙之民」。
〔註297〕參閱〈繕性〉：「逮德下衰，及燧人伏羲始為天下，是故順而不一。德又下衰，及神農黃帝始為天下，是故安而不順。德又下衰，及唐虞始為天下，興治化之流，澆淳散朴，離道以善，險德以行，然後去性而從於心。心與心識知而不足以定天下，然後附之以文，益之以博。文滅質，博溺心，然後民始惑亂，無以反其性情而復其初」。

張恬淡寂漠，虛無無爲，不導引而壽 [註298] 之生活態度；〈德充符〉曰：「常因自然而不益生」、〈刻意〉云：「吹呴呼吸，吐故納新，能經鳥申，爲壽而已矣。此道引之士，養形之人，彭祖壽考者之所好也」，此即深受老子「專氣致柔，能嬰兒乎」的修養典範，與「心使氣曰強」之驚世警語的影響。而且，莊子「心齋」與「坐忘」之修養工夫，亦是承繼與發揮老子「致虛」與「守靜」（〈十六章〉）之思想。

依前所述，莊子「氣」概念思想，雖有承於老子，然特重內在生命的精神境界。莊子承繼老子，認爲人的生命乃稟受於陰陽二氣之和，老子強調應取消人爲造作，而聽任沖和之氣的自然，然因世人終究未能與其他萬物般，順任此沖和之氣的聚散，所以，老子所言之「專氣」、心「不使氣」，似乎無法徹底解決人生的根源性問題。因此，莊子堅定認爲，若進一步以無心對應此生命質樸的沖和之氣，並透過「無聽之以心，而聽之以氣」之工夫修爲，方能消解心知的執著，化掉死生之負累，與道融合爲一，與天地精神相往來，而臻至無待逍遙的人生至境。

（二）老莊言「氣」概念之相異處

1. 老子視生死如「出入」；莊子則自「氣」之聚散來看生死問題

〈五十章〉：「出生入死。生之徒，十有三；死之徒，十有三；人之生，動之於死地，亦十有三。夫何故？以其生生之厚」、〈七十六章〉：「人之生也柔弱，人之死也堅強。草木之生也柔脆，其死也枯槁。故堅強者死之徒，柔弱者生之徒」；老子所謂「生之徒」與「死之徒」是指生這一類的人與死這一類的人。事實上，老子視生死如「出入」，並不似莊子自「氣」之聚散來看生死問題。莊學所謂「生之徒」與「死之徒」是指〈知北遊〉云：「生也死之徒，死也生之始，孰知其紀！人之生，氣之聚也；聚則爲生，散則爲死。若死生爲徒，吾又何患！故萬物一也，是其所美者爲神奇，是其所惡者爲臭腐；臭腐復化爲神奇，神奇復爲臭腐。故曰：『通天下一氣』。聖人故貴一」；這是說明「生之徒」與「死之徒」不是二類，而是唯一的「徒」，是一類的，故云：「若死生爲徒，吾又何患」。即因「生」、「死」互爲「徒」，亦即是強調「生」、

〔註298〕 由於，老莊思想過於強調無欲無爲，雖然，對後世的氣功理論有所啓發，恐怕眞正發揚氣功理論的是後來「采儒墨之善，撮名法之要」的黃老學派。中國以《皇帝內經》爲代表之古代醫學體系的形成，主要亦是藉助於黃老學派的思想。

「死」共爲一類,「生」、「死」乃互爲終始。莊學闡明,生命可自腐敗之中演生出新的生命,而新的生命至終又會再度腐化爲無生命,故云:「臭腐」復化爲「神奇」,「神奇」復化爲「臭腐」。「生」與「死」並爲生命的兩面,生命是「氣」的聚合,而死亡也只是「氣」的離散,亦即人的存在與非存在,不外是「氣」的聚散與離合,因而,生不足喜,死不足惜。莊學將生死問題視爲「氣」之聚散,生與死只不過是自然現象的相互流轉,不特如此,萬物爲一的道理同樣也是基於「氣」之聚散,如此「神奇」與「臭腐」亦只是「一氣」的變化流行,是以認爲整個天下可以通於「一氣」。正是因爲萬物是由「氣」之聚散而成,而「氣」之聚散一如「道」之無終無始,所以說,「氣」亦是一直存在著的。

2. 莊子強調「貴精」

〈刻意〉云:「賢人尙志,聖人貴精」,「精」與「志」相對,當指「精氣」(精純之氣)。莊子主張「聽之以氣」(〈人間世〉),保持人的自然本樸狀態,這就是貴精,而所謂自然本樸狀態,正是「純素」(〈刻意〉)之意。「精」即「氣」的本樸狀態,「精」即「氣」的純素表現,或可謂是純陰或純陽的狀態(〈刻意〉之貴精即純陽之狀態)。精純之氣可說是無有無形之「至虛若無」的(所謂無有並非絲毫眞無,畢竟猶有可入,故只能說是若無;而若無者唯有至虛,至虛者必因其無形,始予人若無之感),同時,精純之氣亦可說是至細無內之「無有間隙」者。〔註299〕

總之,老莊「氣」概念有其關於形上學(「道」)、宇宙論(「陰陽之氣」)與工夫論之思想承傳的相似處,亦有其完全相異,代表個人思想的精采之處,然而,莊子所得自老子思想之啓發,卻更深度地呈現於其開創的「氣」概念視域之中。

三、莊書開創性的「氣」思維

莊子「氣」概念有其時代背景,亦有其理論根據之承繼,故能於體系上作更縝密的建構,在內涵上作更周延的發揮,進而在思想領域中作嶄新的開

〔註299〕劉長林先生嘗謂:「氣的『其細無內』,對於說明和理解客觀世界的流動、變化、聯繫、滲透、相融會,帶來許多方便。同時也有利於『氣』作爲世界生命的活力泉源」。語出劉長林:〈說氣〉(新竹市,清華大學「氣」國際性研討會,1990 年 6 月)。

創。可以說，莊子「氣」概念，雖有承於老子，然就思想的發展與理論之清晰度而言，確有精進於老子者；故而，莊子不但承繼老子「氣」概念，而且，還大大地加以開展。以下即就「通天下一氣」、「雲氣」與「神氣」三部分，敘述莊子開創性的「氣」思維。

（一）「通天下一氣」

莊子承繼老子沖和之氣的觀念，而對「氣」有「通天下一氣」的開發，且以「氣」之聚散詮釋宇宙萬物的生成變化。〈知北遊〉云：「人之生，氣之聚也。聚則為生，散則為死。若死生為徒，吾又何患！故萬物一也。是其所美者為神奇，其所惡者為臭腐。臭腐復化為神奇，神奇復化為臭腐。故曰：『通天下一氣耳。』聖人故貴一」，說明「氣」是構成萬物與人的生命材質，因著「氣」具有陰陽兩種對立的型態，所以能夠運動變化，或聚而物生，或散而物死。人之生死，物之成毀，皆為「氣」之聚散變化，是以，人之形體、生命，或神奇，或腐臭，都不過是一氣之化而已。

其實，莊書之義旨，乃欲自「氣」概念之宇宙生成論，進至工夫修養的層次，以明其齊物逍遙的生命境界。也就是說，人之生命既受陰陽和合之氣，則人之形體即含此沖和之氣，且「氣」充塞天地之間，通天下都是「氣」，人與萬物同稟一氣，並無迥異，更無價值上的差別。所以，人應消解人為造作的死生執著，以因任自然，貴其本真，進而「壹其性，養其氣」（〈達生〉），持守並涵養此沖和之氣，使能「通乎物之所造」、「遊乎萬物之所終始」（〈達生〉），且可「與造物者為人，而遊乎天地之一氣」（〈大宗師〉），逍遙於精神自在之境，而遊心於道。

（二）「雲氣」

前言莊子沿用《左傳》《國語》之「氣」義，亦有自然現象之氣與生命形軀之氣的論述，其中，莊書多次提及「雲氣」之說。《左傳》《國語》之雲與氣，屬於自然現象，而莊子之言「雲氣」，則已轉進工夫修為之意涵，並且，以雲、氣二字連用，作為理解生命之氣與自然界之雲的聯繫，以得雲之流動本質。故而，〈逍遙遊〉之「絕雲氣，負青天」與「乘雲氣，御飛龍」，為最早將雲氣連文之文獻資料。分列莊書所言之「雲氣」說於下：

> 絕雲氣，負青天。（〈逍遙遊〉）
> 乘雲氣，御飛龍。（〈逍遙遊〉）

乘雲氣，騎日月。(〈齊物論〉)

雲氣不待族而雨。(〈在宥〉)

乘乎雲氣而養乎陰陽。(〈天運〉)

其中，與心目中之理想人格關連而言之「雲氣」：

〈逍遙遊〉：「(鵬) 絕雲氣，負青天，然後圖南，且適南冥也」

〈逍遙遊〉：「(神人) 乘雲氣，御飛龍，而遊乎四海之外」

〈齊物論〉：「(至人) 乘雲氣，騎日月，而遊乎四海之外」

〈天運〉：「(老子) 乘雲氣而養乎陰陽」

依上說明，莊書已經分別「雲氣」與「氣」、「一氣」與「氣」、生理上的「氣」及宇宙本體論上的「氣」。基本上，莊書使用「雲氣」一詞，所指涉的涵義的確是「雲氣」，而非「氣」，雖然，也講呼吸之「氣」，然最主要的用法仍集中在「人」自身的狀態上。是以，毫無疑義地，莊子的終極關懷是「人」，「氣」論思想亦是圍繞在生命課題上而發展的。

(三)「神氣」

莊子〈內篇〉與老子相同，神與氣皆分別論之，至於，〈外雜篇〉則已將「神氣」連文。

夫至人者，上闚青天，下潛黃泉，揮斥八極，神氣不變。(〈田子方〉)

汝方將忘汝神氣，墮汝形骸，而庶幾乎！(〈天地〉)

〈田子方〉所言之「神氣」，郭象注曰：「夫德充於內，則神滿於外，無遠近幽深，所在皆明，故審安危之機而泊然自得也」；可見「神氣」乃是經過修養工夫而至體道後，所呈現之自在自得的精神境界，唯有達至最高生命境界的至人，方能上闚青天，下潛黃泉，縱放八方，精神自由。

〈天地〉亦見「神氣」一詞，只是，此處之「神氣」是必須忘的，因而，顯然與〈田子方〉所言之「神氣」意義不同。郭象注曰：「不忘不墮，則無庶幾之道」，〔註300〕成玄英疏云：「汝忘遺神氣，墮壞形骸，身心既忘，而後庶近於道」；〔註301〕郭注與成疏皆以此「神氣」是須通過「心齋」的修養工夫而予以消解的。關於〈天地〉之以神與氣二字連用，錢穆先生曾評之曰：

此處以神氣連文，不僅老子書未有，亦莊子所不言也。惟外篇天地有之，曰：『忘汝神氣』。神與氣連文，是神亦指氣言矣。然孟子曰：

〔註300〕引自郭慶藩：《莊子集釋》，頁435。

〔註301〕引自郭慶藩：《莊子集釋》，頁435。

『志一則動氣，氣一則動志』，則氣定可使神定，神定亦可使氣定。
此神氣神字仍可指屬心，惟斷不指心之明知言。此等皆是外雜篇中
用字有歧義，治老莊思想者，不可不於此等處細辨之也。〔註302〕
陳鼓應先生亦曾整理《莊子》文本中，歸納關於「神」字的意義，說道：
《莊子》中「神」字出現一百餘次，意義亦頗不相同。除『神人』、
『神奇』等外，歸納起來，有這麼幾種：第一，與鬼相連，意指『神
靈』，如：『鬼神將來舍。』（《人間世》）。第二，與形相對，意指精
神，如：『女神將守形。』（《在宥》）：『形全者神全。』（《天地》）第
三，形容神妙的變化與作用，如：『操舟若神』（《達生》）：『神之又
神而能精焉』（《天地》）：『夫天地至神』（《天道》）：『油然不形而神』
（《知北遊》）等。〔註303〕
依陳鼓應先生之分析歸納，可知《莊子》文本中「神」字的用法，已自人格
神義，轉而作為妙用莫測的狀詞。並且，值得注意的是，所謂「神氣」乃是
就著人的心知講，所以要忘，氣才會出來，氣也才可以自在自如，是以，此
處之「神」其實是形容詞，用以形容「氣」的境界。

綜觀莊子論「氣」，雖有承於老子，然又有進於老子；莊子傳承老子「萬
物負陰而抱陽，沖氣以為和」（〈四十二章〉）的觀點，主張「氣」乃形構萬物
之生命材質，認為人與萬物皆稟受陰陽沖和之氣。不僅如此，莊子對「氣」
亦有其「通天下一氣」（〈知北遊〉）的深度開發，以「氣」詮釋宇宙萬物的生
成變化，以「一氣」觀點消弭萬物差等、化掉生死執著，更以「無聽之以心，
而聽之以氣」（〈人間世〉）的心齋修養工夫，上達「天地與我並生，萬物與我
為一」（〈齊物論〉）之生命理境。此外，莊子「氣」概念思維之自我開創，則
包含「通天下一氣」、「雲氣」與「神氣」等部分。

實則，依老子到莊子「氣」概念的傳承與發展，可知「氣」已漸由自然
現象之氣，轉化為生命形軀之氣，再由生命形軀之氣，提昇而為工夫修為之
氣，至此，「氣」已然具有存有論與宇宙生成論之義。孟子「以志帥氣」之論，
使「氣」轉向道德意義發展，而莊子的「氣」論思維，則同時具有承繼性與
開創性。莊子一方面傳承《左傳》《國語》之「氣」義，而有「六氣」、「天氣」、
「地氣」等自然現象之氣，與「氣息」之生命形軀之氣的論述，另一方面，

〔註302〕語出錢穆：《莊老通辨》，頁223。
〔註303〕語出陳鼓應：《老莊新論》，頁323。

則又承繼老子的「氣」概念予以開展之，有其開創性之「氣」概念思維。

世人常以老莊並稱，莊子哲學實自老子哲學發展而來；莊子關於道生天地的論述，實本於老子所謂「道生一，一生二，二生三」(〈四十二章〉)的說法；其避世而不爭、順物自然而無私的見解，也是出於老子「夫唯不爭，故無尤」(〈八章〉)、「輔萬物之自然，而不敢爲」(〈六十四章〉)的啓發。但是，若論到哲學論題的深度、廣度及其繁複性，莊子則遠遠超越老子。老莊之間雖有密切關聯，然而，彼此之間也有很大不同。而針對此大不同，根據鄭世根先生所說：即使老子曾論及所謂的「氣」概念，但「氣」概念在其整個哲學體系內並非重要概念。但是，直至莊子之後，「氣」概念開始轉化，成爲比較完整的哲學概念。所以，非常肯定的是，「氣」概念的眞正誕生是始自莊子。

第三章　莊子〈內篇〉「氣」概念的解析

　　莊子「氣」概念的產生與老子思想有著密不可分的關係，其中，老子所謂「道」，實爲莊子「氣」概念的基礎。雖然，老莊之「氣」概念思想有著不可分離的關係，但是，「氣」概念的眞正展開，卻是自莊子哲學而來；鄭世根先生嘗謂：「即使老子論及到所謂的『氣』概念，但在整個哲學體系內並不重要。不過，到了莊子之後，『氣』概念開始脫胎換骨，變成比較完整的哲學概念。我們非常誠實的肯定老子對於『氣』概念的源流性的啓白，然而『氣』概念的眞正誕生是由於莊子哲學」。〔註1〕

　　綜觀莊子思想，其立論聚焦於「道」「氣」與人之縱貫關係及人與萬物之橫向關係，且其終極關懷乃是建基於，世人身處天地之間，理應依順氣化，回歸生命本身，終將返本於道之思考。因而，莊子「氣」概念思想之主要特色，即是將「氣」與人之身體結合；此「氣」之身體觀，初見於《老子》〈四十二章〉：「萬物負陰而抱陽，沖氣以爲和」，莊子承繼並加以發揚，認爲人之形軀、精神都只是人之「表層限定」，〔註2〕若無「氣」之撐持，人絕不可能成爲具體之存有。換句話說，無形無象之「氣」，對於人之身體而言，是更基本之限定，甚且，「氣」不僅限定人，亦限定天地萬物，沒有「氣」之流行，就無整個宇宙。所以，「氣」是宇宙萬物的共同成素，亦是宇宙萬物運動變化的形上依據，因著「一氣」之流行，萬物之間方能氣息相通，亦由於「氣化」生生，人才能成於「道」且歸本於「道」，故而，「遊乎天地之一氣」，回歸「氣」之渾然未分之原貌與之同流（遊），即是莊子修養工夫論的最高境界，與人生努力的重要目標。

〔註1〕參閱鄭世根：《莊子氣化論》，頁6。
〔註2〕參閱楊儒賓主編：《中國古代思想中的氣論及身體觀》，頁21。

第一節　莊子〈內篇〉「氣」概念的意涵

　　相較《左傳》、《國語》、《老子》、《孟子》,《莊子》出現「氣」字的次數頻繁許多,由此可見莊子對「氣」概念的重視程度。《莊子》文本直接提及「氣」,凡三十七處,若再加上一些與「氣」相關的詞語,例如:陰陽、聚散、上下……,出現的次數則多得更多。《莊子》「氣」之涵義包含甚廣,有與天地相關者,有與自然相關者,有與人體相關者,有與精神相關者,有與修養相關者,有與工夫相關者,亦有與哲學意義相關者。故從自然現象相關之氣,與生命形軀相關之氣(含生理與精神),與工夫修為相關之氣等三大方面,解析莊子〈內篇〉「氣」概念的意涵。

　　其實,試圖將莊子「氣」概念加以分類,只為方便言說,此因有些「氣」字是無法非常明確地歸屬於某一方面。而本章之主旨,乃在於分析、歸納《莊子》〈內篇〉所有「氣」概念的涵義,以展現莊子「氣」概念的真實意涵,並解明〈內篇〉「氣」概念之修養工夫論的義旨。

　　由於〈內篇〉、〈外雜篇〉於思想內涵與作者考據上,明白存在著顯著的差異;為分別與釐清〈內篇〉與〈外雜篇〉所載「氣」義之異同,並進一步掌握自〈內篇〉至〈外雜篇〉「氣」之義理的演變遞嬗,故一一羅列《莊子》〈內篇〉之「氣」概念予以深入探討之。

一、自然現象之「氣」

　　1.「六氣」(〈逍遙遊〉)

　　2.「大塊噫氣」(〈齊物論〉)

　　3.「氣母」(〈大宗師〉)

二、生命形軀之「氣」(包含精神、生理)

　　「氣息」(〈人間世〉)

三、工夫修為之「氣」

　　1.「聽之以氣」(〈人間世〉)

　　2.「遊乎天地之一氣」(〈大宗師〉)

　　3.「人氣」(〈人間世〉)

　　4.「合氣」(〈應帝王〉)

　　5.「衡氣」(〈應帝王〉)

　　6.「陰陽之氣」(〈大宗師〉)

7.「雲氣」(〈逍遙遊〉、〈齊物論〉)

以下即就形軀生命之「氣」、自然現象之「氣」與工夫修爲之「氣」等三大面向，分別闡述〈內篇〉「氣」概念之涵義。

一、自然現象之「氣」

(一)「六氣」──自然現象之「氣」

若夫乘天地之正，而御六氣之辯，以遊無窮者，彼且惡乎待哉！(〈逍遙遊〉)

莊子善以數字表達「氣」的一些特性，如「一氣」(「氣」渾然未分時之原初狀態)、「六氣」(萬物於「氣化」過程中的成形條件)。基於，莊子對「六氣」的實質內容著墨不多，後世學者所訓亦各不相同，其中，當可遠溯至春秋時代最古老的說法，司馬彪以陰、陽、風、雨、晦、明爲「六氣」，代表六種自然天象，「六氣」配合五行，五行象徵地上五種主要物質，二者共同構成有形世界的秩序，進而更以好、惡、喜、怒、哀、樂等六情配「六氣」，於此「六氣」亦與人類生活建立密切關係。〔註3〕依據考證，「六氣」可分爲兩種：其一是以「五行」解「六氣」；〔註4〕《尙書》〈洪範〉以雨、暘、奧、寒、風、時爲「六氣」，而雨爲木、暘爲金、奧爲火、寒爲水、風爲土、五氣得時爲和氣。其二是以「六情」釋「六氣」；〔註5〕《左傳》〈召公二十五年〉以「民有好、惡、喜、怒、哀、樂，生於六氣」及《左傳》〈召公元年〉：「六氣曰：陰、陽、風、雨、誨、明」。〔註6〕

〔註3〕王應麟認爲「六氣」是少陰君火、太陰濕土、少陽相火、陽明燥金、太陽寒水、厥陰風木，是爲配合天之六節，此說醫家引用較廣，更進而與身體內在器官相配。而王逸與支盾則以天地四時爲「六氣」。參閱高誘注：《淮南子》〈天文訓〉，卷三，中華書局四部備要子部，頁1。

〔註4〕關於「六氣」的其他說法，參閱郭慶藩：《莊子集釋》，頁20～21：司馬彪以「陰、陽、風、雨、誨、明」爲「六氣」；王應麟以「五行」(火獨有二)釋「六氣」。

〔註5〕以「六情」釋「六氣」另有《漢書》〈翼奉傳〉：以好、惡、喜、怒、哀、樂爲「六情」；而北方之情爲好、南方之情爲惡、西方之情爲喜、東方之情爲怒、下方之情爲哀、上方之情爲樂。參閱郭慶藩：《莊子集釋》，頁21。

〔註6〕關於「六氣」的解說──「陰、陽、風、雨、誨、明」，《左傳》與司馬彪的說法是一致的。此外，《左傳》〈召公四年〉亦論及「六氣」與「四時」的關係：「冬無愆陽，夏無伏陽，春無淒風，秋無苦雨」。

　　《莊子》文本總共出現二次「六氣」，〔註7〕莊子「六氣」一詞的使用，承自《左傳》陰、陽、風、雨、晦、明「六氣」之說。依成玄英疏：「杜預云：六氣者，陰陽風雨晦明也」，〔註8〕與憨山大師注：「六氣者，陰陽風雨晦明，乃造化之氣也」；〔註9〕可知「六氣」應屬自然現象之氣。而莊子論「氣」明顯論及「天地」（「陰陽二氣」）與「四時」（春夏秋冬之屬性溫、涼、寒、暑）之「氣」，因而，所謂「六氣」，是指「天地」與「四時」所涵蓋之「氣」的內容（即陰、陽、溫、涼、寒、暑）。換言之，「六氣」即陰、陽、溫、涼、寒、暑所蘊含之「氣」的特性，也就是代表宇宙萬物所涵蓋的「氣」。

　　莊子之「六氣」，依〈在宥〉云：「天氣不和，地氣鬱結，六氣不調，四時不節。今我願合六氣之精以育群生，爲之奈何」，當天氣不和、地氣鬱結、四時不節時，其結果必然是「六氣」不調，此是莊子以天地四時爲「六氣」的明確說法。所謂「六氣之精」〔註10〕是指「六氣」運動變化的特性，因著「六氣」作用，萬物得以生成，群生獲得養育；而六氣之精化育群生所依循的只是自然無爲而已。對於四時之氣的說明，〈則陽〉云：「四時殊氣，天不賜，故歲成」，四時之氣各呈顯其不同的作用，依自然之理則運動變化，而有井然有序、條理分明之宇宙。關於「六氣」，莊子首先肯定「六氣」是指天地與四時，其次，必須釐清的問題，是四時之氣是承天地之氣以爲氣，那又何以能與天地並列。其實，宇宙萬物皆「一氣」之化，自萬物本根的立場來看，既不可量數，亦不能夠有先後，因爲「道」是超越時空拘限的，若能摒除執著於先天地後萬物之宇宙生成的邏輯順序，四時必運行於萬物中，自應爲天地所生，後天地所成。故而，回到認知天地的重點，不能只停留於其承載之功，或提供容納萬物的空間，應轉而爲定焦於「氣」之存在或運動的形式。換言之，「氣」之存在或運動特性亦即「天地」之特性，此一轉變，乃爲廓清問題之思考起點。再者，天地之氣非有天地之形而後生出是氣，因「氣」生成天地，天地之氣實即陰陽之氣的代表；同理，四時之氣亦非有四季氣候變化而後生出四時，四時之氣不是季節變化之溫熱涼寒之交替現象，而是形成

〔註7〕　其一是〈逍遙遊〉，另一則是〈在宥〉：「天氣不和，地氣鬱結，六氣不調，四時不節」。

〔註8〕　引自郭慶藩：《莊子集釋》，頁20。

〔註9〕　語出憨山：《莊子內篇憨山註》，頁172。

〔註10〕　「六氣之精」依《管子》〈心術下〉：「一氣能變曰精」，「精」指的是運動變化之氣。

這些現象之理則，四時之氣乃是陰陽之動靜、剛柔、絪縕、升降、闔闢等相對作用之擴張與衍伸，亦是「一氣」運動變化作用的眞實展現。是以，四時之氣的意義，應是莊子擇取春生、夏長、秋收、多藏之四個時節的不同特性，作爲宇宙萬物生成變化的基本模式，以說明「一氣」作用於萬物所呈顯之多功能面向。依宇宙生成層面而言，天地之氣與四時之氣確是相輔相成、並行而不悖，陰陽之氣不是分別的兩個並列之物，而是「道」之成物的兩個功能或作用（潛能與實現），所以，「六氣」並無有形之物的並列問題，「六氣」根於渾然未分之「一氣」，宇宙萬物皆此「一氣」之化，而此「一氣」之作用與功能卻是多樣性的，如此才能作爲有形世界不斷運動變化之依據，而莊子所謂「六氣之辯」〔註11〕（〈逍遙遊〉），乃在說明「氣化」之作用與過程。

　　所謂「乘天地之正」，成玄英疏：「天地，萬物之總名。萬物者，自然之別稱」；〔註12〕「正」指常道，「天地之正」意指天地的正道。所謂「辯」，成玄英疏：「辯者，變也」，〔註13〕此亦即是「氣化」的過程；郭慶藩亦謂辯與正相對爲文，當讀爲變，並引《廣雅》以證其說：「辯與正對文，辯讀爲變。廣雅：辯，變也」。〔註14〕依此注疏，當可理解此段敘述爲，乘著天地的正道，駕馭六氣的變化，一切因任自然，順應宇宙萬物之性，與天地合而爲一，與萬物混爲一體，絕對無待，是以能夠「所遇斯乘，無非遊也」〔註15〕、「乘大道而遊，與造化混而爲一」〔註16〕、「無所待而遊於無窮」，〔註17〕臻於精神上的無窮無盡、「惡乎待」的逍遙境界。因此，所謂「逍遙」，是就「無待」意義說的，想要逍遙，就必須無待，並且，欲至「以遊無窮」的理想境界，關鍵亦在於「彼且惡乎待哉」的「待」。關於「待」字，徐復觀先生解說道：

　　　　莊子認爲人生之所以受壓迫，不自由，乃由於自己不能支配自己，
　　　　而須受外力的牽連。受外力的牽連，即會受到外力的限制甚至是

〔註11〕此理解依郭慶藩輯：《莊子集釋》，頁 21 曰：「辯」同「變」。
〔註12〕引自郭慶藩：《莊子集釋》，頁 20。
〔註13〕引自郭慶藩：《莊子集釋》，頁 20。
〔註14〕語出郭慶藩：《莊子集釋》，頁 21。
〔註15〕遊於精神的無窮無盡，即如郭慶藩：《莊子集釋》，頁 20，郭象注曰：「乘天地之正者，即是順萬物之性也；御六氣之辯者，即是遊變化之塗也；如斯以往，則何往而有窮哉！所遇斯乘，又將惡乎待哉！此乃至德之人玄同彼我者之逍遙也」。
〔註16〕語出憨山：《莊子內篇憨山註》，頁 172。
〔註17〕語出王先謙：《莊子集解》，頁 4。

> 支配。這種牽連，在莊子稱之爲『待』，如『猶有所待者也』（〈逍遙遊〉十八頁），『彼且惡乎待哉』（同上），『化聲之相待，若其不相待』（〈齊物論〉六六頁），『吾有待而然者耶』（同上六七頁）等是。〔註18〕

所謂「待」，是指他然、有條件、依待外物之意。所以，只要有待，生命即無法自在逍遙。吳怡先生亦言：

> 這個待字正是逍遙遊的絆石，因爲我們的心如對外物一有所待，這個心便爲外物所拘，不能逍遙。尤其人世間的待，往往是層層的限制。……所以要眞正達到逍遙，便必須無待。所謂無待，並不是逃避一切，而是心中充實，不需要向外求憑藉，求寄託。〔註19〕

所謂「無待」是「有待」的對反，無（消解）物我對立，順應自然，達到無待，方是眞正逍遙。莊子之「無待」，意近於老子的「無所」，〔註20〕不執著是非得失，就不會有被打敗之所，也就是生命中沒有弱點。自老子之「無所」以至莊子之「無待」，可見莊學師承老子思想之一斑。

回歸莊子之言「彼且惡乎待哉」，是相對於宋榮子與列子之有待而來。在莊子看來，宋榮子「定乎內外之分，辯乎榮辱之境」（〈逍遙遊〉），而列子「御風而行」（〈逍遙遊〉），二者都是有待。有待與無待所達到的境界有別，唯有達到無待境界之人，方能眞正「乘天地之正，而御六氣之辯，以遊無窮」。莊子以「同於大通」（〈大宗師〉）、無待逍遙者爲至人、神人、聖人，無己之至人、無功之神人與無名之聖人均爲生命境界的最高者，亦皆爲理想人格的體現者。雖然，莊子稱述三者的角度內容不同，但其精神境界卻是相同的。故而，成玄英疏：

> 至言其體，神言其用，聖言其名。故就體語至，就用語神，就名語聖，其實一也。詣於靈極，故謂之至；陰陽不測，故謂之神；正名百物，故謂之聖也。一人之上，其有此三，欲顯功用名殊，故有三人之別。此三人者，則是前文乘天地之正、御六氣之辯人也。欲結

〔註18〕語出徐復觀：《中國人性論史》〈先秦篇〉，頁389。
〔註19〕語出吳怡：《逍遙的莊子》，頁130～131。
〔註20〕老子所謂「無所」，見於〈二十章〉：「我獨泊兮，其未兆，如嬰兒之未孩；儽儽兮，若無所歸」、〈五十章〉：「兕無所投其角，虎無所措其爪，兵無所容其刃。夫何故？以其無死地」、〈八十章〉：「雖有舟輿，無所乘之，雖有甲兵，無所陳之」。參閱王弼：《老子註》，頁155。

此人無待之德，彰其體用，乃言故曰耳。〔註21〕

憨山大師亦注曰：

至人神人聖人，只是一箇聖人，不必作三樣看。〔註22〕

至人、神人、聖人能夠無己、無功、無名，與天地六氣合而為一，「磅礴萬物以為一」（〈逍遙遊〉），將客觀的宇宙萬物融攝至主觀的心靈境界，故能無入而不自得，達到心無所待而逍遙之「天地與我並生，萬物與我為一」（〈齊物論〉）的純粹理境。是以，所謂「逍遙」非為形軀之修煉，而是精神上的絕對自由，亦是通過無己、無功、無名之工夫修為，所帶出之玄同彼我、通達於道之至境。〔註23〕且無己、無功、無名之工夫，與〈齊物論〉之「喪我」、〈人間世〉之「心齋」與〈大宗師〉之「坐忘」，其義是相通的。

（二）「大塊噫氣」——自然現象之「氣」

夫大塊噫氣，其名為風。是唯無作，作則萬竅怒呺，而獨不聞之翏翏乎！山林之畏佳，大木百圍之竅穴，似鼻，似口，似耳，似枅，似圈，似臼，似洼者，似污者：激者，謞者，叱者，吸者，叫者，譹者，宎者，咬者，前者唱于而隨著唱喁。泠風則小和，飄風則大和，厲風濟則眾竅為虛。而獨不見之調調，之刁刁乎！（〈齊物論〉）

當子游問及接受人籟、地籟與天籟的方法時，「吾喪我」的南郭子綦回答子游的說法是：名為風的「氣」開始搖動，宇宙萬物隨之運作；「氣」在展開作用時，其樣子與音色，有的像是人的面孔與聲音，有的像是自然界事物的模樣與聲色，甚且有如人與自然事物之合奏或前者唱後者隨的合唱。隨著名為風之「氣」的作用，宇宙萬物在交互流轉的過程之中，有時虛，有時小和，有時大和，而泠風、飄風與厲風，都是起因大塊所產生之「氣」的樣態。是以，大塊本身即是「氣」之形狀。

在諸家注釋中，「大塊」多解為「大地」。〔註24〕「噫」字據《說文》：「噫，飽出息也」，而成玄英解「噫氣」為「噫而出氣」。所謂「大塊噫氣」，是指大地

〔註21〕引自郭慶藩：《莊子集釋》，頁22。

〔註22〕語出憨山：《莊子內篇憨山註》，頁172。

〔註23〕自此觀點言之，所謂「至人無己，神人無功，聖人無名」，依王邦雄師言：「是既講工夫又描述境界的語句」；參閱《中國哲學論集》，頁66。

〔註24〕關於「大塊」，王先謙：《莊子集解》，頁10引俞樾云：「塊，或體，大地」；憨山著《莊子內篇憨山註》，頁194曰：「天地也」。是以，「大塊」意指大地，甚或包括整個天地。

的呼吸或天地吐出的氣息，而「大塊噫氣，其名爲風」則是形容大地有如飽食後，打個嗝般地吐了一口氣，這個「氣」的名字叫做「風」。大地因「噫」而吐出「氣」，因而形成風，因而，風是「大塊噫氣」所造成的，此「氣」乃天地之氣，自然現象之氣。「是唯無作」，是指風，唯乃除非，無作是不起；除非這個風不起，一起則「萬竅怒呺」，大地有萬竅，宇宙長風吹向大地的各個竅穴，會因竅的不同形狀而發出萬種不同的聲音，因而造成「萬竅怒呺」。名之爲「氣」的風在穿過大地的各種孔竅，例如：有百人合圍那麼大的樹木上的孔竅，像鼻、口……的孔竅，發出像是流水受激的聲音、射箭的聲音；而「萬竅怒呺」就是「地籟」，也就是「大地的交響樂」。〔註25〕人也是一樣，莊子以並列的竹子比喻人物的不同，各人所稟受之才能性情不同，因而能各自表現自己的特色，吹奏出屬於自己的生命樂章。是以，子游接續著說：「地籟則眾竅是已，人籟則比竹是已」，此由地籟的成因而推知，「人籟」就是由人吹氣入簫笛等的孔竅。至於「天籟」，依劉武所言：「吹，地籟，人籟也。夫言非吹者，謂非如地籟之聲由風吹，比竹之聲由人吹，而由言者自然而有言，故曰天籟也」；〔註26〕「言」是人的氣息通過口腔這一孔竅所發出的，是聲音的一種型態；而「籟」是經由聽覺而被知覺的「聲音」，且此「聲音」畢竟還是由於「氣」的相互激盪所產生的，所以，基本上「聲音」只是「氣」的現象之一。〔註27〕所謂「咸其自取」，意指天籟是通過地籟與人籟來表現的，但天籟並不對地籟與人籟作任何決定，一切萬狀百態的聲響都是從萬竅自己發出來的；而「萬竅怒呺」其實是風的作用，萬竅必須「待風而鳴」，〔註28〕宇宙長風一停，則眾竅爲虛，萬籟俱寂。是以，所有的聲音皆是跟著風來的，風雖無聲無形，然其作用卻是感受得到，沒有風的發動，萬竅就發不出聲響，所以，風才是根源；一般所謂之「風」，其實是大地震動（噫）了「氣」所造成的，因而，莊子所言之「風」，是指天地的呼吸，故以「息」來稱大地所吐之「氣」。

　　莊子所謂的「大塊噫氣」，其實就指天籟，而地籟與人籟都是天籟（風）的實現，沒有天籟，就沒有地籟與人籟。莊子以天籟、地籟與人籟回應無形的

〔註25〕語出王邦雄師：《中國哲學論集》，頁 214。
〔註26〕語出劉武：《莊子集解內篇補正》，頁 42。劉武認爲「天籟」是「因是因非、因非因是」「兩行」態度下之順其自然所發出之「休乎天鈞」、「和以天倪」的言論。
〔註27〕李存山：《中國氣論探源與發微》，頁 64：「聲音再中國古代也被看作是一種『氣』，左傳襄公三十一年：『聲氣可樂』，禮記郊特性：『樂，陽氣也』」。
〔註28〕語出宣穎著《南華經解》，〈齊物論〉頁 52。

我與有形的我（以天籟形容無形的我，以地籟與人籟形容有形的我），天籟在地籟與人籟之上，地籟之全是天籟，人籟之真也是天籟，人間之所以有聲有色，皆因天籟，都是天籟給的；也可以這麼說，地籟與人籟都是天籟。莊子如此強調風從氣來，是天地間吐出的氣息所造成的，故而，此氣是整個天地宇宙的自然現象之氣。亦因宇宙萬物皆在「一氣」之循環變化之中，由「一」而殊異，由殊異而歸「一」，是以，「物論」之不齊乃是自然現象，是非爭辯在人間世恐難避免，莊子認為面對生命應當出於超越是非的態度，任是非「兩行」（〈齊物論〉），自「道」〔註29〕與「氣化」層面視之，是也非也，皆是「道」之面相，亦是認知主體之執著，若欲「和之以是非」（〈齊物論〉），唯有回歸「道」之觀照，理解萬物同源，萬化「一氣」，無所謂對錯，更沒有高下。人間世之是非、然否、彼我之對立，不過是物性之自然展現，任物之性，隨物而化，將紛擾衝突歸本於「道」之理，返於「一氣」之化，「物論」始有齊平之日。〔註30〕

（三）「氣母」──自然現象之「氣」

> 狶韋氏得之，以挈天地；伏戲氏得之，以襲氣母；維斗得之，終古不忒；日月得之，終古不息；堪坏得之，以襲崑崙；馮夷得之，以遊大川；肩吾得之，以處大山；黃帝得之，以登雲天；顓頊得之，以處玄宮；禺強得之，立乎北極；西王母得之，坐乎少廣，莫知其始，莫知其終；彭祖得之，上及有虞，下及五伯；傅說得之，以相武丁，奄有天下，乘東維，騎箕尾，而比於列星。（〈大宗師〉）

此謂「天地」、「氣母」、「日月」、「崑崙」、「大川」、「大山」、「雲天」、「玄宮」、「北極」等，都是自有天地以來所展現的事物，也就是有「道」之後，「道」的具體顯現。其中，「狶韋氏得之，以挈天地；伏戲氏得之，以襲氣母」，「天地」與「氣母」應為宇宙萬物生成之時，最基礎與最根本的存在。

〔註29〕〈齊物論〉曰：「是以聖人和之以是非而休乎天鈞，是之謂兩行」；憨山大師自「道」的角度詮釋「兩行」云：「謂是者可行，而非者亦可行，但以道均調，則是非無不可者」，參閱《莊子內篇憨山註》，頁40。

〔註30〕基於「道通為一」、「通天下一氣耳」之思想旨趣，可知莊子乃任是非兩行，也就是重在「貴一」、「通一」、「返一」基礎上之「一行」。關此，值得注意的是馮友蘭先生對於「一行」的說法，馮氏之「一行」原指儒家思想極高明而道中庸之一貫性，但馮氏藉此批評莊子「兩行」是人與天，方內與方外之區別，殊不知，若以「通一」或「返一」的角度來看莊子之「兩行」，似可謂是「一行」。換句話說，馮先生之批評並不恰當。參閱《新原道》，頁83。

　　所謂「氣母」是「元氣之母」，〔註31〕「襲」是「合」；〔註32〕「襲氣母」即是「合」於「元氣之母」，也就是調和「天地之氣」；「伏戲氏得之」的「之」，聯繫上文來看，所指應為「道」。〔註33〕此言莊子將「氣」當做宇宙萬物之「母」，亦即以「氣」為「天地之母」。「氣母」在宇宙生成論上象徵「氣」所扮演的角色；「氣」，對宇宙萬物而言，是「母」，而「氣母」所盡的生成與養育之職責，是宇宙萬物的誕生與成長，是以，莊子以「氣母」來代表「氣」的特徵——宇宙萬物生成與變化的依據。其次，依成玄英疏：「氣母者，元氣之母，應道也」，可見「氣母」之上應有更根本之存在，那即是道；〔註34〕伏戲氏得於道，乃能畫八卦，演六爻，調陰陽，合元氣。再者，〈則陽〉云：「陰陽，氣之大」，故而，「氣母」亦被視為「陰陽」。〔註35〕

　　上述透過「六氣」、「大塊噫氣」、「氣母」等「氣」義的解析，可知莊子所謂自然現象之「氣」，充塞於宇宙萬物之間，整個天地都「氣母」構成，宇宙萬物的生成變化俱來自「六氣」與「大塊噫氣」，故而，只須通過修養工夫，跳脫心知執著，自能遊於渾然「一氣」之中。

二、生命形軀之「氣」（包含精神、生理）

「氣息」——生命形軀（精神、生理）之「氣」

　　　言者，風波也；行者，實喪也。風波易以動，實喪易以危。故忿設

〔註31〕參閱郭慶藩：《莊子集釋》，頁249：陸德明曰：「司馬云：『襲，入也。氣母，元氣之母也』，崔云：『取元氣之本』」。此外，王夫之著《莊子解》，頁163：「氣之母，謂神也」。

〔註32〕參閱《莊子義證》，頁197；馬敘倫以為：「襲，藉為佫，聲同談類，《淮南子‧天文訓》：『天地之襲精為陰陽』，注：襲，合也，並《說文》：『佮，合也』」。成玄英：《南華真經注疏》，頁298亦曰：「襲，合也」。

〔註33〕莊子將老子所謂之「道」，內在於生命中，由知養到不知，從有分別養到無分別：在不知、無分別的人身上，即可看到天道。是故，牟宗三先生言：莊子的道屬「境界型態」的形上學（參閱《才性與玄理》，頁177），須經生命主體的修養，至於心通造化，方能體現。因此，「得之」應為「存在的根據」，而非客觀實體的擁有。

〔註34〕然而，於此宇宙萬物生成變化的主體之上，還有更為根本的存在：依莊子，「氣」由道生，道為氣本（此與精氣說主張道即是氣，以氣作為最根本的存在之觀點不同）：「氣母」就是「道」，這與老子「道生一」（〈四十二章〉）的思想若相符節，亦與〈則陽〉：「天地者，形之大者也；陰陽者，氣之大者也；道者為之公」，「道」比產生天地之形的陰陽之氣更根本的思想是相一致。

〔註35〕參閱劉武：《莊子集解內篇補正》，頁158。

無由，巧言偏辭。獸死不擇音，氣息茀然，於是並生心厲。尅核大至，則必有不肖之心應之，而不知其然也。苟爲不知其然也，孰知其所終。（〈人間世〉）

此是〈內篇〉當中僅見純然屬於形軀生命之氣者。「息」據《說文解字》：「息，喘也」，段玉裁注曰：「人之息急曰喘，舒曰息。引伸爲休息之稱，又引伸爲生長之稱，引伸之義行，而鼻息之義廢矣」，〔註36〕可知「氣息」是生命的象徵，〔註37〕當指呼吸時出入之氣，亦指人與動物的心理狀態，特別是極興奮的情況，所以，屬於形軀生命之氣。「茀」，怒也；「茀然」謂勃然發怒的樣子；「氣息茀然」，乃包括所有動物非常興奮的狀態，是謂野獸受困將死之時，會大怒大吼而不擇其音，勃然發怒而生害人之心。尤其「氣息」直接影響及心，而語言與行爲則常引起「風波」與「實喪」之大患；〔註38〕「實喪」指「得失」。〔註39〕忿怒沒有特別的理由，即是常起因於「巧言偏辭」，一旦過於興奮，就會無法控制，正如動物瀕死前發狂的聲音與氣息，最終就會產生「厲心」。〔註40〕至於，達到極爲深沉的地步，會萌生不光明的意念，最後，連何以如此自己也不能理解，任何人也無法得知其結局。

所謂「獸死不擇音，氣息茀然」是說野獸受困將死，鳴聲淒厲，吐氣急促如憤恨然。而生物之生命現象的存在與否，即由其呼吸之有無來判定，故在「氣」下再加「息」，以彰顯此意，息亦有氣之意，強調的是人物的呼吸之氣，根本著重的仍是「氣」。因而，控制「氣息」就意謂著心理狀態的掌控；

〔註36〕 語出段玉裁：《說文解字注》，頁 506。

〔註37〕 依《管子》〈樞言〉：「有氣則生，無氣則死，生者以其氣」，中國哲學與醫學所言之「氣息」、「人氣」與「血氣」等概念，無疑是自呼吸之氣引申發展而來。然而，「氣息」與古人對靈魂的認識有關：《禮記》〈檀弓下〉曰：人死後「骨肉歸復於土，命也；若魂氣則無不之也！無不之也！」，中國的「魂」字，從云從鬼，云者氣也，鬼者人死也，靈魂就是人死而後離開人的形體飄散而去的氣；在古人的認識中，能夠出入人的形體，在人死亡後就離開人之形體的東西，莫過於人的呼吸之氣。古人將精神氣化的原因，是人的精神狀態與呼吸有密切的關係。總之，「氣息」的息，從自從心，自即是鼻字之省（見《說文通訓定聲》），此皆反映了中國古代關於心氣相通的認識。

〔註38〕 郭慶藩釋文，家世父曰：「危得而危失者，行之大患也，故曰危。郭象注，行之則喪矣，遺風波而弗行則實不喪矣，恐誤」；參閱郭慶藩：《莊子集釋》，頁161。

〔註39〕 參閱郭慶藩：《莊子集釋》，頁 161；「實者，有而存之；喪者，忽而忘之」。

〔註40〕 武延緒曰：「心厲二字倒」，陳鼓應依其說改之；參閱陳鼓應：《莊子今註今釋》，上冊，頁138。

莊子以困獸之心屬，喻人應當謹言慎行，不應剋刻太至，否則，就會「並生心屬」，而「有不肖之心應之」。

三、工夫修為之「氣」

（一）「聽之以氣」——工夫修為之「氣」

> 若一志，無聽之以耳而聽之以心，無聽之以心而聽之以氣！聽止於耳，心止於符。氣也者，虛而待物者也。唯道集虛。虛者，心齋也。
> （〈人間世〉）

莊子所謂「氣」，是指「虛而待物者」；「虛」是「氣」的性質，虛靜即是恬靜無欲、虛懷若谷、不好不惡的心靈境界，此虛靜的心靈境界，能夠超脫利欲而提昇道德人格達致精神自由的境地。「虛而待物」〔註41〕就是人的內心能夠虛靜柔和地應對外界事物的精神狀態。然而，莊子亦言「唯道集虛」，只有得「道」的人，專心一志，「無聽之以耳而聽之以心，無聽之以心而聽之以氣」，通過「一志」之「齋」的工夫，使心中之氣成為虛廓的「氣」，此時之心自非「聽之以心」的心，而是「心齋」的心，唯有如此才能達到「虛而待物」的虛靜境界。並且，「唯道集虛」雖然只是「道」集於這個「虛」，但此時之「虛」，是「心齋」，而非「虛而待物」的虛柔之氣而已（一般的氣能虛柔任物，故可「任」任何物來集的，然事實上，「道」並不集於一般的氣）。因此，雖言「氣」是虛而待物的，但是，「道」所棲止之「心齋」，則是通過「一志」的工夫之後，所透顯之「氣」。〔註42〕

〔註41〕「待物」是不主動的，非主觀意識之對待，若是主動的話，就是引物；主動引物就有意識，亦難免有所選擇。成玄英：《南華真經注疏》，頁178：「氣無情慮，虛柔任物」；「無情慮」亦指非意識、不主動之意。所以，「氣」之虛柔，只因「氣」本是虛柔，「氣」是被動任物的。

〔註42〕通過「一志」工夫的「心齋」之「氣」，是純淨清明的，故有「道」來集；反之，其人一但不「一」不「齋」，不能平易恬淡，就隨時可能有憂患入於未齋之心，而使心中之氣呈顯出邪雜之象，那麼，「道」就不集之。因而，唯有「道」可集於心齋之虛，他物則不會在「心齋」狀態的虛氣中出現。〈人間世〉云：「瞻彼闋者，虛室生白，吉祥止止。夫且不止，是之謂坐馳。夫徇耳目內通而外於心知，鬼神將來舍，而況人乎」：此言「生白」之虛心，乃是通過「徇耳目內通而外於心知」的工夫修養才獲得的；因為「徇耳目內通」，就是使耳目內通，亦即不使外物藉耳目進入心中，而干擾了心的運作，也並非是知知識、識外物，而是要使心闊廓如虛室，而生純白之氣，如此，方能「吉祥止止」、「鬼神舍之」：倘若，吉祥不止，即是因為身體雖靜坐而心卻聽憑其官能

　　「心齋」段說明「氣」之「齋」，〔註43〕莊子認為，我們不應該用耳朵去聽，因耳目官能只能被動地接受卻毫無反省選擇的能力（易被物欲牽引而使生命流落），而說明人與外物相接時，應當用「心」來聽；其次又說，我們不應該用心去聽，因心會起執著，甚至會「與物相刃相靡」而「不知其所歸」（〈齊物論〉），故而最好用「氣」來聽。〔註44〕專就形軀修養之工夫論說，莊子主張「墮肢體」，超離物欲智巧之束縛，而最先要從感官著手；五官作用原在於視聽言息觸，但囿於主客觀之限制以至效果不彰，再加上各有所司、彼此獨立，無法相互為用，亦難互相支援，其效果就更令人質疑。莊子認為欲發揮五官大用的根本之法，即是自「氣」的層面去視聽言息觸；此因五官之形狀雖不同，功能亦互異，但在根源上，皆是同質之「一氣」於運動變化時所展現之不同作用，若果人能自「一氣」之存在意義看待五官，則五官差別自然泯除，而能渾然無分，是即全在彰顯「一氣」之大用，此之謂「感官體現氣且可視為同一種深層本質的分殊化作用」。〔註45〕故而，依「徇耳目內通而外

（知）外馳。因此，將此段與「心齋」說法並觀，則可謂「徇耳目內通」即是「無聽之以耳」，「外於心知」則是「無聽之以心」，而使「彼」（心）闊廓如「虛室」者，應是「使」耳目內通、心知不外馳，似「一志」的工夫；並且，「生白」當是指謂通過如此工夫，所獲致「心齋」義的「氣」。依此可知，無論是「吉祥」止「白」，或「唯道集虛」，都是經過修養工夫的：當心有所知外事、識外物時，外事外物即藉耳目為管道紛然來赴，而生「憂患」，一但心有所憂所患，那麼，吉祥便不舍止，「道」更不會棲集了。

〔註43〕「齋」本作齊，意指人在祭祀前飲食動作恭肅節制，「不飲酒，不茹葷」（〈人間世〉）。古人於祭祀之前，必先齋，齋必有所戒，故云齋戒，這在《禮記》與先秦諸子典籍中，是極其常見的：《禮記》〈祭義〉：「致齋於內，散齋於外，齋之日，思其居處，思其笑語，思其志意，思其所樂，思其所嗜」，此是祭祀之齋。而莊子所謂「心齋」，當具有更深層的意義。「心齋」之「齋」，依成玄英疏云：「齋，齊也，謂心跡俱不染塵境也」（郭慶藩：《莊子集釋》，頁146）；莊子所言之「心齋」，是指心靈的齋戒，與祭祀之齋全然不同。

〔註44〕耳所聽者，言也：莊子所謂「無聽之以耳」，即不得於言；而「無聽之以心」，即不求於心；至於「聽之以氣」，就是保持「氣」之本始自然的狀態（猶如〈德充符〉之言：「有人之形，無人之情」）。相對於孟子認為道德觀念須內求於心，告子認為道德觀念是外得於言：莊子是欲人保持「氣」之本始自然的狀態，不得於言、勿求於心而聽之以氣。〈刻意〉篇野語有之云：「眾人重利，廉士重名，賢人尚志，聖人貴精」，所謂「聖人貴精」，是指莊子學派（「賢人尚志」是指思孟學派），此處之「精」與「志」相對，當是指「精氣」；而莊子強調「聽之以氣」，保持「氣」之本始自然的狀態，這就是「貴精」的思想。當然，「貴精」的思想並非莊學的目的，「聽之以氣」最終的目的是要得「道」，使「道」集於「虛」。

〔註45〕語出楊儒賓主編：《中國古代思想中的氣論及身體觀》，頁439。

於心知」之工夫進路，方能「聽之以氣」，達至「一氣」渾然不可名狀之本然
狀態，然後通過「一氣」之始源，流通於五官之間，此時五官所展現的已非
個別之用，而是渾然合一之大用。〈應帝王〉壺子四次示相之過程，即是感官
內通進路之寫照（壺子第一次顯示給季咸看的是「杜德機」，此是情欲蒙蔽心
知，生機杜絕之情景；第二次顯示的是「善者機」，此是外於心知，捨棄巧智
後，重現之生機；第三次顯示的是「衡氣機」，此是能夠掌握既無孤陰之歧出，
亦無獨陽之偏倚，陰陽作用絕對平衡的和諧狀態；第四次顯示的是「未始出
吾宗」，此是「一氣」未分的始源狀態，亦是應機順化，應理無窮之「鬼神將
來舍，而況人乎」之至境）。因著感官皆是「一氣」流行作用之呈顯，若能順
應自然發揮大用，就是陰陽和氣之體現，此時，感官不但不會成為得道之障
礙，反而是修道之助力；而人在得道之後，心靈無待逍遙，形體亦因而強健
敏捷。〔註46〕

　　正因莊子強調的是「心齋」，所以，唯有逐步釐清「心」與「氣」之義，
及「心」與「氣」之關係，方能解析莊子「氣」概念之意涵。

　　首先，莊子之謂「心」，除「聖人之心」或「人心」而外，通常是指須通
過「修養」方能臻至的理想境地。「聽之以耳」與「聽之以心」，是僅限於耳
與心之可感覺、可意會的範圍；所謂「聽止於耳，心止於符」，就在於說明無
法進到最高層次的真正認識。而莊子言「符」，是「符璽」之「符」，〔註47〕
意指「符合」、「符應」；「心止於符」是說內心意識對應外在事物為止。由於，
心非應接外界不可（心雖不是直接對應外在事物，但仍需相符於外物），所以
「心止於符」，亦表示心就侷限於其「符」。因此，「心齋」的真正目的就在於
將整個身心的欲望、情感與思慮掃除盡淨，使「心」化而為「氣」，如此方能
得「道」。莊子之「氣」，是「虛而待物者」，不似耳與心無法完全脫離感官與
思想的束縛，「氣」因能「虛」所以能夠「待物」；「待物」是指認知主體與客
觀外物的和諧狀態。所謂「虛者，心齋也」，「虛」〔註48〕落在心上講，意同

〔註46〕〈知北遊〉云：「邀於此者，四肢彊，思慮恂達，耳目聰明。其用心不勞，其
　　　　應物無方」；「邀」依俞樾解為「順」（郭慶藩輯：《莊子集釋》，頁742）；意謂
　　　　人若順氣化之理則而行，不但身體強健、思慮通達，而且耳聰目明，能充分
　　　　發揮氣化之大用。
〔註47〕莊子言「符」，出現於〈人間世〉與〈胠篋〉，故而，依以莊解莊的理解，「符」
　　　　為「符璽」之意。成玄英〈胠篋·疏〉：「符者，分為兩片，合而成一，即今
　　　　之銅魚木契也」。
〔註48〕關於「虛」：郭象注：「虛其心則至道集於懷也」（郭慶藩：《莊子集釋》，頁

無心，指消解心知執著，使心志專一。可見「虛」仍需要集成的修養，所以要求「唯道集虛」的工夫，故而，「氣」因能「虛」所以能夠「待物」。其次，真正的「虛」是要求拋開認知主體的，〈人間世〉曰：「回之未始得始，實有回也；得使之也，未始有回也；可謂虛乎」；顏回所謂的「實有回」，是說固定的認知主體尚在，而「未始有回」是指因拋開固定的認知主體所引起之感官與思想的束縛，這正是「虛」。仲尼肯定顏回的回應，於〈人間世〉繼續說道：「盡矣。吾語若！若能入遊其樊而無感其名，入則鳴，不入則止。無門無毒，一宅而寓於不得已，則幾矣」；所謂「入則鳴，不入則止」，是指對於外在事物的認知，並非以被動的感覺與主動的思考去隨意解讀，而是以「無心」來對應外物。「無心」〔註49〕是莊子的語辭，郭象〈人間世〉注云：「譬之宮商，應而無心，故曰鳴也。夫無心而應者，任彼耳，不強應也」；比喻對應就像是樂器，打則鳴，不打則止，而且，將認知主體回歸自然，此即「待物」的方法。然而，所謂「待物」還要出自不得已，不故意作惡，即能成就「聖人之道」，此即〈庚桑楚〉所謂：「不得已之類，聚人之道」；而此「無心」、「不得已」皆為「虛」之內涵。

依莊子思路，認知主體須「虛」，方能成就真正的認知與修養，但是，作為認知客體的外在事物，亦必然隨順認知主體之「虛」，而完成其自然性，此即表現出認知主體與外在事物之和諧狀態的「待物」階段。〔註50〕〈人間世〉曰：「絕迹易，無行地難。為人使，易以偽，為天使，難以偽。聞以有翼飛者矣，未聞以無翼飛者也；聞以有知知者矣，未聞以無知知者也。瞻彼闋者，虛室生白，吉祥止止。夫且不止，是之謂坐馳。夫徇耳目內通而外於心知，鬼神將來舍，而況人乎！是萬物之化也，禹舜之所紐也，伏戲几蘧之所行終，而況散焉者乎」；此是「心齋」的結語，由「待物」雖導致「徇耳目內通而外於心知」，其仍是「萬物之化」的結果來看，這是認知主體通過修養過程，終至回歸自然本心的意義。

148）：成玄英疏：「唯此真道，集在虛心。故如虛心者，心齋妙道也」（郭慶藩：《莊子集釋》，頁148）；憨山曰：「道之體也」（《莊子內篇憨山註》，頁307）。

〔註49〕語出〈天地〉：「無心得而鬼神服」；〈天地〉：「無心而不可與謀」。

〔註50〕關於莊子的認知方法，如：「心齋」、「忘之」、「安之」；參閱傅佩榮：〈道家的邏輯要點與認識方法〉，《哲學論評》（台北市，台灣大學哲學系，第14期，1991年1月）

透過莊子對於「心齋」意義的論述，可明確歸納出「心齋」所包含的兩重意義：〔註51〕其一是有關「氣」之「齋」，此是關連於認知主體「（集）虛」的修養。其二是有關「萬物」之「化」，此是關連於外在事物「待物」的結果。而所謂「虛室」，相較〈至樂〉之「巨室」（莊子妻死的故事），其「氣」之「化」的涵義更爲明顯；並且，莊子之「虛室」概念亦影響及後代道家，如《淮南子》、《列子》等。

「聽之以氣」所帶出的修養工夫就是「心齋」，莊子所謂「心齋」之心，是已然跳脫心知之執著與情識之負累，化而爲「氣」之心，亦唯有將心化而爲「氣」，方能得「道」。簡言之，「心齋」即是無己，牟宗三先生謂之：「在『心』上作致虛守靜之工夫，而將此一切無限追逐消化滅除，而重歸於其自己之具足」。〔註52〕人間世變化多端，惟有無己、無心，乃能隨物變化，不受其累，是以，人格修養的轉化，就是心靈做齋戒，消解心知、化掉執著。至於，心與氣的關係，徐復觀先生說道：「氣，其實只是心的某種狀態的比擬之詞，與老子所說的純生理之氣不同」；〔註53〕陳鼓應先生亦以「聽之以氣」之「氣」，是化掉心知執著，純然以虛靜待物，當指「心靈活動到達極精純的境地」，「氣」亦即是「高度修養境界的空靈明覺之心」。〔註54〕依此可知，「聽之以氣」之「氣」，是與自然合流、萬化冥合之精神狀態，與「心」的涵義並非截然不同。至於，「氣」與道的關係，由於「氣也者，虛而待物者也。唯道集虛。虛者，心齋也」，已明確指出「氣」的性質是虛的，且「虛」是「道」來「集」的唯一因素。而「道」是莊子體系中具有創生性、先驗性及遍在性之特質〔註55〕的最高價值概念，亦即〈則陽〉所謂：「天地者，形之大者也！陰陽者，氣之大者也！道者爲之公」；「天地」是「形」，「陰陽」是「氣」，而「道」爲二者所公有。因此，「道」應是既非形亦非氣，既是形又是氣。

此外，「聽之以氣」之虛而待物，亦同於〈應帝王〉之「至人之用心若鏡，

〔註51〕 參閱鄭世根：《莊子氣化論》，頁 181。

〔註52〕 語出牟宗三：《才性與玄理》，頁 207。

〔註53〕 語出徐復觀：《中國人性論史》〈先秦篇〉，頁 382。

〔註54〕 此二處引言，皆語出陳鼓應：《莊子今註今釋》，頁 130。

〔註55〕 《莊子》書中所言「道」，如〈知北遊〉：「『所謂道，惡乎在？』莊子曰：『無所不在』」；此言其遍在性。又如〈大宗師〉：「夫道，有情有信，無爲無形……神鬼神帝，生天生地」；則言其先驗性、創生性。

不將不迎，應而不藏，故能勝物而不傷」。所謂「用心若鏡」，是以虛或無心應物，而「不將不迎，應而不藏」，則是保持精神上的虛靜，對於外在事物只是符應之，而不深藏於心。心靈虛明清徹，即能隨順自然之氣的流行，而遊於「無何有之鄉」（〈逍遙遊〉），與天地精神相往來。

（二）「遊乎天地之一氣」——工夫修為之「氣」

> 彼，遊方之外者也；而丘，遊方之內者也。外內不相及，而丘使女往弔之，丘則陋矣。彼方且與造物者爲人，而遊乎天地之一氣。彼以生爲附贅縣疣，以死爲決𤴯潰癰。夫若然者，又惡知死生先後之所在！（〈大宗師〉）

此是莊子借孔子之口，說明「遊方之內者」與「遊方之外者」的差別。「方」，禮也；能「遊方之外者」，才能達到「遊乎天地之一氣」的逍遙境界。子桑戶、孟子反與子琴張不受禮教束縛，自天地一氣的觀點，體悟生死是大循環且生死無分別，因而，將對生的執著當作「附贅縣疣」，亦把去除對死的恐懼當作「決𤴯潰癰」，不爲生死之情所牽繫，也不去分別死生先後的問題，視死生爲自然現象的變化，所以而能夠「相與於無相與，相爲於無相爲」、「登天遊霧，撓挑無極，相忘以生，無所終窮」（〈大宗師〉），是孔子所謂「遊方之外者」，同時，亦能安時處順地「臨尸而歌」，而「遊乎天地之一氣」（〈大宗師〉）。

莊子是就心知執著來談生死問題，能夠破除心知對死生的定執，不以死生爲念，才不會徒增生命的傷痛，亦且能夠「遊乎天地之一氣」。所謂「遊乎天地之一氣」，憨山大師注曰：「言彼雖處人世，其實心遊乎未有天地已前，與大道混茫而爲一也」；成玄英疏云：「達陰陽之變化，與造物之爲人；體萬物之混同，遊二儀之一氣也」；陳壽昌注：「混茫一氣之中」；可知「氣」充滿於宇宙萬物之中，天地都是一氣，而依此三家註解觀之，「一氣」是「未有天地已前」、「遊二儀之一氣」與「混茫一氣」。

所謂「一氣」的思想，實自老子「道生一」（〈四十二章〉）的觀點而來。是以，莊子亦以「氣」是充滿於天地之間的，宇宙萬物都爲「一氣」所構成。而「與造物者爲人」即是「道通爲一」，也就是「無待」之義；說明能與造物者爲人之人，即能「遊」於「方之外」，而以孔子爲首的儒家，則只能「遊」於「方之內」。因此，孔子讓子貢弔問子桑戶的死亡，這是未嘗體會與造物者相互同流所致，因爲「遊」乃在乎「天地之一氣」。莊子如此強調「生死」只不過是「一氣」變化當中偶然生發的自然現象，眞正的人生意義即在於達到

與造物者合而為一；而所謂造物者，即是使宇宙萬物成其為宇宙萬物的基本起源，這也就是莊子「氣」概念之實體（substance）〔註56〕涵義。既然，造物者是宇宙萬物的基本起源，那麼，造物者從何而來又從何而去呢？也就是應如何說明「一氣」之實體涵義呢？其實，莊子乃以宇宙萬物是「自然」的「一氣」所變化的結果，亦即，「一氣」的「自然」變化形成所謂宇宙萬物，因而，不論是「自然」的「一氣」變化，或者是「一氣」的「自然」變化，都只是氣化之過程。

既言自然萬象不過是「一氣」之變化歷程，那麼，人之生死關卡亦只不過是「一氣」的自然變化，自此，莊子肯定的是「生死一如」的觀點。依〈德充符〉：「胡不直使彼以死生為一條，以可不可為一貫者，解其桎梏，其可乎」，可知莊子論述「一氣」，首先談及「生死一如」，並因而強調天地與天下的一氣性。其次，〈知北遊〉云：「生也死之徒，死也生之始，孰知其紀！人之生，氣之聚也；聚則為生，散則為死。若死生為徒，吾又何患！故萬物一也，是其所美者為神奇，是其所惡者為臭腐；臭腐復化為神奇，神奇復為臭腐。故曰：『通天下一氣』。聖人故貴一」，莊學將生死問題視為「氣」之聚散，生與死只不過是自然現象的相互流轉；而萬物為一的道理同樣也是基於「氣」之聚散，如此「神奇」與「臭腐」亦只是「一氣」的變化流行，因此，莊學以整個天下可以通於「一氣」。

正是因為萬物是由「氣」之聚散而成，而「氣」之聚散一如「道」之無終始，所以，「氣」亦是一直存在著的。莊學並未說明「氣」本身之有與無，亦未論及「氣」不存在的狀況，但是，〈至樂〉嘗云：「察其始而本無生，非徒無生也而本無形，非徒無形也而本無氣。雜乎芒芴之間，變而有氣，氣變而有形，形變而有生，今又變而之死，是相與為春秋冬夏四時行也」，「本無氣」之說，是自宇宙萬物的根源而言，起初本來就沒有生命；不僅沒有生命，而且也沒有形體；不僅沒有形體，而且根本沒有保存「氣」；忽然間，變為有「氣」，而後有生命與形體。即至體察人類生死，不過如春夏秋冬四季的運行一般，便停止為妻子哭喪，並鼓盆而歌。此謂「本無氣」的狀態，是莊學對

〔註56〕鄭世根先生謂其借用「實體」概念的緣由是：莊子的「一氣」是特別的概念，與普通用法中的「氣」完全不同；而且，莊學中有關「氣」的議論，能夠以「實體」概念來解釋清楚。由於鄭世根先生認為：「實體」概念之本義為宇宙萬物的根本起源，亦是穿越時空之限制與束縛之超然存在，因此，「一氣」毫無懷疑是一種「實體」。參閱《莊子氣化論》，頁61～65。

宇宙萬物起源之見解,「本無氣」著重在說明,生命尚未開始之際,不但沒有形體,即便連最基本的「氣」也沒有,但不是指「氣」不存在的狀況。

此外,莊子亦定位「一氣」之化的終極理想,即在與「造物者」之間的同流與合一。此義分別見諸於〈大宗師〉三處,其一:「彼方且與造物者為人,而遊乎天地之一氣」,意指與「造物者」為伴,一同遊於「天地一氣」之中,此與「造物者」同遊、同化的境界,是「一氣」之化的最高狀態與最終目的。其二:「俄而子輿有病,子祀往問之。曰:『偉哉夫造物者,將以予為此拘拘也!曲僂發背,上有五管,頤隱於齊,肩高於頂,句贅指天。』陰陽之氣有沴,其心閒而無事,跰𨇤而鑑於井,曰:『嗟乎!夫造物者又將以予為此拘拘也』」;表面上看「造物者」似是冷酷無情,使得子輿的形體扭曲難看,比佝僂還更厲害,然而,心理狀態仍舊閒適自在的子輿,即使井水映照其醜陋難堪的影子,他不但毫無嗟嘆,反而衷心禮讚「造物者」的詭奇偉大。可見陰陽之氣錯亂所產生的結果,較之陰陽之氣諧和的情狀,似乎是反自然的狀態,但是只要是存在的現實,就必然是大化流行的一部分,故自「氣化」層面而言,仍是自然的。其三:「浸假而化予之左臂以為雞,予因以求時夜;浸假而化予之右臂以為彈,與因以求鴞炙;浸假而化予之尻以為輪,以神為馬,予因而乘之,豈更駕哉!且夫得者,時也,失者,順也;安時而處順,哀樂不能入也。此古之所謂縣解也。而不能自解者,物有結之。且夫物不勝天久矣,吾又何惡焉」;子輿認為無論形體變得如何,自己總是隨順著「造物者」,「造物者」要「化」我為什麼,就讓自己變為什麼,而且,不但形體的變化是如此照應「造物者」之變化而改變,即連精神層面亦因應身體之變化而改變。而此照應「造物者」之變化而改變,亦即「造物者」要「化」我為什麼,就讓自己變為什麼的理解,就是「氣化」(也就是所謂「即氣言化」)。〔註57〕莊子以「造物者」的作為比喻「一氣」的自然之化,凸顯「造物者」自然無私之特性,亦確立了「造物者」為「氣化」原因之地位,基於如此地認知,人在面對「造物者」所施行的造化之功,無論是「化予之左臂以為雞」或「化予之右臂以為彈」,甚至是「化予之尻以為輪」等「氣化」之現象與過程,實不當以好惡之心而擇別取捨。由於,這個世界上的所有變化,不外乎是「氣化」現象使然,人的病痛亦是落於「氣化」現象中的歷程,對於人而言,雖說「陰陽之氣有沴」(〈大宗師〉),其「氣」或是災沴的惡氣而非順暢的善氣,

---

〔註57〕參閱第一章第二節,關於鄭世根先生部分的論述。

但是，自「氣化」立場來看，這就是「自然」（現象）。本於這樣的體認，更應深知「夫得者，時也，失者，順也」（〈大宗師〉），須透過工夫修養，超越好惡之情，無心順化之，自自然然地進到「安時而處順，哀樂不能入」（〈大宗師〉），與「造物者」同遊於逍遙之境，而這也就是「古之所謂縣解」（〈大宗師〉），「處順忘時，蕭然無係」〔註58〕之情狀。莊子所表現「安時而處順」的人生態度，藉「氣化」現象而肯定生、老、病、死、醜等自然萬象，且欲與此「氣化」現象同流的思考進路，實是人之所以異於其他動物的「幾希」，亦是足能顯現出人之所以為人的高貴特質之所在。

依莊子思路，「造物者」的作為（「道」化成萬物的象徵）表現於天地山川，乃至四時的運行、晝夜的交替、寒暑的變化，或是萬物的生滅榮枯、人世之天災人禍，皆是「氣化」的過程與結果，可知「造物者」與「氣」概念關係之密切。「造物者」是使宇宙萬物存在的主宰，其實質意義是莊學體系中「氣化」概念的象徵，此如〈應帝王〉云：「予方將與造物者為人，厭，則又乘夫莽眇之鳥，以出六極之外，而遊無何有之鄉，以處曠垠之野」。除此而外，〈齊物論〉曰：「物無非彼，物無非是。自彼則不見，自知則知之。故曰彼出於是，是亦因彼。彼是方生之說也。雖然，方生方死，方死方生；方可方不可，方不可方可；因是因非，因非因是。是以聖人不由，而照之於天，亦因是也」；明言「彼是」、「是非」、「生死」、「可不可」這些觀念，是從人的心知而來的，至於，物本身是沒有「彼是」、「是非」、「生死」、「可不可」這些觀念的，因此，就不該產生「因是因非，因非因是」，而應當自「天」的觀點來映照物。莊子稱「彼是莫得其偶」為「道樞」（〈齊物論〉），是以「彼是」都得不到它的對偶，僅能在圓周之圓心以應周圍之變化，也就是事物的真相就像是樞紐一樣的圓轉之意。〔註59〕在「萬物」的積極意義上，莊子言物決不是使人「傷性」之物，反倒是最自然純樸的事物自身，亦即，物已不是雜多的事物，而是與天下人共同參與的一體，因而，物可以齊，可齊之物才是真正之物，並且，通過「萬物」是「一氣」的立場看，「萬物」方能「兼懷」與「一齊」。

此外，值得留意的是，莊子以宇宙萬物皆是「一氣」之變、「一氣」之化，對此變化，有時亦以「造化」一詞來稱謂，此如〈大宗師〉曰：「偉哉造化，又將奚以汝為，將奚以汝適？以汝為鼠肝乎？以汝為蟲臂乎」。「造化」是指

〔註58〕引自郭慶藩：《莊子集釋》，頁261；成玄英疏。
〔註59〕〈齊物論〉之「環中」類比老子〈第十章〉：「天門開闔」之意。

「造物者」的作爲或事功;「造物者」是萬物化生的根源,「造化」則是萬物化生的作用與過程;「造物者」在本體層面指「道」,在作用層面謂「一氣」,「造化」乃「道」所產生的氣化流行〔註60〕作用。

(三)「人氣」——工夫修爲之「氣」

德厚信矼,未達人氣,名聞不爭,未達人心。而強以仁義繩墨之言
術暴人之前者,是以人惡有其美也,命之曰菑人。(〈人間世〉)

「矼」乃堅、實之意。關於「未達人氣」,宣穎云:「己實不用知而未孚於人之氣」;憨山大師曰:「謂我以厚德確信加入,必先要達彼之氣味,與我投與不投」;王先謙先生謂:「未孚乎人之意氣」;可知顏回因聞衛君「輕用其國」、

〔註60〕依此可謂,有「道」或「一氣」之因,始有氣化作用之果,有氣化作用之因,方有萬物成就之果;而由果推因,「道」或「一氣」之根源性是確立的,然以「造物者」替代「道」或「一氣」作爲氣化原因,進而以「道」爲無心順化之目標時,「造物者」即兼具根源與位格之雙重性格,且自然地指向而爲超越萬物的「位格天」,只是莊子對於這個部份未有進一步之探討。依〈秋水〉云:「物之生也,若驟若馳。無動而不變,無時而不移。何爲乎,何不爲乎?夫固將自化」,莊子之「氣」,雖是「道」之大化流行,是依循自然之「自化」;然此自然之性是誰賦予?又自化所依循之律則由誰制定?當是必須處理的問題,何況《莊子》書中所言之「天」,具有多重意涵(參閱傅佩榮:《儒道天論發微》,頁239~261,明列莊子的天有六種用法與意義),其中亦不乏神性天之義;此如〈大宗師〉:「知天之所爲,知人之所爲者,至矣。知天之所爲者,天而生也」,與〈天地〉:「天生萬民,必授之職」。對於萬民生養照顧、授予使命的,顯然是位格天,而非自然天;作爲心知根源的,亦非是物質天,而應是神性天。比較凸顯神性天(位格創造神)之意涵的論述,見諸於「造物者」與「造化者」的記載;〈列禦寇〉:「夫造物者之報人也,不報其人,而報其人之天」(順合具有自由意志之「造物者」,所賦予人之純樸自然的本性),與〈大宗師〉:「今之大冶鑄金,金踊躍曰『我且必爲鏌鋣』,大冶必以爲不祥之金。今一犯人之形,而曰『人耳人耳』,夫造化者必以爲不祥之人。今一以天地爲大爐,以造化爲大冶,惡乎往而不可哉」(作爲萬物化生之天地的大鑪,代表萬有最高創造之造物者的大冶,具有絕對的自由意志與明顯的好惡愛恨,以決定氣化爲人或爲物)。此外,莊子亦以「造物者」做爲人生修養的終極目標,具體展現「道」之特色;此如〈大宗師〉:「彼方且與造物者爲人,而遊乎天地之一氣」,與〈天下〉:「上與造物者遊,而下與外死生無終始者爲友」(與「造物者」爲偶同遊,象徵精神主體藉由工夫修養,超越時空侷限與生死束縛,達到與「道」相合、與「氣」同化的最高境界)。不過,因著〈則陽〉:「言之所盡,知之所至,極物而已。覩道之人,不隨其所廢,不原其所起,此議之所止」,人不但有時空束縛、名言阻礙,更有智能侷限,人的知識充其量只及於事物的表象,至於萬物始源的狀貌與屬性,則非有限之人所能盡知,故而面對此問題的最好方法,或許就是「議之所止」,所以,莊子將焦點投注於「道」自身的鑽研。

「輕用民死」，於是懷抱「亂國就之」的心態，向孔子辭行，欲往救之，孔子認為顏回此行「若殆往而刑耳」、「必死於暴人之前」之最大問題，就在於顏回雖有「德厚信矼」與「名聞不爭」的自我修養，卻仍「未達人心」、「未達人氣」，如此則「德蕩乎名，知出乎爭」，勢必淪為「菑人」或「益多」的窘境。「達」意謂人我之間沒有距離。所謂「未達人心」與「未達人氣」，〔註61〕就是意謂與衛人的心沒有貼近，與衛人的生命沒有感應，即使「德厚信矼」並「名聞不爭」，但仍未達到「人氣」（情）與「人心」（性）的普遍性；唯有與衛人站在一起，同一脈動，同體流行，方能達人心、達人氣，且不致成為菑人或益多。而繩墨則象徵著儒墨的制度與文物，一如「錡鉅」與「椎鑿」（〈在宥〉），是以，仁義與繩墨可解讀為儒家與墨家。〔註62〕

莊子所謂達人心、達人氣之道，明白地說就是「無聽之以心，而聽之以氣」之「心齋」修養；「聽之以氣」而後才能達人氣，所以，「人氣」是指生命的融入與感通，且與人的工夫修為密切相關。

（四）「合氣」──工夫修為之「氣」

> 汝遊心於淡，合氣於漠，順物自然而無容私焉，而天下治矣！（〈應帝王〉）

此是說明天根問無名人「為天下」（如何治理天下）之法，無名人毫不猶豫地說：「予方將與造物者為人，厭，則又乘夫莽眇之鳥，以出六極之外，而遊無何有之鄉，以處壙垠之野。汝又何帠以治天下感予之心為」，因為無名人斥天根為鄙人而謂己是「與造物者為人」，遊心於「無何有之鄉」、「壙垠之野」，不希望天根以治理天下的夢話來擾亂他的心神，因而，當天根仍鍥而不捨地追問，無名人才又如是說。所謂淡、漠，都是無，意指無私無欲、自然無為；「遊心於淡，合氣於漠」則為無心無為之意。徐復觀先生指「合氣於漠」之「氣」為「綜合性地生理作用」；〔註63〕「合氣」〔註64〕則謂摒棄思想感情，

〔註61〕 參閱王邦雄師：《莊子道》，頁138說道：「心的達叫體貼，氣的達叫感應」。
〔註62〕 仁義與繩墨可解釋為儒家與墨家之緣由是：第一，在《莊子》中，儒墨兼稱極其普遍；第二，「得厚信矼」與「名聞不爭」，可以代表儒墨的共同思想；第三，據莊子見解，儒墨可說是一方面不懂「人氣」，另一方面不考慮「人心」。因此，莊子批評害人（「菑人」）的儒墨之後，欲以「常心」（〈德充符〉）去合得「人氣」與「人心」。參閱鄭世根：《莊子氣化論》，頁115。
〔註63〕 語出徐復觀：《中國人性論史》〈先秦篇〉，頁385。
〔註64〕 焦竑：《莊子翼》，頁252云：「合氣者，其息深深，而歸於至虛也。故曰合

與氣交融，隨順氣的自然變化；是以，「合氣」實與修養工夫之氣相關。

　　無名人告訴天根，必須「遊汝心神於恬淡之域，合汝形氣於寂寞之鄉」，〔註65〕順應萬物的自然之性而無所私，方能使天下平治。所以，無名人乃是「與造物者為偶」的人，他所乘並藉以遊「六極之外」的「莽眇之鳥」，其實就是說能乘清虛之氣〔註66〕的無名人，應是具有養氣工夫的至人、神人，其所謂「合氣於漠」是使氣息深深合於至虛狀態之「漠」，保存精神的平靜和諧，〔註67〕亦由於隨順萬物的自然之性，不存私心，天下才能平治。簡言之，須先經過使心「恬淡寂寞」，〔註68〕使「氣」合於至虛的工夫修養，喜怒、憂患、知巧果敢等邪雜之氣方不致入於心，方能達此淡漠無為而天下自治的理想。因此，「虛而待物」之「氣」所入者為何，端視是否做修養工夫而定，而莊子理想中的人格特質，其「心」與「氣」都與「造物者」交遊，且合一於淡和漠，並能「順物自然而無容私」。換言之，宇宙萬物順應「氣化」之自然，於「氣化」世界之中達到「合氣」於「造物者」的理想境界。

　　《老子》〈五十七章〉云：「我無為，而民自化；我好靜，而民自正；我無事，而民自富；我無欲，而民自樸」，正可對應無名人所說的為天下之法。然由「遊心」與「合氣」而言，老莊之不同，就在於莊子特重主體精神之修養，此唐君毅先生謂：「此類似老子言無為之政道。然以『遊心于淡，合氣于漠』為說，則不同老子之不明言心者。此遊心合氣，即人間世之虛為心齋，以氣待物之旨也」。〔註69〕氣虛而待物，虛而待物之氣，即是無心無執，無心才能照見萬物，無執才能實現萬物，此為至人經修養後所體現的境界。而無名人，即是莊子筆下，「與造物者為人」，乃經由遊心合氣之工夫修養而體悟順物自然而天下治之至人、神人。其實，內聖不一定可以外王，莊子藉無名人談治道，旨在彰顯為政者若能通過心氣合於淡漠，無心無為，順物自然而

氣於漠」：「合氣於漠」可視為養氣工夫的描述。徐復觀：《中國人性論史》〈先秦篇〉，頁385～386亦曰：「『合氣』，是會合氣力：人當運動或工作時，生理作用自然會合到一起。……『合氣於漠』，是形容無欲望目的的生理活動」。

〔註65〕語出郭慶藩：《莊子集釋》，頁294。

〔註66〕王先謙：《莊子集解》，頁71云：「清虛之氣如鳥然」。清虛之氣意即雲氣。

〔註67〕劉孝敢先生解「合氣於漠」是通過合氣於自然來保持精神上的平靜和諧，並言人的精神活動亦與和氣有關：參閱《莊子哲學及其演變》，頁136～137。

〔註68〕語出憨山：《莊子內篇憨山註》，頁437。

〔註69〕語出唐君毅：《中國哲學原論》〈原道篇〉卷一，頁399。

「不用我智」，〔註70〕無欲無私，則天下自然大治。依此可知，莊子哲學的精義，是在生命的涵養，著重的是精神主體，而非外王事業。

（五）「衡氣」──工夫修為之「氣」

> 鄭有神巫曰季咸，知人之死生存亡、禍福壽夭，期以歲月旬日，若神。鄭人見之，皆棄而走。列子見之而心醉，歸，以告壺子，曰：「始吾以夫子之道為至矣，則又有至焉者矣。」壺子曰：「吾與汝既其文，未既其實，而固得道與？眾雌而吳雄，而又奚卵焉？而以道與世亢，必信，夫故使人得而相汝。嘗試與來，以予示之。」明日，列子與之見壺子。出而謂列子曰：「嘻！子之先生死矣！弗活矣！不以旬數矣！吾見怪焉！吾見濕灰焉。」列子入，泣涕沾襟以告壺子。壺子曰：「鄉吾示之以地文，萌乎不震不正。是殆見吾杜德機也。嘗又與來。」明日，又與之見壺子。出而謂列子曰：「幸矣！子之先生遇我也！有瘳矣！全然有生矣！吾見其杜權矣！」列子入，以告壺子。壺子曰：「鄉吾示之以天壤，名實不入，而機發於踵。是殆見吾善者機也。嘗又與來。」明日，又與之見壺子。出而謂列子曰：「子之先生不齊，吾無得而相焉。試齊，且復相之。」列子入，以告壺子。壺子曰：「吾鄉示之以太沖莫勝，是殆見吾衡氣機也。鯢桓之審為淵，止水之審為淵，流水之審為淵。淵有九名，此處三焉。嘗又與來。」明日，又與之見壺子。立未定，自失而走。壺子曰：「追之。」列子追之不及。反，以報壺子曰：「已滅矣，已失矣，吾弗及已。」壺子曰：「鄉吾示之以未始出吾宗。吾與之虛而委蛇，不知其誰何，因以為弟靡，因以為波流，故逃也。」然後列子自以為未始學而歸。三年不出，為其妻爨，食豕如食人，於事無與親。雕琢復朴，塊然獨以其形立。紛而封哉，一以是終。（〈應帝王〉）

所謂「衡氣機」之「氣」，是指陰陽二氣，〔註71〕或稱陰陽的和合之氣（「和氣」），〔註72〕，又是「太沖莫勝」，〔註73〕當指人的生命氣象而言。〔註74〕「衡

〔註70〕語出宣穎：《南華經解》，頁178。

〔註71〕「衡氣機」的「氣」，亦指陰陽二氣，其「氣」是為「生成的能源」、「生命體的原質」；參閱大濱皓：《莊子哲學》，頁219。

〔註72〕壺子所展現的「衡氣」就是「和氣」；與〈田子方〉：「至陰肅肅，至陽赫赫。肅肅出乎天，赫赫發乎地，兩者交通成和而物生焉」，陰陽二氣和而生物之「和氣」意同。

氣」乃平衡之氣，亦即陰陽二氣處於極其和諧平衡的狀態；「機」代表若有似無的變化癥兆，意謂陰陽二氣互不相勝，而顯示出沒有朕兆可見的太虛境界。而「衡氣機」郭象注曰：「無往不平，混然一之。以管闚天者，莫見其涯，故似不齊」；〔註75〕成玄英疏：「即跡即本，無優無劣，神氣平等，以此應機」；〔註76〕陳壽昌云：「動靜互根，混一而平，平則二氣不分，是坦然渾化之一機也」；〔註77〕依此三家註解，「衡氣機」可詮釋為平衡而無任何優劣偏勝之生命氣象。壺子以四門示相，令神巫季咸「立未定，自失而走」；壺子四示，分別是地文、天壤、太沖莫勝與未始出吾宗，而季咸所見則為壺子的杜德機、善者機、衡氣機與虛與委蛇；此「衡氣機」是壺子四示中的第三示。

　　此言鄭國的神巫季咸，第一次見到壺子時，以為他快要死了；第二次見面時，認為可以回生；第三次見面時，覺得困苦；第四次見面，就自失而走了。在這則故事之中，壺子給季咸看的，第一次是「杜德機」；第二次為「善者機」；第三次乃「衡氣機」；第四次係「未始出吾宗」。而「杜德機」是指生機杜塞；「善者機」是指生機活動；「衡氣機」是指陰陽二氣完全保持平衡；「未始出吾宗」是指在陰陽根源中的無。而壺子初次「示之以地文」地破解鄭國神巫季咸的伎倆，令季咸以為壺子已如濕灰，毫無生意；其實，壺子僅是「杜德機」而已，也就是壺子杜塞其自得之機兆，因而出現「萌乎不震不正」〔註78〕的樣子。易

〔註73〕　所謂「太沖」，即太虛；郭慶藩：《莊子集釋》，頁302，成玄英疏云：「沖，虛也」；憨山著《莊子內篇憨山註》，頁444曰：「至虛之地」。所謂「莫勝」之勝與朕通（陳鼓應：《莊子今註今釋》，頁246），「莫勝」即無朕，意謂沒有朕兆、沒有形跡。所謂「太沖莫勝」，宣穎：《南華經解》，頁181曰：「沖漠之氣無所偏勝」；陳壽昌：《南華真經正義》，〈應帝王〉解，頁62曰：「惟無偏勝，故沖氣渾然中，別無朕兆也」。而「太沖莫勝」之「沖」，可藉《老子》〈四十二章〉：「萬物負陰而抱陽，沖氣以為和」之「沖氣」來瞭解。老子謂萬物具有陰陽二氣，陰陽二氣須先通過「沖」的過程，方可達於「和」的境界；因而，「沖氣」實即陰陽二氣互相激盪之意，相激相盪到互不偏勝時就謂之「和」。陰陽二氣由「沖」至「和」：〈田子方〉以「交通成和」來描述，〈知北遊〉以吾生乃「天地之委和」來說明。

〔註74〕　參閱王邦雄師：〈從修養工夫論莊子「道」的性格〉，《鵝湖月刊》（台北，第二一卷，第6期，總號第二四六），頁11。

〔註75〕　引自郭慶藩：《莊子集釋》，頁302。

〔註76〕　引自郭慶藩：《莊子集釋》，頁302。

〔註77〕　語出陳壽昌：《南華真經正義》，〈應帝王〉解，頁62。

〔註78〕　「不震」即不動。「不正」之「正」是「止」的誤字；參閱王叔岷：《莊子校詮》，頁292：「郭氏集釋引俞樾曰：列子黃帝篇作『罪乎不諈不止。』當從之。……諈即震之異文，『不諈不止』者，不動不止也。……杜德機，謂杜塞其自得之

言之，壺子雖杜塞住自得之機兆，然機兆並未曾消失，而是處於不動亦不停止的狀態，故仍具有萌生的能力。〔註79〕可見壺子所杜塞之「德」，是甫自「道」所取得之生機，而此生機固已萌發，卻還只是個兆頭（機），尚未有所動（但也不是一無所動）；因此，「德」之存在雖已得生機於「道」，卻仍緊貼於「道」。

「衡氣機」是為壺子四示中的第三示，而由第二示的「善者機」進入主題。所謂「善者機」，乃是一切的外在事物皆不入於心時，發於踵之機，依〈大宗師〉曰：「真人之息以踵」來理解，「機發於踵」之「機」，應是有「氣息」湧起，故見生機之意，而「善者機」宜解為生氣初動之機。然這只是生氣初動，尚未有所生，須待生氣盎然蓬勃，且陰陽二氣有所交通，而又成和，始能生物。所以，第三示過程中，季咸看到陰陽正在「沖」的交通與「不齊」，故要求列子去告訴壺子，要壺子先齊體內之氣，而壺子以為季咸所以認為不齊，乃因自己正在使陰陽二氣「沖」，繼而便有莫勝的效果。〔註80〕壺子既以陰陽二氣成和的狀態為「衡氣機」，即言「衡」為陰陽二氣互不偏勝時之「和」，也就是季咸要求壺子之「齊」；「衡氣」即是平和衡齊的陰陽二氣，〔註81〕亦即「和氣」，而相對於此的就是沴亂之「邪氣」。關此壺子四示的寓言，憨山大師給了個很好的開示：

> 莊子恐世人不知不測是何等境界，為何等人物，故特撰出箇壺子，
> 乃其人也，即所示於神巫者，乃不測之境界也。如此等人，安心如
> 此，乃可應世，可稱明王，方能無為而化也。〔註82〕

壺子四示之以「未始出吾宗」，因其從未離開生命自身，而用心若鏡，不示任何相，因此季咸看不到壺子的相貌，反而照見自己的無知與渺小，是以驚慌失措地反身而逃。依此可知，莊子之用心，是欲人明瞭生命可以有無限的可

機兆也」。

〔註79〕參閱宣穎：《南華經解》，頁180：「將生機萌乎九地之下，若生而不生」。

〔註80〕所謂「沖」，即《老子》：「沖氣以為和」之「沖」，涌搖也，也就是「交通」的具體寫照。所謂「莫勝」，是指陰氣不勝於陽氣，陽氣不勝於陰氣，故能「兩者交通而成和」（〈田子方〉）。

〔註81〕陰陽二氣平和衡齊，所以顯得有如深淵一般。〈應帝王〉：「鯢桓之審為淵，止水之審為淵，流水之審為淵」；《成玄英疏》：「水體無心，動止隨物，或鯨鯢盤桓，或凝湛止住，或波流湍激，雖多種不同，而玄默無心一也」。莊子藉玄默無心之水體以喻「衡氣機」，即視衡氣為平齊之氣，故言其為似可任鯨鯢盤桓、湛止、湍激，而仍保有玄默狀態的深淵。

〔註82〕語出憨山：《莊子內篇憨山註》，頁447～448。

能,「擁有無限的可能性,可示相無數,隨時境的變遷而有各種不同的示相。若我們有所執著,則生命的無限可能性,就要受到限制而滯限一隅」。〔註83〕

(六)「陰陽之氣」(〈大宗師〉)——工夫修爲之「氣」

> 子輿有病,……曲僂發背,上有五管,頤隱於齊,肩高於頂,句贅指天。……陰陽之氣有沴。(〈大宗師〉)

此言身爲痀僂之子輿,並不擔心自己的外在,反而「安時而處順」(〈大宗師〉)。關於「沴」,郭象注爲陵亂;成玄英疏:「陰陽二氣,陵亂不調,遂使一生,遭斯疾篤」;〔註84〕宣穎曰:「氣亂也」;〔註85〕陳壽昌謂:「沴,氣亂也」;〔註86〕憨山大師言:「沴,陵亂,言不和也」;〔註87〕可見「沴」即氣亂。人既化生於陰陽二氣之和,那麼,人體中即有此沖和之氣,而陰陽之氣的變化,是會影響生理形軀與心理情緒的。也就是說,「陰陽之氣」是會沴亂的,並且,沴亂時會使人生病,〔註88〕「子輿有病」,就是因爲身體內陰陽之氣錯亂所造成的結果。

雖謂「生死」,就是「一氣」的聚散,然而,人生病痛又是從何而來;依莊子理解,人身就像一個小宇宙,藉陰陽作用而生,依「一氣」之化而流行,陰陽作用和諧,身體就會健康,而人生病痛基本上是來自「陰陽之氣」的錯亂。「陰陽之氣有沴」是陰陽二氣自身運動變化的結果,此自然現象,雖是「人之有所不得與」(〈大宗師〉),並非個人意志所能改變,但是,若能無己,不以生老病死爲患,心中自可安閒而自在。此外,「氣」在體內運行,如受干擾,

---

〔註83〕 語出王邦雄師:〈蝴蝶之夢「莊子寓言與人生哲學」〉,《藝壇》(台北,第一九六期,1984 年 7 月),頁 16。

〔註84〕 郭象注與成玄英疏見於郭慶藩:《莊子集釋》,頁 259。

〔註85〕 語出宣穎:《南華經解》,頁 157。

〔註86〕 語出陳壽昌:《南華眞經正義》,〈大宗師〉解,頁 53。

〔註87〕 語出憨山:《莊子內篇憨山註》,頁 406。

〔註88〕 這樣的說法,亦見於〈在宥〉:「人大喜邪,毗於陽,大怒邪,毗於陰。陰陽並毗,四時不至,寒暑之和不成,其反傷人之形乎」;是說人太高興時,陽氣偏勝,反之,陰氣偏勝,若是,一個人喜怒迭生,即會使陰陽之氣並廢,而造成傷人之形的結果。「陰陽之氣有沴」即指「陰陽並毗,四時不至,寒暑之和不成,其反傷人之形乎」,陰陽之氣的和諧與陵亂,是造成人病與非病的關鍵因素。而如何能使陰陽之氣不傷害人,〈刻意〉則有云:「吹呴呼吸,吐故納新,能經鳥申,爲壽而已矣。此道引之士,養形之人。……夫恬淡寂漠,虛無無爲,此天地之平易道德之質也。故曰,聖人休休焉則平易矣。平易則恬淡矣。平易恬淡,則憂患不能入,邪氣不能襲,故其德全而神不虧」;藉導引吐納(「氣」)以養形,或通過寂寞無爲、平易恬淡而達成既養形又保神的境界。參閱第四章第二節。

滯礙不順,亦會造成身體疾病;〈達生〉云:「公則自傷,鬼惡能傷公!夫忿
滀之氣,散而不反,則爲不足;上而不下,則使人善怒;下而不上,則使人
善忘;不上不下,中身當心,則爲病」,體內畜滿之氣若散而不返,就會覺得
虛弱;氣若上沖,人亦發怒;氣若下游,人易遺忘;氣停滯不通、不上不下,
人就會生病;可見人體內之氣周行不順遂時,就是生病的原因。因此,人生
病痛的預防方法,就在於保護「氣」;故而,平易恬淡可說是防止「陰陽之氣」
的錯亂,且維護正常「血氣」的最佳方法,〔註89〕而體道忘己之子輿明於此,
故能「以道自適,不以形爲累」,〔註90〕不將殘缺病痛放在心上。

　　陰陽爲「氣」的兩種形態,《莊子》文本直接論及「陰陽之氣」者僅有此
處。「陰陽之氣」雖與生命形軀相關,但是,莊子更強調的是須作工夫的修養,
以對治此陰陽之氣的沴亂不和,故而將之歸納爲工夫修養之氣一類。除此而
外,〈內篇〉與陰陽相關之論述,尚有二處。〈大宗師〉曰:

　　父母於子,東西南北,唯命之從,陰陽於人,不翅於父母,彼近吾

　　死,而我不聽,我則悍矣!

此言陰陽之氣對於命運的安排較之父母之命,更不可違逆,因此,陰陽之氣
對於人而言,也是無法改變的。而此無法改變的原因是基於,莊子所言「陰
陽之氣有沴」(〈大宗師〉)與「陰陽於人,不翅於父母」(〈大宗師〉),亦即人
乃是陰陽二氣合和所產生的緣故。此外,〈人間世〉曰:

　　事若不成,則必有人道之患,事若成,則必有陰陽之患。

此言莊子以人道與陰陽對舉。人道之患是指刑罰殺戮,這是人爲的;而陰陽
之患是指寒熱傷身,這是自然的。由此可見,陰陽之氣的運動是獨立於人的
意志之外的。

　　總之,依〈大宗師〉所言「陰陽之氣有沴」與「陰陽於人,不翅於父母」,
莊子認爲人是由「陰陽之氣」合和構成的;「陰陽之氣」平和,人就順暢,「陰
陽之氣」凌亂,人就生病。不特人是「陰陽之氣」所構成,依〈大宗師〉「大
冶鑄金」之比喻,〔註91〕即連宇宙萬物也是由「陰陽之氣」所形構而成。所

〔註89〕〈刻意〉云:「故聖人休焉,休則平易矣。平易則恬淡矣。平易恬淡,則憂患
　　　　不能入,邪氣不能襲,故其德全而神不虧」:莊子認爲,平易恬淡的人不可能
　　　　有憂患與「邪氣」。
〔註90〕語出憨山:《莊子內篇憨山註》,頁 406。
〔註91〕莊子認爲構成宇宙萬物的物質因素並未有不同,都是陰陽二氣:〈大宗師〉曰:
　　　　「今〔之〕大冶鑄金,金踊躍曰『我且必爲鏌鎁』,大冶必以爲不祥之金。今

以，「陰陽二氣」實是中國人思想生活中之根深蒂固的特有觀念，〔註92〕而莊子以「陰陽」來代稱「氣」，是取其陰陽與氣同樣具有動靜、生殺、勁柔……等相對性的現象。在莊子認知中，純粹、和靜之「氣」具有和而生物之能力，不過，卻極易受到干擾而於沴亂汩雜中毀物傷形，所以，「氣」之和純、沴雜，不但影響四時之運行，陰陽之氣的調攝程度亦造成人格修養的差異。因此，依莊子思維，「氣」概念之於天地的生成與萬物的變化，皆有直接之關連。

（七）「雲氣」（〈逍遙遊〉、〈齊物論〉）──工夫修為之「氣」

一般說來，「雲氣」是指漂浮在天空中的水氣，《莊子》書中出現「雲氣」一詞的五處敘述，都具有特殊的情境，似乎不僅是單純的、具象的，意指漂浮在空中的「雲氣」而已。若果，不拘泥於字面意義，而探究其背後隱喻的真正意涵，可知莊子使用「雲氣」一詞，表面上雖為描述自然現象的變化，究其實確是作為非分別說的比喻手法，譬喻真君之生命主體一旦化掉心知的執著與情識的負累，即能「遊乎天地之一氣」（〈大宗師〉）。由於，莊子言「雲氣」，總與其心目中的理想人格關連而言，故將「雲氣」歸納為工夫修為之氣。

1. 〈逍遙遊〉曰：

> 窮髮之北，有冥海者，天池也。有魚焉，其廣數千里，未有知其修者，其名為鯤。有鳥焉，其名為鵬，背若太山，翼若垂天之雲，摶扶搖羊角而上者九萬里，絕雲氣，負青天，然後圖南，且適南冥也。

所謂「雲氣」乃雲層之意，絕雲氣是說大鵬鳥超越了（衝過）雲層的高度而飛。欲進一步解析莊子所謂「雲氣」，可藉「鵬之徙於南冥也，水擊三千里，摶扶搖而上者九萬里，去以六月息者也。野馬也，塵埃也，生物之以息相吹也」當中「野馬」之意來理解。郭象、成玄英與宣穎皆或詳或略地指「雲氣」為遊氣、氣息，而劉武則謂：「蓋莊子欲寫鵬摶上九萬里之高，須寫天之高。然天之高不易寫，特寫輕虛而居上層者，狀如野馬之雲氣也；其下，則浮空之塵埃也；又下，則生物相吹之息也。有此三層，則天之高見矣。……此三

一犯人之形，而曰『人耳人耳』，夫造化者必以為不祥之人。今一以天地為大爐，以造化為大冶，惡乎往而不可哉」。

〔註92〕就連《紅樓夢》中亦出現一段論及陰陽的對話，〈第三十一回〉史湘雲說：「天地間都賦陰陽二氣所生，或正或邪，或奇或怪，千變萬化，都是陰陽順逆」、「這陰陽不過是個氣罷了。器物賦了，才成形質」；而此一席話，惹得丫環翠縷也講起陰陽來，甚至連蚊子、花、草、瓦片等，也都要分個陰陽。

者，即所以成風者也」。因大鵬需要大風始能鼓翼而飛，所以，莊子又言：「風之積也不厚，則其負大翼也無力。故九萬里而風斯在下矣，而後乃之培風，背負青天而莫之夭閼者，而後乃今將圖南」；由於鵬之翼大若垂天之雲，故須先直上九萬里，再藉此九萬里「厚」之「風」來托其翼，而其翼亦必須如此大之空間，方能施展得開（「莫之夭閼」）。因此，本來是水擊而行，直上九萬里後，才培（擊）風而行，是以，足以托翼的「野馬也，塵埃也，生物之以息相吹也」，固然是指「風」，且藉以南徙的「六月息」與「培風」，亦皆謂「風」。而此「風」實即「大塊噫氣」（〈齊物論〉）所造成的；大地因「噫」震動「氣」而形成「風」，故「風」其實就是受到震盪而運動的「氣」。

依莊子之意，鵬鳥藉以「圖南」的，固是大風，而其上九萬里衝過的「雲氣」，亦是九萬里「厚」的「風」，或者可說是激烈運動著的「氣」，此即充分凸顯出「通天下一氣耳」（〈知北遊〉）之概念。然而，因大地之「噫」而運動的「氣」，能於九萬里之距離中，仍持續保有快速流動的現象，則不能不藉助「氣」概念本身所具有之陰陽離合關係以為詮釋。

2. 〈逍遙遊〉曰：

> 藐姑射之山，有神人居焉。肌膚若冰雪，淖約若處子；不食五穀，吸風飲露；乘雲氣，御飛龍，而遊乎四海之外。

3. 〈齊物論〉曰：

> 至人神矣！大澤焚而不能熱，河漢沍而不能寒，疾雷破山，飄風振海而不能驚。若然者，乘雲氣，騎日月，而遊乎四海之外。

此兩段言藐姑射山之神人（〈逍遙遊〉）與大澤焚而不能熱之至人（〈齊物論〉），皆與聖人同為「乘天地之正，而御六氣之辯，以遊無窮者」（〈逍遙遊〉）。其中，神人雖是「乘雲氣，御飛龍」，至人雖為「乘雲氣，騎日月」，然則，龍是至陽之象徵，日月一為太陽一為太陰，所以，神人與至人之所御及所騎者，實即象徵天與地之正陽及正陰之氣，如此說來，神人與至人所乘之「雲氣」，應為陰陽之氣。易言之，神人與至人之所以能「遊乎四海之外」，聖人之所以能「遊無窮」，當是因為能夠調攝陰陽之氣的緣故。

從字面上看，「絕雲氣，負青天」、「乘雲氣，御飛龍」、「乘雲氣，騎日月」皆喻指超越時間與空間之拘限，意同於「無古今」；「圖南」與「遊乎四海之外」即言真君主體所涵養之精神生命，能夠不受物累、隨物變化，遊於四極八方而自在自得。雖謂雲氣、飛龍、日月皆是所乘所御的對象，然則，雲氣

不可乘，飛龍不可御，日月不可騎；由是而言，莊子眞正關懷的是，通過使心靈超越相對的現象界而歸於絕對無限世界的體道工夫，自在逍遙地與天地精神相往來。依莊子理解，體道之至人、神人，虛心無己、生命無待，不羈於物且未與外物相刃相靡，自能順應自然之道，參與萬物之變化而無偏執，與萬物一體而無偏私，超脫時空拘限而無古今終始，並能逍遙邀遊於四海之外。值得關注的是，莊子的理想生命型態，必須落實於工夫的修養，將不能乘御天地萬物、不能與萬化合冥而遊於無窮無限之自由世界的一己之所思、所見、所聞化解消弭，並透過無我無物、無心無爲、順任大化之流行，而臻至與造化同遊、生命精神絕對自由之境。

關於「雲氣」之說，另見之於〈外雜篇〉之〈天運〉與〈在宥〉。

4. 〈天運〉云：

> 孔子見老聃歸……曰：「吾乃今於是乎見龍。龍，合而成體，散而成章，乘雲氣而養乎陰陽。」

此說直以「龍」指稱老子；龍乃至陽之象徵，成玄英謂：「夫龍之德，變化不恆，以況至人隱顯無定，故本合而成妙體，妙體窈冥；跡散而起文章，文章煥爛」。〔註93〕所謂合而成體，散而成章，象徵陰陽的合散，那麼，龍的「乘雲氣」亦是乘乎陰陽之氣。而且，此以乘雲氣與養乎陰陽並舉，說明老子能夠調攝陰陽之氣。

5. 〈在宥〉云：

> （黃帝）「我聞吾子達於至道，敢問至道之精。吾欲取天地之精，以佐五穀，以養民人。吾又欲官陰陽，以遂群生，爲之奈何？」廣成子曰：「而所欲問者，物之質也；而所欲官者，物之殘也。自而治天下，雲氣不待族而雨，草木不待黃而落，日月之光益以荒矣！」

此言廣成子以爲黃帝所詢問的至道之精，是物之質（樸、本），而所欲官的陰陽，是物之殘（部分、不全）。〔註94〕設若，黃帝欲官〔註95〕陰陽，卻在治理

〔註93〕語出成玄英：《南華眞經注疏》，頁631。

〔註94〕焦竑：《莊子翼》，頁317引呂吉甫註云：「空同之上，無物而大通之處，道爲無名之樸，故曰質。陰陽，道之散，故曰殘」。

〔註95〕所謂「官」，〈德充符〉有言：「而況官天地、府萬物…」；成玄英：《南華眞經注疏》云：「綱維二儀，苞藏宇宙」；劉武：《莊子集解內篇補正》曰：「言官使天地，府聚萬物也」。官陰陽的句法同於官天地，因而，「官」注亦採使天地成爲綱維與役使之的解釋。換句話說，黃帝所謂「官陰陽」是想役使陰陽

天下後，導致「雲氣不待族而雨」的結果，如此，「雲氣」族聚的正常與否，顯然會因著陰陽是否被干擾（欲官之）而受影響。也就是說，當陰陽之氣渗亂時，同質性之「雲氣」亦會因而失序，這是因為人的恬淡純樸是會影響天地之間的自然之氣。〔註96〕所以，「雲氣」雖爲漂浮於空中，凝聚成雨之物，但是，「雲氣」亦具有反應人們是否隨順自然與恬淡純樸之象徵。因此，似可依此推論莊子之謂「雲氣」，不只是一般性的涵義（前四則與陰陽之氣相關連之「雲氣」），而是被界定為神人、至人與聖人工夫修養的必要條件之一。

總而言之，「雲氣」一詞，作為大鵬南徙的助力，即是「風」；而「風」就是陰陽之氣快速運動所形成的。因而，形成雨水以滋潤草木的「雲氣」，亦受陰陽之氣的影響；而神人、至人與老子所乘之「雲氣」，就有助於其修養而言，則指調攝天地之間之正陽正陰之氣。依此可知，在莊子思想中，「雲氣」不僅是大氣中的雲而已，而是關乎陰陽之氣領域中的重要概念。

四、小　結

綜觀〈內篇〉之「氣」，可大分為自然現象之「氣」、生命形軀（包含精神、生理）之「氣」，與工夫修為之「氣」，其中，有三處與自然現象之「氣」相關，一處與形軀生命（包含精神、生理）之「氣」相關，七處與工夫修為之「氣」相關。值得注意的是，在六個與人相關的「氣」字之中（〈人間世〉之「聽之以氣」、〈人間世〉之「人氣」、〈應帝王〉之「合氣」、〈應帝王〉之「衡氣」、〈大宗師〉之「陰陽之氣」，及〈人間世〉之「氣息」），僅有〈人間世〉之「氣息」，純屬生命形軀（包含精神、生理）之氣，其餘則皆與工夫修為之氣有關。

此外，依上解析，欲達人心、達人氣，使人我以氣相感、生命相通，必須通過「心齋」的修養工夫；而莊子論及工夫修為之氣，皆扣緊「心」來發揮，且「心」與「氣」是相互關聯，並非分離為二。所謂「氣」，據〈人間世〉謂「氣也者，虛而待物者也」，是就無心、虛而待物而言，意指心以虛靜來待物的狀態。所謂「遊乎天地之一氣」，亦言必須通過工夫修養，方能於天地一氣中「遊心」與「遊物」，而〈應帝王〉謂「合氣於漠」也就是「合氣於虛」；〔註97〕劉武云：「能淡能虛，然後能合氣於漠」，〔註98〕所以，須由「汝遊心

來作為自己「遂群生」之工具，結果卻弄巧成拙。
〔註96〕此即〈繕性〉云：「古之人……與一世而得澹漠焉。當是時，陰陽和靜」之意。
〔註97〕語出憨山：《莊子內篇憨山註》，頁438。

於淡」之「遊心」來「合氣」。且〈應帝王〉謂「殆見吾衡氣機也」,「氣」謂平衡、不偏勝之生命氣象,欲示以「衡氣機」之相,則須由真君之生命主體之心來展示。至於,〈應帝王〉謂「陰陽之氣有沴,其心閒而無事」;宣穎云:「不以病攖心也」〔註99〕、陳壽昌曰:「不以病累心也」,〔註100〕亦是扣緊「心」而言陰陽之氣的。最後,莊子連道「雲氣」,亦是關聯其心目中的理想人格而為言。由是觀之,莊子所強調的是生命主體的精神涵養,人唯有自心上做工夫,通過修養,使心氣合一,方能凸顯真君之自由無限、無待逍遙。

值得關注的是,內篇關乎工夫修為之「氣」,〈大宗師〉所呈顯「遊乎天地一氣」之「一氣」觀,與外篇〈知北遊〉「通天下一氣」所被露之「一氣」義,確有其關聯與相異之處。兩處之「一氣」,皆自「氣」為構成宇宙萬物共同普遍的原始物質之意義出發;然〈大宗師〉之「一氣」,意謂於渾然一氣中的自在悠遊,而通向工夫修養面向的境界涵義;而〈知北遊〉之「一氣」,則以「氣」之聚散說明宇宙萬物之生成變化,而指向氣化宇宙之理論思維。

第二節　莊子修養工夫論的境界

莊子面對禮壞樂崩、人心失序的悖亂世代,有其深刻的反省與自覺,縱因生命的失真、價值的流落所形成之傷痛與困頓,固是時代之圍限,究其實,仍為心知之執取與情識之負累所致。故此出於人為造作的存在處境,「喪己於物,失性於俗者」(〈秋水〉),〈繕性〉謂之「倒置之民」。然而,莊子對於人生意義與生命價值的終極關懷,卻總是落在生命主體的工夫修養之上,〈養生主〉雖曰:「吾生也有涯,而知也無涯。以有涯隨無涯,殆已」,〔註101〕說明生命之困頓,乃因吾生有涯與知也無涯,但有限的形軀生命是可以藉著修養工夫,上達生命主體之自由與無限的。的確,莊子之用心,並不在於指出生命是有限的,而是重在強調並闡明生命主體原是自由無限的,因受形軀之拘限,即成為有限。故而,生命之所以成為一種困局,問題出在「以有涯隨無

〔註98〕語出劉武:《莊子集解內篇補正》,頁192。
〔註99〕語出宣穎:《南華經解》,〈齊物論〉解,頁157。
〔註100〕語出陳壽昌:《南華真經正義》,〈大宗師〉解,頁53。
〔註101〕「知也無涯」之知,乃心知之意:牟宗三:《才性與玄理》,頁206~207曰:「凡陷於無限追逐而牽引支離其性者,皆可為知所概括。聲、色、名、利、仁、義、聖、智,皆可牽引成一無限之追逐,而學與知本身當然亦是其中之一項。此可總之曰生命之紛馳,意念之造作,意見之繳繞,與知識之葛藤」。

涯」上，亦即有限的此身，受制於心知過多的執取、人為太多的造作，主體生命也就隨之失落飄零。人的生命原本自由無限，但我們讓它變成有涯，人的心知本應有涯，而我們卻讓它變為無限，是以，人生最大的困苦，就在於「把本來自由無限的生命，在形軀相彼的自我封閉中，使落於有限之境，並轉而投入於心知自是的相對格局中，去作一辯議非他之無止無盡的追尋」〔註102〕因此，「殆矣」所反映出的結局並非事實的不可能，而是價值的不值得，這在莊子看來，無疑是生命的失落與本真的淪喪，甚且，若令生命深陷此複雜有限而無法自拔的困境之中，其結果就不免淪為一場悲劇了。莊子發抒其對主體之淪喪與生命之失落的深沉感概，而於〈齊物論〉曰：

> 一受其成形，不亡以待盡。與物相刃相靡，其行盡如馳，而莫之能
> 止，不亦悲乎！終身役役而不見其成功，苶然疲役而不知其所歸，
> 可不哀邪！人謂之不死，奚益！其形化，其心與之然，可不謂大哀
> 乎？人之生也，固若是芒乎？其我獨芒，而人亦有不芒者乎？

人本是「道與之貌，天與之形」（〈德充符〉），然而，「一受其成形」，便落在有限的形軀之中，而有了拘限；一旦，有了形軀的拘限，就會衍生心知情識的執取纏結，進而牽引出無所窮盡之欲求，甚且在「與物相刃相靡」之物欲爭逐中，造成生命的陷溺，導致悲劇的發生。所以，「一受其成形，不亡以待盡」，即「生也有涯」；「其形化，其心與之然」也就是「知也無涯」。對於心為物役，生命主體受到形軀束縛，以致終身疲役而不知其所歸的存在困局，〔註103〕莊子前後表達三次的極度感概，所謂「不亦悲乎」、「可不哀邪」、「可不謂大哀乎」。然則，莊子真正所悲者，並非是形軀之生老病死，而是與形俱化的心死、生命主體之「失位」，〔註104〕人生至此，可謂之「芒」。由是觀之，生命之所以困頓，人生之所以芒昧，其問題的關鍵在於「心」，而〈齊物論〉基於生命悲情之闡述，實乃莊子終極關懷之所在。

值得關注的是，莊子對於命限的自覺，起於心知之分別與執著，正如憨山大師之警語：「此悲世之迷而不解，皆執我見之過也」；〔註105〕因著偏執之成心「與物相刃相靡」（〈齊物論〉），而使人心為物役，終將陷入「終身役役

〔註102〕語出王邦雄師：《中國哲學論集》，頁99。
〔註103〕此即〈齊物論〉所言：「終身役役而不見其成功，苶然疲役而不知其所歸」之「行盡如馳」與「不死，奚益」的困境。
〔註104〕參閱王邦雄師：《中國哲學論集》，頁80。
〔註105〕語出憨山：《莊子內篇憨山註》，頁370。

而不見其成功，苶然疲役而不知其所歸」之「行盡如馳」與「不死奚益」（〈齊物論〉）的困境之中。是以，莊子的大使命就是喚醒人心的歸向，由執至去執，由分別至無分別；此由知至不知的轉化，人心至道心的提昇，對於命限的超越其間須要自作修養工夫，也就是主體精神的涵養。亦因生命困苦的根源在於心，因此，一切的修養工夫都須在心上作，〈齊物論〉曰：

> 南郭子綦隱机而坐，仰天而噓，荅焉似喪其耦。顏成子游立侍乎前，曰：「何居乎？形固可使如槁木，而心固可使如死灰乎？今之隱机者，非昔之隱机者也。」子綦曰：「偃，不亦善乎，而問之也！今者吾喪我，汝知之乎？女聞人籟而未聞地籟，女聞地籟而未聞天籟夫！

莊子藉由南郭子綦與顏成子游的對話，展現其生命實踐的工夫理論。所謂「吾喪我」的「吾」意指生命主體，也就是真君，「我」是謂形軀；「吾喪我」意謂生命主體從形軀官能的束縛限定中解脫出來，亦即精神我（生命主體）超脫形軀我（形軀）的拘限，重新回到本身的自由。所以，工夫的主導在於「吾」，是精神我主導形軀我。莊子此言亦印證，通過自身的修養工夫，是可以擺脫形軀的負累，且「形軀之『我』雖脫解了，而喪此形軀之拘執的主體之『吾』卻如如常在，而有一虛靜卻明覺的生命躍動之心」，〔註106〕擺開形軀官能的負累拘限，主體之「吾」方可獲得全然真實的自由自在（全然真實的自由自在，其形是可如槁木，但心卻不可能如死灰，所以，南郭子綦只接受顏成子游「形如槁木」的質疑，卻不接受「心如死灰」的論斷）。

究其實，〈齊物論〉所言之「喪我」即〈逍遙遊〉所謂之「無己」。所謂「無己」是精神的無己，消解偏執的「我」以朗現真君之「吾」。因而，通過喪我無己的修養工夫，才得以凸顯生命主體的自由無限，反顯出虛靈明覺的道心，且在道心的虛靜觀照之下，生命流行的每一個當下就都能自由自在。即因欲達無己之境界，必靠工夫之修養，所以，「無己」既是工夫也是境界。徐復觀先生指出：「無己的境界，是通過一連串的自覺的工夫過程而始達到的。這種自覺的工夫，即是前面已經提到的『虛』『靜』，尤其是『心齋』。……逍遙遊的『無己』，即是齊物論中的『喪我』，即是人間世中的『心齋』，亦即是大宗師中的『坐忘』。」〔註107〕依此可知，「無己」、「喪我」、「心齋」、「坐忘」都是達到無己之境的修養工夫，以下即就「心齋」、「坐忘」與外天下至外物

〔註106〕語出王邦雄師：《中國哲學論集》，頁77。
〔註107〕語出徐復觀：《中國人性論史》〈先秦篇〉，頁398。

再到外生的修道歷程，呈現莊子完整齊備的修養工夫理論。

一、「心齋」

　　莊子藉孔子與顏回的對話，提出「心齋」的修養工夫，〔註108〕主要是回應菑人與益多說法之「未達人心」及「未達人氣」。因著顏回聽聞衛君的殘暴，一心想到衛國去感化衛君，解救民生疾苦，然而，孔子卻以不苟同顏回的動機，而斷定顏回此去「強以仁義繩墨之言術暴人之前」（此爲菑人）且「以火救火，以水救水」（此成益多），而「必死於暴人之前矣」。孔子進一步析論其中問題之所在，乃是出於顏回之「未達人心」及「未達人氣」，如此，則未能眞與衛人有所謂生命的感應與會通，欲救人反倒成爲菑人。故而，孔子提醒顏回須「先存諸己而後存諸人」，先修養自己，而後才可以感化別人。雖然，顏回指出欲以「端而虛，勉而一」、「內直而外曲，成而上比」等方式來對應衛君，但孔子認爲此僅是「執而不化，外合而內不訾」、「夫胡可以及化，猶師心者也」，也就是依顏回的做法只是有心有爲，尚不足以眞正地感化於人的。於是，孔子指出「心齋」的修養工夫，強調「聽之以氣」之後，才能達人心與達人氣，眞正地解救衛人。依此，能夠作「心齋」工夫的關鍵，乃在於「聽之以氣」，必須「聽之以氣」，才能和他人以氣相感，因此，亦可凸顯「氣」概念於莊子思想中，特別是修養工夫論，著實有著主導性的地位，且莊子論及修養之氣時，也都緊扣著修養主體之「心」來發揮。所謂「心齋」之義，〈人間世〉曰：

> 回曰：「敢問心齋。」仲尼曰：「若一志，無聽之以耳而聽之以心，無聽之以心而聽之以氣！聽止於耳，心止於符。氣也者，虛而待物者也。唯道集虛。虛者，心齋也。」

成玄英疏云：

〔註108〕關於「心齋」是否確爲莊子修養工夫之爭議：本書不採張恆壽觀點（〈人間世〉前三節與後四節分屬不同類型，且前三節是宋尹派作品，而後四節是莊子早期作品；參閱《莊子新探》，頁 84～100），而依劉孝敢先生將〈人間世〉前三節與〈內篇〉做比對之評判（人間世）前三節與〈內篇〉有一定關聯，且此關聯明顯多於它與〈外雜篇〉或《管子》等書的聯繫；〈人間世〉前三節與後四節有一定聯繫，不應截然分開：「心齋」、「坐忘」與「見獨」都是相通的；參閱劉笑敢：《莊子哲學及其演變》，頁24～26）。至於，「心齋」工夫中「氣」概念當該如何詮釋之問題，可參閱王邦雄：〈《莊子》心齋「氣」觀念的詮釋問題〉，《淡江大學中文學報》（台北縣，第 14 期，2006 年 6 月）。

耳根虛寂，不凝宮商，反聽無聲，凝神心符。心有知覺，猶起攀緣；
氣無情慮，虛柔任物。故去彼知覺，取此虛柔，遣之又遣，漸皆玄
妙也乎！〔註109〕

依成疏，「心齋」的修養工夫，可區分爲「聽之以耳」、「聽之以心」與「聽之以氣」三個層次。此由耳而心，由心至氣的工夫修養，是由外向內，層層上達的，至「聽之以氣」之「虛而待物」，始能達於空靈虛靜的境界。以下分別自「無聽之以耳」、「無聽之以心」與「聽之以氣」三層次，深度詮釋「心齋」的修養工夫，並從中解讀「氣」概念在莊子工夫修養論上的關連性與重要性。

（一）「無聽之以耳」

「無聽之以耳」之「耳」是指感官，人與外界接觸，一般都須透過耳目官覺，耳目官覺的功能，是在於被動地看到與聽到物象，其間並未有自覺與反省的能力，因而，當人以耳目官覺與外在事物接觸時，容易被外在物象牽引而去，使心陷溺於物，生命亦因此失落於紛雜萬象的執取之中。依此，人與外物交接，不能只用耳朵去聽，而要用心去體會，《孟子》〈告子上〉亦曰：「耳目之官不思，而蔽於物；物交物，則引之而已矣。心之官則思，思則得之，不思則不得也。此天之所與我者。先立乎其大者，則其小者不能奪也，此爲大人而已矣」，生命中具有大體與小體，耳目之官是生理官能，孟子謂之小體；心之官是生命主宰，孟子謂之大體。耳目之官只能聽與看，無法自覺地思考反省批判自己，所以，容易被外物牽引而「蔽於物」；心之官則可以自我省思，做出是非善惡的判斷。因而，「無聽之以耳，而聽之以心」即是「徇耳目內通，而外於心知」（〈人間世〉）之義，也就是「無聽之以耳」，生命才不致受到牽動攪擾。

（二）「無聽之以心」

莊子曰：「無聽之以耳而聽之以心，無聽之以心而聽之以氣」，「聽之以心」之後，要進而「無聽之以心」。表面上看，似乎是衝突矛盾，但是，依唐君毅先生言：「莊子之言心有二：其一爲莊子之所貶，另一爲莊子之所尚。其所貶者，即吾人世俗之心。齊物論人間世之不以師心爲然，亦對此義之心而言。於此心，莊子或名之爲『人心』『機心』（天地）、『賊心』（天地）、『成心』（齊物論）生『心厲』之心（人間世）、『心捐（或作揖）道』之心（大宗師）、『德

〔註109〕引自郭慶藩輯：《莊子集釋》，頁147。

有心而心有睫』（列禦寇）之心。其所尙，則爲由以『虛』爲心齋（人間世），由『刳心』（天地）、『洒心』（山木）、『解心之謬』（庚桑楚）、『解心釋神』（在宥）、『心靜……心……定』（天道）、『無聽之以心』（人間世）、『……齋戒疏瀹而心，澡雪而精神無心而不可謀……』（知北遊）、『心淸……心無所知』（在宥）等『自事其心』（人間世）工夫，而得之『虛室生白』之心（人間世）或常心、或靈府，（德充符）靈臺、（達生、庚桑楚）之心也』；〔註110〕可知莊子所謂「心」，確實具有兩個層次：一是有執的成心，另一則是無執的道心，而「無聽之以心」之「心」，即是莊子所貶抑之有執造作之心。

由於，心有知的作用，通過心知而與外界事物接觸，因著知的作用就會生起偏執與造作，心就會爲物欲所障蔽，從而困限自己，生命亦因「與接爲搆，日以心鬥」（〈齊物論〉），且「與物相刃相靡」而「莫知其所歸」（〈齊物論〉），逐漸深陷無所窮盡之是非爭勝的困境當中。故而，莊子欲解消人生的存在困境，所提出的解決之道，就是在「無聽之以耳而聽之以心」之後，進一步地「無聽之以心而聽之以氣」。

「無聽之以心」是消解成心之偏執與造作，如此，眞君之生命主體亦不致因耳目官覺之向外奔逐爭競而隱藏不顯，這也就是〈德充符〉所謂「不知耳目之所宜，而遊心乎德之和」之義。

（三）「聽之以氣」

「聽之以耳」與「聽之以心」，皆是向外有所攀緣與執取，而「聽之以氣」則是消解耳目官覺與成心定執，純粹以虛靜之心來待物。「聽之以心」是有心聽，「聽之以氣」則是無心聽，欲自「聽之以心」超越到「聽之以氣」，必須通過「齋以靜心」（〈達生〉）的修養工夫，以還心之虛靜。心虛靜才能夠「虛而待物」，是以，若欲「聽之以氣」，必須通過「心齋」工夫的修養，而「心齋」工夫的重點，就在於如何「聽之以氣」。

「聽之以氣」的「氣」，層次上高於「聽之以心」的「心」（成心），是指心的虛靜狀態（而非具體的物質存在）。「心」與「氣」的區別，依成玄英疏「心有知覺，猶起攀緣；氣無情慮，虛柔任物」，可知「心」有知覺，會起執著，「氣」無情慮，所以能夠虛柔地待物。是故，「氣」就是虛，就是無心；然「虛」並不是空，而是化掉一切人爲造作之後，眞君靈台之心純然以

〔註110〕語出唐君毅：《中國哲學原論》〈導論篇〉，頁121。

虛靜來待物時的狀態，所謂「虛者，心齋也」，「虛」是落在人的「心」上講，〔註111〕以虛靜之心來待物，即是「心齋」。關於「氣」，徐復觀先生以之爲「心的某種狀態的比擬之詞」，〔註112〕「氣」是指虛靜的心靈狀態，與心並非截然不同。然而，馮友蘭先生卻釋「聽之以氣」之「氣」爲「精氣」，而以「心齋」爲宋尹學派的方法；馮先生謂：

> 心齋的方法是宋尹學派的方法。這種方法要求心中『無知無欲』，達到『虛壹而靜』的情況。在這種情況，『精氣』就集中起來，這就是所謂『唯道集虛』。去掉思慮和欲望，就是所謂的『心齋』。『坐忘』的方法是靠否定知識中的一切分別，把它們都『忘』了，以達到一種心理上的渾沌狀態，這是眞正莊子學派的方法。〔註113〕

> 〈人間世〉就不合乎莊子所以爲莊者。〈人間世〉所講的心齋和〈大宗師〉所講的坐忘就不同。坐忘是合乎莊之所以爲莊者，心齋就不合。〔註114〕

馮友蘭先生以「氣」爲「精氣」，且「心齋」爲不合乎莊學精神之宋尹學派的方法，而「坐忘」才是合乎莊子所以爲莊之方法，此說並未能貼近莊子對於生命哲學的眞確理解。其實，〈內篇〉所言之「氣」，實未有「精氣」之意，並且，自莊子文本的字義脈絡，「氣也者，虛而待物者也」而言，「氣」是「虛」，是「虛而待物」的，亦未見有「精氣」之意。依此可知，應以心之虛而待物來理解「聽之以氣」之「氣」，而不宜解讀爲「精氣」，如是，方能相應莊子追求精神境界的理想關懷，而不致失喪莊子言「氣」之本義。

　　「氣」既是「虛而待物」，故而，內心虛靜，方能待物。在人與物接時，若能化掉耳與心之定執，自耳聽進到用心聽，由用心聽再進到用無心之氣聽，以心之虛靜來待物，隨順自然之氣，那麼，生命自會是一氣之流行，如此一氣之化又同體流行，即如唐君毅先生所言：

> 由心齋之功，至於至虛，只有氣以待物，仍是此心之事。德充符言『以其知，得其心；以其心，得其常心』。其言由知以至心，以至常心，正與此篇所謂以耳聽，以心聽，以氣聽三者相當。則心之虛，

〔註111〕參閱徐復觀：《中國人性論史》〈先秦篇〉，頁382云：「『惟道集虛：虛者：心齋也』。虛還是落在心上，而不能落在氣上」。

〔註112〕語出徐復觀：《中國人性論史》〈先秦篇〉，頁382。

〔註113〕語出馮友蘭：《中國哲學史本書二集》，頁296。

〔註114〕語出馮友蘭：《中國哲學史本書二集》，頁310。

> 至於只以氣待物，即謂只以此由心齋所見得之常心，以待物也。人
> 不以一般耳目之知與一般之心聽，而只以此虛而待物之氣或常心
> 聽，即足以盡聽人之言，而攝入之。是即不同於『聽之以耳者』，止
> 於知其聲，亦不同於一般『聽之以心』者，只求其心之意念，足與
> 所聽者相符合；而是由心之虛，至於若無心，使所聽之言與其義，
> 皆全部攝入於心氣之事也。此時一己之心氣，唯是一虛，以容他人
> 之言與其義，通過之、透過之。今以此為待人接物之道，即道集於
> 此虛；而所待所接之人物，亦以此而全部集於此己之虛之中，故能
> 達於真正知無人無己、忘人忘己之境。〔註115〕

「心齋」之旨，依唐先生言，關鍵在於「虛」；能以心之虛來待物，方可達到
上與造物者遊，下與一切人物相感通之可能。

其次，「虛」即是無，是工夫論的意義。「虛」是心之虛，因為虛，心才
平靜，所以，靜自虛來，亦且老莊之心可謂虛靜心。徐復觀先生認為：「虛靜
乃是從成見欲望中的一種解放、解脫的工夫；也是解脫以後，心所呈現的一
種狀態」，〔註116〕虛靜心所呈現的狀態，猶如〈德充符〉曰：「人莫鑑於流水，
而鑑於止水，唯止能止眾止」，止水明鑑、純一無雜之明觀（明即是觀）。關
於明，徐復觀先生謂：「虛靜之心，自然而然的是明；而這種明，是發自與宇
宙萬物相通的本質，所以此明朗能洞透宇宙萬物之本質」，〔註117〕心之虛靜可
以觀照萬物，虛靜觀照過後，萬物就可回歸生命的本身、真實的自我，當萬
物皆回歸萬物自身、生命本根，宇宙方能回到整體和諧，此為道家虛靜觀照
的實現原理。而「心齋」的內容，就在於虛靜；虛靜是一種作用，可化解心
靈的負累，故於修養工夫上，老子主張「致虛極，守靜篤」（〈十六章〉），莊
子亦強調「無聽之以心，而聽之以氣」。「無聽之以心」是無心，「聽之以氣」
是以無心聽；無心就可以觀照，觀照就可以朗現，若能「聽之以氣」，即能以
無執無欲之心來待物，亦自能觀照出萬物的真實美好，而實現萬物，且道亦
因此主體的虛靜觀照而如如朗現，故曰：「唯道集虛」。依此，徐復觀先生言：
「虛靜是道家工夫的總持，也是道家思想的命脈」，〔註118〕而牟宗三先生亦

〔註115〕語出唐君毅：《中國哲學原論》〈導論篇〉，頁369～370。
〔註116〕語出徐復觀：《中國人性論史》〈先秦篇〉，頁383。
〔註117〕語出徐復觀：《中國藝術精神》，頁111。
〔註118〕語出徐復觀：《中國人性論史》〈先秦篇〉，頁383。

云：「當主觀虛一而靜的心境朗現出來，則大地平寂，萬物各在其位、各適其性、各遂其生、各正其正的境界，就是逍遙齊物的境界。萬物之此種存在用康德的話來說就是『存在之在其自己』，所謂的逍遙、自得、無待，就是在其自己。只有如此，萬物才能保住自己，才是真正的存在；這只有在無限心（道心）的觀照之下才能呈現」。〔註119〕

〈內篇〉關於修養工夫之「氣」，除〈人間世〉之「心齋」，尚有〈應帝王〉之「合氣」：

汝遊心於淡，合氣於漠，順物自然而無容私焉，而天下治矣！

此言淡與漠，皆為動詞，是指無心無為，此即〈德充符〉曰：「不以好惡內傷其身，常因自然而不益生」。因人為造作破壞自然，故要除卻人為造作，因任自然，清靜無為，亦且能在無為中無不為，心才可遊，「氣」才可合。換言之，放開百姓，無為而治，讓百姓自在自得，天下自然無不為；這也就是無名人曉諭天根，因著實踐「遊心於淡，合氣於漠」的修養工夫，即能不以私心應世，無心而為，而使天下大治。

依此可知，莊子對於人生的自覺與關懷，皆與其修養工夫論有關，尤其是「氣」概念思維的導入，啟發我們必須通過「心齋」的工夫，將有執有欲之成心轉化為無執無欲之道心，而以無執無欲之道心虛以待物，乃能觀照宇宙萬物，讓萬物回歸自己，呈現真實本有之面貌，並體悟絕對之「道」。

二、「坐忘」

「心齋」是在心上作工夫，其關鍵在於心之能「虛」，虛而又虛，則能如〈人間世〉所言「瞻彼闋者，虛室生白，吉祥止止」，而達「道」的境界。然而，心若不齋戒、不虛靜，就會如〈人間世〉所言之「坐馳」，也就是「形坐而心馳」。〔註120〕「坐馳」與「坐忘」相對，意指無法當下忘了一切，雖坐而思緒紛擾不止，為避免「坐馳」，就必須作「坐忘」的修養工夫。〈大宗師〉曰：

顏回曰：「回益矣。」仲尼曰：「何謂也？」曰：「回忘仁義矣。」曰：「可矣，猶未也。」他日，復見，曰：「回益矣。」曰：「何謂也？」曰：「回忘禮樂矣。」曰：「可矣，猶未也。」他日，復見，曰：「回

〔註119〕語出牟宗三：《中國哲學十九講》，頁122。
〔註120〕語出郭慶藩：《莊子集釋》，頁151。

益矣。」曰：「何謂也？」曰：「回坐忘矣。」仲尼蹵然曰：「何謂坐

忘？」顏回曰：「墮肢體，黜聰明，離形去知，同於大通，此謂坐忘。」

仲尼曰：「同則無好也，化則無常也。而果其賢乎！丘也請從而後也。」

此言仁義爲內在規範，禮樂爲外在規範，〔註121〕所以，先忘（外在之）禮樂，次忘（內在之）仁義，最後才是坐忘；可知「坐忘」工夫的修養次第，是由外而內，層層上達的，猶如老子「損之又損」〈四十八章〉的工夫進展。禮樂仁義本爲儒家人文教化的重要意涵，但在莊子，「仁者，兼愛之跡；義者，成物之功。……禮者，形體之用，樂者，樂生之具」，〔註122〕「皆是落在人的形器拘限以內的作爲成就，其效用皆有所待」，〔註123〕且都是亟待「忘」的對象。因而，禮樂仁義若不是出自生命眞實感受的自然表現，而僅是道德教條的化身，就會流於刻板僵化，淪爲徒具虛文的形式，而失其原有生動活潑的精神，故老子〈三十八章〉云：「失道而後德，失德而後仁，失仁而後義，失義而後禮。夫禮者，忠信之薄，而亂之首」，且莊子〈知北遊〉亦云：「失道而後德，失德而後仁，失仁而後義，失義而後禮。禮者，道之華而亂之首也」。因此，依據老莊之反省，道德應是無心、不仁，仁義禮智是有心有爲，仁是有心，義是有知，禮是有爲，每進一步，都是往外流落，走離生命的本眞。是以，老子主張「絕聖棄智，絕仁棄義」（〈十九章〉），從智回歸禮，從禮回歸義，從義回歸仁，從仁回歸德，從德回歸道，如此才能「復歸於嬰兒」〈二十八章〉；而莊子則強調忘仁義禮樂，消解仁義禮樂對心靈所造成的負累與壓力，仁義禮樂皆能忘，則能「徇耳目內通而外於心知」，而達到「坐忘」的境界。關於「坐忘」的境界，可依「離形去知」、「入於寥天一」與「心齋」三方面的境界，而予以解析。

（一）「坐忘」的境界是「離形去知」

所謂「坐忘」，顏回的解讀是「墮肢體，黜聰明，離形去知，同於大通」，依成玄英疏云：「外則離析於形體，一一虛假，此解墮肢體也。內則除去心識，恍然無知，此解黜聰明也」；〔註124〕可知「墮肢體」即「離形」，亦即「墮汝形骸」〈天地〉、「墮爾形體」（〈在宥〉）之意，意指擺脫形軀官能的拘限；「黜

〔註121〕參閱王叔岷：《莊子校詮》，頁268。
〔註122〕語出郭慶藩：《莊子集釋》，頁283～284。
〔註123〕語出徐復觀：《中國人性論史》〈先秦篇〉，頁399。
〔註124〕引自郭慶藩：《莊子集釋》，頁285。

聰明」即「去知」，意謂化掉主觀的心知之執。莊子希冀世人不要耽溺於物欲之追求，勞動形軀以求官能之滿足，人唯有超離物欲智巧之束縛，才能與通天下之氣無礙地流行。「離形」不是要拋棄形體，「去知」也不是不要心靈，「離形去知」是要通過工夫的修養來化掉人爲造作所帶來的生命損傷，消解生命負累與壓力。〔註125〕並且，離形去知是同一時間的，必在離形中去知，在去知中離形；當離形去知超越形軀官能的拘限與心知的定執之後，眞君靈台之心才能如如朗現，而於眞君靈台之感通明照下，方能臻於「坐忘」之「同於大通」的境界。

「坐忘」所達至「同於大通」，依成玄英疏：「大通，猶大道也。道能通生萬物，故謂道爲大通也」；可知「坐忘」即同於大道，也就是與道合而爲一的境界。而「同於大通」，意即〈齊物論〉之「道通爲一」；之所以不言道而謂通，乃取其內外溝通就能「身知俱泯，物我兩忘，浩然空洞，內外一如」，〔註126〕且能與萬物共化〔註127〕之義。

（二）「坐忘」的境界是「入於寥天一」

「坐忘」境界也即是「同則無好也，化則無常也」之境界；「同則無好也」是指同於大道，與萬物一體而無任何主觀好惡，「化則無常也」意謂任物自化而不加執取。故而，「坐忘」不僅是忘己無己，更是要與大道融通爲一，達到「天地與我並生，而萬物與我爲一」（〈齊物論〉）、「入於寥天一」（〈大宗師〉）之境。是以，王夫之言：

> 先言仁義，後言禮樂者，禮樂用也，猶可寓之庸也，仁義則成乎心
> 而有是非，過而悔，當而自得，人之所自以爲君子而成其小者也。
> 坐忘，則非但忘物，而先自忘其吾。坐可忘，則坐可馳，安驅以遊
> 於生死，大通以一其所不一，而不死不生之眞與寥天一矣。〔註128〕

〔註125〕參閱徐復觀：《中國藝術精神》，頁 72～73 曰：「『墮肢體』、『離形』，實指的是擺脫由生理而來的欲望。『黜聰明』、『去知』實指的是擺脫普通所謂的知識活動。莊子的『離形』，並不是根本否定欲望，而是不讓欲望得到知識的推波助瀾，以至溢出於各自性分之外。在性分之內的欲望，莊子即視爲性分之自身，同樣加以承認」。

〔註126〕語出憨山：《莊子內篇憨山註》，頁 428。

〔註127〕參閱吳怡：《逍遙的莊子》，頁 180 云：「莊子特別強調『同於大通』，大通本是大道，而此處不言道而言通，乃是指內外的溝通，使我們的心超越了形軀的限制，而與萬物共化」。

〔註128〕語出王夫之：《莊子通・莊子解》，頁 69。

(三)「坐忘」的境界即是「心齋」的境界

「坐忘」與「心齋」皆爲滌除心靈之塵垢粃糠的修養工夫,所以,兩者可以比觀。耳是形,心有知,因此,「離形」即「無聽之以耳」,「去知」即「無聽之以心」;而「虛而待物」之「聽之以氣」,即可臻於「同於大通」的「坐忘」之境。是故,「心齋」與「坐忘」所達到的境界是相同的,是以,郭象亦曰:「內不覺其一身,外不識有天地,然後曠然與變化爲體而無不通也」。〔註129〕

值得注意的是:莊子並未否定耳、目、形等官覺,莊子亟欲否定的是以人爲造作去減損增益;所謂「離形去知」之離與去,「忘禮樂」、「忘仁義」之忘,「無聽之以耳」、「無聽之以心」之無,皆非「本質的否定」,而是「作用的保存」。〔註130〕易言之,莊子真正的用心乃在於透過高度的修養,來保存其真實的作用,所以,老子言「絕聖棄智,絕仁棄義」(〈十九章〉),與莊子謂「忘仁義」、「忘禮樂」(〈大宗師〉),其真正的目的並非否定仁義禮樂之本質,而是要以絕與棄(作用層)〔註131〕來消解仁義禮樂之形式上的執著,讓心靈自仁義禮樂之束縛桎梏中解放出來,得到全然真實之自在逍遙。此外,莊子所謂「離形去知」,是要擺脫形軀的拘限,化掉心對自我的執著,以體現真我,使生命不再感到負累與壓力;此與彭蒙、田駢、慎到之「棄知去己而緣不得已」(〈天下〉),顯然有別。慎到等之「去己」,是否定自己的存在,因而,不免陷入形如槁木而心如死灰之境,使生命如土塊,如此當非莊子所稱許,因此,莊子評之曰:「慎到之道,非生人之行而至死人之理。適得怪焉」(〈天下〉)。

依上論述,「心齋」、「坐忘」是莊子的修養工夫;「心齋」是要無思慮、無情感,一切純任自然的心理狀態,以達到內心的絕對虛靜,這是莊子所追求最高的精神境界;而「坐忘」是要蕩盡凡塵俗念,忘記仁義禮智,甚至忘記自己的存在,達到身心兩忘、物我雙遣的自由境地,這是莊子所憧憬無待〔註132〕的

〔註129〕引自郭慶藩:《莊子集釋》,頁285。

〔註130〕參閱牟宗三:《中國哲學十九講》第七講,頁127～156。

〔註131〕《老子》〈三十八章〉云:「上德不德,是以有德」:「有德」是保存,「不德」是化解,以「不德」的天真來保存「有德」之實有。《莊子》〈齊物論〉亦曰:「大仁不仁,大廉不嗛,大勇不忮」:「不仁」、「不嗛」與「不忮」,都是在於保存「大仁」、「大廉」與「大勇」。

〔註132〕《莊子》書中沒有出現「無待」的說法;而且有關「有待」的說法亦只六見,分別是〈逍遙遊〉:「此雖免乎行,猶有所待者也,若夫乘天地之正,而御六氣之辯,以游無窮者,彼且惡乎待哉」、〈齊物論〉:影曰:「吾有待而然者邪,無所待又有待而然者邪」、〈大宗師〉:「夫知有所待而後當,其所待者特未定也」、

精神自由。所謂「心齋」凸出一個「虛」字，「坐忘」強調一個「忘」字，都是為了達到內心的寧靜與和諧。通過「一志」工夫的「心齋」之「氣」，是純淨清明的，故有「道」來集；反之，其人一旦不「一」不「齋」，不能平易恬淡，就隨時可能有憂患入於未齋之心，而使心中之氣呈顯出邪雜之象，那麼，「道」就不集之。因而，唯有「道」可集於心齋之虛，他物則不會在「心齋」狀態的虛氣中出現。〈人間世〉曰：「瞻彼闋者，虛室生白，吉祥止止。夫且不止，是之謂坐馳。夫徇耳目內通而外於心知，鬼神將來舍，而況人乎」；此言「生白」之虛心，乃是通過「徇耳目內通而外於心知」的工夫修養才獲得的。因為「徇耳目內通」，就是使耳目內通，亦即不使外物藉耳目進入心中，而干擾了心的運作，抑且並非是知知識、識外物，而是要使心闋廓如虛室，而生純白之氣，如此，方能「吉祥止止」（〈人間世〉）、鬼神來舍。倘若，吉祥不止，即是因為身體雖靜坐而心卻聽憑其官能（知）外馳。因此，將此段與「心齋」說法並觀，則可謂「徇耳目內通」即是「無聽之以耳」，「外於心知」則是「無聽之以心」，而使「彼」（心）闋廓如「虛室」者，應是「使」耳目內通、心知不外馳，似「一志」的工夫，並且，「生白」當是指謂通過如此工夫，所獲致「心齋」義的「氣」。因此，無論是「吉祥」止「白」，或「唯道集虛」，都是經過工夫修養的。當心有所知外事、識外物時，外事外物即藉耳目為管道紛然來赴，而生「憂患」，一旦心有所憂所患，那麼，吉祥便不舍止，「道」更不會來棲集。

　　而此「心齋」境界所藉以達成「一志」（〈人間世〉）之工夫，與「虛室生

〈知北遊〉：「死生有待邪？皆有所一體」、〈寓言〉：「火與日，吾屯也；陰與夜，吾代也。彼，吾所以有待邪？而況乎以有待者乎」、〈田子方〉：「有目有趾者，待是而後成功，……萬物亦然，有待也有死，有待也而生」等。其實，首將「有待」、「無待」視為哲學概念的是注《莊子》的郭象，舉凡〈逍遙遊注〉：「非風則不得行，斯必有待也，唯無所不乘者無待耳。……故有待無待，吾所不能齊也；……夫無待猶不足以殊有待，況有待者之巨細乎」、〈齊物論注〉：「卒至於無待，而獨化之理明矣」、〈逍遙遊注〉：「推而極之，則今之有待者卒於無待，而獨化之理彰」等；依此可知，郭象言「有待」與「無待」，並不是為了解釋莊子的思想，而是為了闡明其「獨化於玄冥之境」的理論。不過，亦有學者並不認同以「有待」與「無待」的概念來詮釋莊子的思想；此如劉笑敢先生，他說道：「郭象講『卒至於無待，而獨化之理明』，順理成章，十分自然，莊子並未講『卒至於無待，而逍遙之義明』……郭象與莊子的思想雖有相通之處，但思想傾向又確有明顯不同。因此，用郭象的『有待』『無待』去解釋莊子的思想未免簡單化，這樣作沒有捉住莊子思想的特點，因而是不足取的。…今人多把『無待』理解為無所待，即絕對的無條件，這也有些簡單化，與郭象之義並不完全相合」；參閱《莊子哲學及其演變》，頁137～142。

白」之「恂耳目內通而外於心知」（〈人間世〉）之工夫相同，亦與「庖丁解牛」
之「不以目視、官知止」（〈養生主〉）之工夫相當。不僅如此，此「一志」之
工夫與「痀僂丈人」之「用志不分」（〈達生〉）之工夫，及「梓慶」為鐻前之
不敢耗氣（守氣）、齋以靜心（〈達生〉）之工夫，亦有著異曲同工之妙。然而，
「虛室生白」則「吉祥止止」；「恂耳目內通而外於心知」則「鬼神來舍」；「不
以目視、官知止」則「神欲行」；「用志不分」獲致「凝於神」；「守氣」、「靜
心」則使鐻「疑神者」；此間之「神」，誠如〈刻意〉所言「養神之道」乃須：
「純粹而不雜，靜一而不變，惔而無為，動而以天行」，皆是在心知官能不起
作用之時，所自然而然運行之狀態。可知，欲達致寧靜安定之「神」與「心
齋」之境地，都須通過返視內聽與不動心的工夫修養。

三、「外」之工夫修養歷程

　　莊子所言修養工夫之歷程，見於〈大宗師〉曰：

　　　參日而後能外天下：已外天下矣，吾又守之，七日而後能外物；已外

　　　物矣，吾又守之，九日，而後能外生：已外生矣，而後能朝徹；朝徹，

　　　而後能見獨；見獨，而後能無古今：無古今，而後能入於不死不生。

此一論述包含兩個部分：一是有工夫次第的修道歷程，即「外天下」、「外物」、
「外生」；另一則是無工夫次第於體道後的境界描述，即「朝徹」、「見獨」、「無
古今」、「入於不死不生」。

　　所謂修道歷程，是先「外天下」，再「外物」，最後「外生」。「外」是去
除或不執著之意，與離、去、忘、無相同，是在作用上的反說。「外天下」即
忘天下、忘世故，[註133] 是「無名」也；「外物」是說心不為物役，心不滯陷
於物象之流轉，是「無功」也；「外生」是指不執著於死生，是「無己」也。
而參日、七日、九日是代表困難度愈來愈高，意謂體道的工夫修養是循序漸
進且非一蹴可幾的。由「外天下」到「外物」再到「外生」，是層層剝落心上
的黏滯（亦即老子〈四十八章〉「為道日損」的工夫修養），至於「外生」，即
可朝徹、見獨而入於不死不生。

　　修道之後的境界，則一體朗現，故而，「朝徹」、「見獨」、「無古今」、「入
於不死不生」，並無時間序列，亦無工夫次第。所謂「朝徹」是指真君如朝陽

〔註133〕參閱宣穎：《南華經解》，頁153。

初啓般，清明朗徹；〔註134〕「見獨」即體現眞我（獨即眞我），證入本體；當透過層層消解障隔於心之「外」的工夫，亦即「外天下」、「外物」、「外生」而後，方能逼顯出通同於「道」的眞我，如同朝陽初啓般，遍照萬物，朗現存在，當下即與天地同行，與萬物同在，是即「天地與我並生，萬物與我爲一」（〈齊物論〉）之眞實呈現。當此之時，眞我之生命主體已然超越時空之設限，無有古今之分別，而與天道同體流行，入於不死不生之境，而此〈德充符〉言：「死生亦大矣，而不得與之變；雖天地覆墜，亦將不與之遺」，能夠超越人物死生與天地存亡之上者，唯有眞我。亦唯有眞我能與天道同體流行，故能入於不死不生之境，當眞我之生命主體顯現之時，則能超然物外，使精神生命超拔揚昇於「道」的層次，所以說，眞我生命主體之充分朗現（也就是「見獨」），亦即是理想生命人格之完全體現。

四、莊子生命中的理想人格

　　莊子理想中的人格特質，「心」與「氣」都與「造物者」交遊，且合一於淡和漠，並能「順物自然而無容私」（〈應帝王〉）。亦即，宇宙萬物順應「氣化」之自然，於「氣化」世界之中達到「合氣」於「造物者」的理想境界。修養工夫論的極致是體現天道於己身，能夠落實天道並具體實踐者，謂之至人、神人、聖人、眞人，這是莊子心目中的理想人格，也是工夫修養論的最終目的。莊子之「道」，是指人生理想的精神境界，與老子所謂形上性格之道，並不相同。所謂「境界」，是落在人主觀方面的心境上說的，「主觀的心境修養到什麼程度，所看到的一切東西都往上昇，就達到什麼程度，這就是境界」；〔註135〕莊子的修養工夫論，是要藉著內在的工夫修養，把天道內化於生命主體的實踐之中，而開出豐富的人格世界。由於，莊子的「道」是落在主觀的心境上說，那麼，「道」的開展自必由人來完成，〔註136〕因而，所論「道」的

〔註134〕關於「朝徹」：宣穎：《南華經解》，頁153曰：「朝徹者，如平旦之清明也」；郭慶藩：《莊子集釋》，頁254，成玄英疏云：「朝，旦也。徹，明也。死生一觀，物我兼志，惠照豁然，如朝陽初啓，故謂之朝徹也」。

〔註135〕語出牟宗三：《中國哲學十九講》，頁130。

〔註136〕牟宗三：《才性與玄理》，頁177說道：「老子之道有客觀性、實體性、及實現性，至少亦有此姿態。而莊子則對此三性一起消化而泯之，純成爲主觀之境界。故老子之道爲『實有形態』，或至少具備『實有形態』之姿態，而莊子則純爲『境界形態』。若欲將道的『實有形態』消解而爲純粹的『境界形態』，自然須依工夫的修養，亦即，境界形態之道是必然須藉實踐工夫來開展的，

境界恆以人為重心，如至人、神人、聖人、眞人等，〔註137〕皆是以眞君靈台之自我修養，而達主體心境與「道」同流之理想人物，莊子亦以至人、神人、聖人、眞人等理想人物之言行舉止，來表示道化的生命境界。並且，依成玄英疏：「一人之上，其有此三，欲顯功用名殊，故有三人之別」，可知此三種理想人格的名稱，僅就其無己而言為至人，就其無功而言神人，就其無名而為聖人，然以此三種理想人格之契合於「道」的境界而言，是未有高下之差別的。〔註138〕

莊子將至人、神人、聖人、眞人等理想人格，總稱為「眞人」。〔註139〕「眞人」，象徵莊子理想人格的生命境界，「眞人」一詞僅見於〈大宗師〉曰：

> 知天之所為，知人之所為者，至矣。知天之所為者，天而生也；知
> 人之所為者，以其知之所知以養其知之所不知，終其天年而不中道
> 夭者，是知之盛也。雖然，有患。夫知有所待而後當，其所待者特
> 未定也。庸詎知吾所謂天之非人乎？所謂人之非天乎？且有眞人，
> 而後有眞知。

此言至人在於知天知人，知天在於知人，知人在於知心，知心在於養心，養心在於從知養到不知；若能從知養到不知，方為眞人。因此，所謂「知天之所為，知人之所為」之眞人，其知天是順天而生，其知人是「以其知之所知以養其知之所不知」，故而，知天之關鍵乃在於「順」，知人之關鍵實在於「養」。「養」是養眞君生主，是以，欲成為眞人，是有待工夫修養以挺立生命主體的。

此即所謂從工夫說本體，因而，道的開展完全落在人的身上。若能透過修養工夫之實踐，開展道的境界形態，則能無待逍遙，達與大道同流的至境，人而如此，即為至人、神人、聖人、眞人矣。

〔註137〕〈逍遙遊〉曰：「至人無己，神人無功，聖人無名」；〈大宗師〉言：「且有眞人而後有眞知」；〈天下〉亦云：「不離於宗，謂之天人。不離於精，謂之神人。不離於眞，謂之至人」。

〔註138〕沈清松先生以為體現天道之諸理想人物中，堪為人格典範者，是為眞人，此因「至人、神人、聖人之貌，乃莊子針對其他學派——諸如名家、墨家、儒家——的人觀而提出者，至若『眞人』之貌，則是莊子所立人之典範，蓋眞人的意義才是與道的意義相互顯發的。眞人既非個人成德以後就能形成的偉大主體，亦非消極地無功、無名、無己而已，卻是積極地具現道本身，始得成為眞人」（語出〈莊子的人觀〉，《哲學與文化》（台北市，14卷6期，1987年6月），頁14）。沈先生僅以眞人能夠與道的意義相互顯發，眞人是道的具體化、人格化，眞人所開顯之天人合一的圓融理境，即為莊子理想人格之最高境界。

〔註139〕參閱王邦雄師：《中國哲學論集》，頁91言：「所謂的大宗師，……是直指體現天道的生命人格，即所謂天人、至人、神人、聖人等總稱之為眞人者」。

　　具體而言，眞人之修養工夫即是「心齋」與「坐忘」，透過「心齋」、「坐忘」離形去知之「養」的工夫，即可以「知之所知」養「知之所不知」。人心具有知的作用，然知有兩個層次，一是知的層次，此乃成心之知；另一則是不知的層次，此實道心之知。成心之知是執著，易產生死生、是非等定見，因而，生命的修養就是要從知養到不知，能從知養到不知，以「人之所有之知，還養其生命之原之天」，〔註140〕即爲「眞人」（即眞實不假之眞正的人）；〔註141〕而眞人亦才有眞知，眞知是眞人體道之後才呈顯的知，眞知必在眞人體現天道的過程中才能彰顯出其意義。〈大宗師〉亦深入論述眞人之生命形態爲：

> 古之眞人，不逆寡，不雄成，不謨士。……古之眞人，其寢不夢，其覺無憂，其食不甘，其息深深。……古之眞人，不知說生，不知惡死；其出不訢，其入不距；……以刑爲體，以禮爲翼，以知爲時，以德爲循。

此言眞人轉俗成眞之道，一要去心知之執，二是解情識之結，三爲破死生之惑，四則須「以刑爲體，以禮爲翼，以知爲時，以德爲循」。此四項論點，有其先後之理序；有心知才有情識，情識是從心之而來，而心知情識的最大困惑就在於生與死。是以，通過人間世來看，眞人之生命形態表現而爲：「以刑爲體」是命（命要承受），「以禮爲翼」是義（義要通過）；而且，通過老子而言，眞人之生命形態表現而爲：「以知爲時」是「無」（無要化解），「以德爲循」是「有」（有要實現）。眞人能夠化掉心知的執著，擺開情識的纏累，解除死生的桎梏，且能「以刑爲體」的承受，「以禮爲翼」的通過，「以知爲時」的化解，「以德爲循」的實現，故能「其好之也一，其弗好之也一。其一也一，其不一也一。其一與天爲徒，其不一與人爲徒，天與人不相勝也」〔註142〕（〈大宗師〉），且可「獨

〔註140〕 語出唐君毅：《中國哲學原論》〈原道篇〉，頁378。

〔註141〕 參閱牟宗三：《中國哲學十九講》，頁92言：「道家嚮往的是眞人……眞實不假的人才是眞正的人」。

〔註142〕 對於一方面「與天爲徒」，另一方面「與人爲徒」之使天人契合爲一之「眞人」，唐君毅先生言：「大宗師之眞人，固未嘗不與世人接，以使凡有足者，皆能循此德而同行。故眞人之所好，雖在自以其知之所知，養其知所不知之天，以『獨成其天』；而未嘗不與世仁相接。與世人相接，而世人或不知與天一，而與天不一。故其接世人，亦接此不一：雖不好此不一，而不能不接之，而與之爲一；其所以不能不與世人相接，與此不一爲一者，以其知之所知中，固有是人在也」（語出《中國哲學原論》〈原道篇〉，頁393～394）。基於「眞人」之使天人契合爲一，方東美先生亦以眞正的道家，是不具有精神上之優越感的，參閱《原始儒家道家哲學》，頁259～260曰：「儒家的聖人觀念，一方面

與天地精神往來而不敖倪於萬物，不譴是非，以與世俗處」(〈天下〉)。

由於真人能夠通過修養工夫，從知養到不知，所以，能將是非與善惡兩忘而歸於一，如此，天上是一，人間亦是一，自己認可的是一，他人與自己不同的亦是一，對於好者與弗好者皆能絕對的同體肯定，此「由下而上的飛揚，再由上而下的觀照，走向一個圓融之境」。〔註143〕因而，基於疏解「大宗師」之宗大道以爲師，體現天道之生命境界的真人面向，實有助於我們理解莊子「天人不相勝」之理想人格的生命形態與超越境界。

五、小 結

綜觀莊子修養工夫論，自「無聽之以耳，而聽之以心；無聽之以心，而聽之以氣」之「心齋」(〈人間世〉)，「墮肢體，黜聰明，離形去知」之「坐忘」(〈應帝王〉)，及「外天下」至「外物」再到「外生」的修道歷程 (〈大宗師〉) 等修養工夫入手，試圖擺脫形軀官能之拘限、消解心知情識之定執，挺立精神主體，並使生命超拔揚昇，達致至人、神人、聖人、真人之最高理境。莊子對於生命的終極關注在於體現天道，消解束縛人心的執著造作，還歸真君靈台的虛明清澈，使虛靜心照現萬物本來的真實美好，亦使「道」於生命主體的虛靜觀照中如如朗現。而欲臻此體現天道，完成理想人格之終極理境，最重要的是落實工夫的修養。

對於莊子而言，工夫修養的最高境界，即是呈現空靈虛靜的心靈狀態，所謂虛靜心、常心、道心，也就是「聽之以氣」之「氣」概念階段。「聽之以氣」是就無心、虛而待物說的，消解心知情識的定執造作，透過「聽之以耳」到「聽之以心」再到「聽之以氣」之層層上達的工夫修養，純然以虛靜的心靈待物，「心齋」境界於焉臻至，而至此體現天道之理境，方能觀照萬物、實現萬物。莊子引「氣」概念而入修養工夫論，乃爲象徵虛靜道心之境界；「道心」本爲泯除成心之虛靈明覺的生命本然狀態，莊子以「氣」喻之，乃因道以沖虛爲性，而「氣」

表現他人格的高尚，第二方面又表現他人格的優越。而在人格的高尚與優越裡，已假定了大眾還有精神不高尚或精神低劣的成分在內……道家對於儒家這種精神，多多少少有一點諷刺……道家對於這一點，從老子到莊子，多多少少有一種批評。這批評就是道家把這一個一廂情願的想法去掉了，使得人人站在同一個境界，同一個地位，來領導同一個自由與精神的享受……因此，在這種境界，只有平等感而沒有優越感」。

〔註143〕語出王邦雄師：《中國哲學論集》，頁 223。

亦具此沖虛之性質，是以，莊子以「氣」之沖虛性質比喻通過修養工夫後所呈顯之虛靈明照的道心境界。莊子論工夫修爲之氣，首重「心齋」之「聽之以氣」，此「氣」非空氣或氣質之謂，更非精氣之屬，而是無心應物之意。由能夠用耳聽，進到用心聽，再到用「氣」聽，心就能隨順自然之氣而遊於太虛之境，與物無隔地如實照現萬物的本來面貌，達到一切人與物之「氣」皆能自然感通的終極理境。易言之，自能與他人以「氣」相感、生命融通，而達人心、達人氣，不致成爲蕃人或益多，甚且，以無心應物，心不滯陷於形軀官能與心知情識之拘限與定執，而順乎「氣」之自然，生命的自然本眞在不得已中流行，即可「與太虛同體」，〔註144〕且「獨與天地精神往來」（〈天下〉）。依此，「氣」概念之分位與重要，由此可見一斑，是故，莊子論修養工夫之「氣」，主要見於〈內篇〉，且皆扣緊「心」來言「氣」，並非將「心」與「氣」斷然二分，可見，莊學之言生命的精義，乃著重於生命精神的充實與涵養。

　　莊子修養工夫論之境界，乃是超然物外，於宇宙萬物的生成變化之中，保持超然的獨立，不爲外物所動心，所謂「物物而不物於物」（〈山木〉）。莊子認爲得道的眞人，「不以心捐道，不以人助天……天與人不相勝」（〈大宗師〉），而〈應帝王〉曰：「無爲名尸，無爲謀府，無爲事任，無爲知主。體盡無窮，而遊無朕；盡其所受乎天，而無見得，亦虛而已。至人之用心若鏡，不將不迎，應而不藏，故能勝物而不傷」，顯見至人之「勝物而不傷」是爲虛心而應物，不傷物亦不爲物所傷，亦即「不傷物者物亦不能傷也」（〈知北遊〉）。所謂「道通爲一」（〈齊物論〉）、「與天爲一」（〈達生〉）、「萬物與我爲一」（〈齊物論〉），及遊於「無何有之鄉」（〈逍遙遊〉）、「與造物者遊」（〈天下〉），和至人得道一樣都是與天地精神相往來之生命境界；此「一」是指人與萬物皆「一氣」之流轉，因著「一氣」之化的終極理想，而欲人與萬物相互融合感通，與「造物者」之間同流與合一，然其眞正的意涵就在於忘卻現實一切，直接體驗現象世界尚未發生時原始渾然的狀態。

　　總之，「心齋」之「無聽之以耳，而聽之以心；無聽之以心，而聽之以氣」，「坐忘」之「墮肢體，黜聰明，離形去知」，以及從外天下到外物最後外生的修道歷程，皆指出通達天道之進路。換句話說，莊子自覺必須超越自我之界限，而其生命哲學的終極關懷，乃在於通過修養工夫，邁向「道」的境界，並將天道具體落實於內在生命之中。

〔註144〕語出陳壽昌：《南華眞經正義》，〈人間世〉篇解，頁 29。